★军事职业教育阅读指导丛书

周建彩 总主编

军校阅读推广
平台体系建设

谢永强 敬 卿 ◎ 主编

朝華出版社
BLOSSOM PRESS

图书在版编目（CIP）数据

军校阅读推广平台体系建设 / 谢永强，敬卿主编
. -- 北京：朝华出版社，2023.3（2023.10重印）
（军事职业教育阅读指导丛书 / 周建彩总主编）
ISBN 978-7-5054-4601-4

Ⅰ. ①军… Ⅱ. ①谢… ②敬… Ⅲ. ①军事院校—读
书活动—研究 Ⅳ. ① G252.17

中国版本图书馆 CIP 数据核字（2020）第 144844 号

军校阅读推广平台体系建设

主　　编　谢永强　敬　卿

选题策划　张汉东
责任编辑　韩丽群
责任印制　陆竞赢　崔　航
装帧设计　杜　帅

出版发行　朝华出版社
社　　址　北京市西城区百万庄大街 24 号　　　　邮政编码　100037
出版合作　（010）68995532
订购电话　（010）68996050　68996522
传　　真　（010）88415258（发行部）
联系版权　zhbq@cipg.org.cn
网　　址　http://zhcb.cipg.org.cn
印　　刷　小森印刷（北京）有限公司
经　　销　全国新华书店
开　　本　710mm×1000mm　1/16　　　　　　字　　数　270 千字
印　　张　19
版　　次　2023 年 3 月第 1 版　　2023 年 10 月第 2 次印刷
装　　别　平
书　　号　ISBN 978-7-5054-4601-4
定　　价　50.00 元

　　强军兴军，要在得人。推动军事人才现代化、培养堪当强军重任的人才，基础在教育，关键靠学习。纵观古今中外的战争史，有战斗力的常胜之师都是通过不断学习能始终站在军事科技发展前沿、保持旺盛创新能力、体现先进文化的军队。当前，新一轮科技革命和军事变革正在孕育兴起，战争形态和作战样式加速演变，只有重视学习、善于学习、不断学习，才能跟上时代发展步伐，锻造出一支威武之师、文明之师、胜利之师。开展军事职业教育，就是要通过构建官兵时时学、处处学、人人学、终身学的向学求知格局，引导官兵通过学习提升职业素养，涵养职业精神，塑造学习型军人，打造学习型军队，为强国强军提供强有力的人才支撑。

　　军事职业教育的内容很丰富、途径也很多，军事职业阅读在其中具有基础性地位。广泛的军事职业阅读可以充实官兵的知识储备，丰富官兵的知识结构，优化官兵的思维方式，提高军事职业素养和岗位任职能力，为提升领导力、战斗力奠定坚实基础。同时，广泛的军事职业阅读，还可以帮助官兵养成良好的阅读习惯，促进学习力、思想力和文化素养的提升。

　　世界强国军队都很重视军事职业阅读。美、俄、英等国军队早在二十多年前，就启动实施了职业阅读项目，官方针对形势变化和军事职业发展需求，定期编制发布推荐书目，引导军事人员依据推荐书目开展在岗学习、终身阅读。例如，美军的推荐阅读书目由最高军事机关统一规划、部署，各军兵种最高军事长官发布，供本系统的军事人员阅读。

　　2017 年 8 月，中央军委印发《军事职业教育改革实施方案》，拉开了新时代中国特色军事职业教育的序幕。大力发展军事职业教育，是党的意志、时代的号角，也是强军的召唤、胜战的需要，更是实现党在新时代的强军目标、全面建成世界一流军队的战略性基础性长远性工程。当然，我军军事职业教育刚刚起步，军事职业阅读仍处于探索阶段。尤其是面对浩如烟海的文献，如何帮助官兵紧贴军事职业岗位需求，弄清楚要读什么、怎么读、如何高效能阅读，是深化军事职业教育的一个现实问题。基于此，我们组织编写了这套"军事职业教育阅读指导丛书"，希望在阅读内容和阅读方法上能为广大官兵的职业阅读提供一些借鉴和指导。

本丛书第一辑包含六本书。《中国文化经典导读》《中国军事经典导读》《西方军事经典导读》和《中外军事影视经典导读》是从内容上对各领域最有代表性的经典作品进行阅读介绍，旨在引导官兵通过经典阅读，增强军事文化自信和自觉，为全面提升整体军事文化素养和职业素养打下良好基础;《军队院校图书馆阅读推广》《军校阅读推广平台体系建设》主要探讨军校图书馆如何科学有效地推进阅读、营造良好的阅读氛围，同时也对官兵个人阅读提供具体的技术指导。

出版这套丛书是我们在推进军事职业阅读方面的初步尝试，受能力水平所限，错误疏漏难免，恳请读者批评指正。

刘占峰

2021 年 1 月

目 录

第一讲 军校校园阅读文化概述 / 1

第一节 军校校园阅读文化建设的背景与意义 / 1

第二节 军校校园阅读文化建设的现状 / 15

第三节 军校校园阅读文化建设的原则与方法 / 36

第四节 军校阅读推广平台体系 / 50

第二讲 军校阅读推广实体平台建设 / 61

第一节 军校阅读推广实体平台概述 / 61

第二节 军校阅读推广资源平台 / 67

第三节 军校阅读推广空间平台 / 73

第四节 军校阅读推广服务平台 / 90

第三讲 军校阅读推广虚拟平台建设 / 101

第一节 概述 / 101

第二节 军校阅读推广虚拟平台建设内容 / 104

第三节 军校阅读推广虚拟平台运营 / 110

第四节 军校微信公众号的建设和管理

——以国防科技大学图书馆微信公众号为例 / 112

第五节 军校阅读推广平台资源实例 / 122

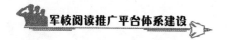
第四讲　军校阅读推广团队、品牌和评估机制建设 / 139

　　第一节　军校阅读推广团队建设 / 139

　　第二节　军校阅读推广品牌建设 / 154

　　第三节　军校阅读推广活动评估机制 / 164

第五讲　军校阅读推广项目建设案例 / 179

　　第一节　军校特色精品案例 / 179

　　第二节　军校图书馆主题阅读推广案例 / 190

　　第三节　军校常态化阅读推广项目案例 / 204

　　第四节　军校阅读推广类社团项目案例 / 224

第六讲　军校区域联合阅读推广 / 233

　　第一节　军校区域联合阅读推广概述 / 233

　　第二节　地方区域联合阅读推广案例及启示 / 246

　　第三节　军校区域联合阅读推广前景构想 / 265

展望 / 277

参考文献 / 285

第一讲

军校校园阅读文化概述

第一节 军校校园阅读文化建设的背景与意义

一、阅读文化的含义和特征

（一）阅读文化的含义

1. 什么是阅读？

阅读是人类获取知识、增长智慧的重要方式，是一个国家、一个民族精神发育、文明传承的重要途径。阅读是人类所独有的一种活动，自人类创造文字以来，就贯穿着人类全部的发展史，从最初的权力阶层专享到深入寻常百姓家，在漫长的历史发展进程中，阅读的目的与意义、类型与方法、功能与特征等也发生了变化，那么，什么是阅读？

阅读看似简单，因为阅读现象随处可见，随时可行，对时间、空间、对象没有特定要求；阅读又很复杂，不同的阅读主体对相同的客体进行阅读会获得不同的体验和感受。根据张怀涛的总结[①]，关于"阅读"主要有两方面的理解：

---

① 张怀涛."阅读"概念的词源含义、学术定义及其阐释［J］.图书情报研究，2013（4）32–35.

一是认为人类的一切视觉行为即为阅读，加拿大学者阿尔维托·曼古埃尔的看法就极具代表性："阅读书页上的字母只是阅读的诸多面相之一，此外还包括天文学家阅读星相图，动物学家阅读动物的臭迹，玩纸牌者阅读伙伴的手势，观众阅读舞者的动作，父母阅读婴儿的表情，算命者阅读龟甲上的标记，情人阅读爱人的身体，渔夫阅读海流，农夫阅读天气，等等。"①二是认为人类的一切认识活动即为阅读，除了视觉认知，其他感观认知乃至认识社会、理解社会的所有活动都是阅读，如卢梭在《社会契约论》中就说到："社会是书，事实是教材。"文献学家张舜徽先生也说过："天地间有两种书：一是有字书，二是无字书。有字书，即白纸黑字的书本；无字书，便是万事万物之理，以及自然界和社会上的许多实际知识。除书本外，还应多读'无字书'，以扩大求知领域。"

对于阅读的概念已经有许多权威的论述，如1985年版的《中国大百科全书·教育卷》指出：阅读是一种从书面语言中获得意义的心理过程。1991年胡继武在《现代阅读学》中指出：阅读就是从信息符号中获取意义的一种复杂的智力活动。2007年杨治良在《简明心理学辞典》中指出：阅读是指个体从印刷文字、图画、图解、图表等书面材料获取信息或意义的过程。个体在阅读时，通过文字等符号的视觉信息与头脑中已有的知识经验不断进行比较、预测、判断、推理和整合，从而理解文字等符号所表达的意义。2004年王余光在《关于阅读文化研究的几个问题》中指出：阅读是阅读主体（读者）与文本相互影响的过程，是阅读主体实践活动与精神活动的一种体现。前三者认为阅读是一种"活动"或"过程"，王余光则认为阅读是"过程"和"活动"相结合，是人类的一种认知过程，是人们获取知识的重要手段，是为人们普遍接受的不受时间、地域限制的行为方式，也是知识的传承与文化的延续。

阅读有主体和客体之分，主体是从事阅读活动的人，客体是被阅读的对象，阅读的客体与人类书写方式的发展变化息息相关，古人读一本书要车载马运，今人仅凭一五寸见方的手机就能阅尽天下名篇，因此阅读可分为狭义与广义两种。狭义的阅读指的是传统的阅读方式，即手执书卷或默念或诵读，主要

---

① 阿尔维托·曼古埃尔.阅读史［M］.吴昌杰，译.北京：商务印书馆，2002：6–7.

是对文字的认知与理解。随着科学技术的发展进步，人类的阅读工具与阅读方式也逐渐丰富化、多样化。广义的阅读既包括了基本的书本阅读，还有数字化阅读、绘本阅读、音频阅读、视频阅读、真人阅读等。一般来说，现代阅读指的是一种广义阅读。

2. 什么是阅读文化？

《汉语大辞典》关于文化的定义是这样描述的："人类在社会历史发展过程中所创造的物质财富和精神财富的总和，特指精神财富，如文学、艺术、教育、科学等。"[①] 阅读文化是阅读学与文化学相结合的产物，是人类文化发展史的重要组成部分，是建立在一定的技术形态和物质形态基础上，受社会意识和环境制度制约的阅读价值观念。

阅读文化研究始于 20 世纪 80 年代前后，包含了阅读史研究、阅读理论研究、阅读方法研究等。阅读文化研究伴随着西方书籍史的研究而迅速展开，西方的阅读文化研究在近几十年里，从理论到实践都取得了不可小觑的成绩，但主要研究对象是西方国家，也包括部分东亚国家和地区的研究。国内对阅读史及阅读文化的研究成果也不少，代表性的有王余光、徐雁编纂的大型工具书《中国读书大辞典》，王余光主编的《中国阅读通史》，王龙的《阅读文化概论》等。国内关于阅读文化的研究主要集中在史料积累、历史概述、理论思考等方面，这些研究为今后进一步拓宽和加深中国阅读文化领域的研究奠定了良好的基础，但在内容的全面性和研究的系统性方面还有所欠缺。

对于如何理解阅读文化这一概念，王余光作了较为清晰的表述，他认为阅读文化是一种社会文化系统，其结构具体可分为三个层面：功能与价值层面、社会意识与时尚层面、环境和教育层面[②]。功能与价值属于阅读文化的观念层面或思想层面，是阅读文化的精神内核和本质特征，阅读的主要功能不在理论而在实践，是为获取知识、发展思维、陶冶性情、创造知识；社会意识与时尚是指阅读作为一种社会文化现象，必然要受到各种社会因素的影响

---

① 文化的意思［DB/OL］.［2019–11–09］. http://www.hydcd.com/cd/htm_a/34019.htm.
② 王余光，汪琴. 关于阅读文化研究的几个问题［J］.图书情报知识，2004（5）3–7.

和制约，并且对阅读文化的影响力比我们以为的要大得多，如20世纪80年代初阅读西方哲学就成为一种时髦，"萨特""存在主义"成为聊天之必谈；环境和教育因素是阅读文化产生和发展的物质基础，主要包括经济、图书馆、出版业、社区与家庭、教育等方面，因此，阅读文化也会受到多方面环境和教育因素的共同影响，如中国历史上有名的徽商，就非常注重发展本地教育，这也使安徽成为我国"文房四宝"的重要产地。

（二）阅读文化的特征

阅读文化是广义文化的组成部分，其基本特征与文化特征保持一致，即阅读文化具有时代性、区域性和民族性。

1. 时代性

文化的发展与演变是一个历史演进过程，世界上任何一种文化在其发展的不同历史阶段都表现出了不同的特性和相对差异性。文化的传播经历了从口口相传到符号记录，从石板羊皮到纸本印刷，再到如今的无纸阅读。阅读活动作为文化活动的重要表现形式，在不同的历史时期也表现出了极大的差异。阅读文化的时代性差异主要体现在两个方面：一是阅读形式的差异。在印刷术发明以前，书籍的拥有者往往是统治者和富人阶层，当然还包括一部分为统治阶级服务的寺庙僧侣，书籍的复本量极少，完全靠手工抄录，因此，高声诵读、聚众聆听成为阅读的主要形式。进入现代，书本数量充足，个人独处、静默阅读则成为首选的阅读形式。二是阅读内容的差异。特定历史阶段的阅读内容具有鲜明的时代特征。中世纪的欧洲为教会所统治，人们阅读的书本以神学或宗教为主；20世纪60年代的中国，人们阅读的内容以马列毛著作为主……随着时代的进步，人们的阅读范围不断扩大，阅读内容的选择也越来越自由。中国改革开放40余年来，出版行业的市场化发展也让人们的阅读内容体现出了多样性和个性化的特征。

2. 区域性

阅读文化的区域性特征与文化发展的地域性息息相关，区域文化模式的不同直接导致了阅读文化的差异。阅读活动受经济、教育和文化环境的影响较大，也同出版活动、藏书活动密切相关。一般来说，经济发达的地区科技水平较高，出版业相对较发达，教育和文化水平也较高。

以中国为例，自上古历秦汉隋唐而至北宋，中国的文化中心一直在黄河流域，即所谓的中原文化；到两宋时期，中国的文化中心从黄河流域转移到了长江流域，主要是军事上的败退造成的中原文化南移；进入明清时期，中国的文化中心又转移至江浙地区。这几次文化中心的确立和转移都与历史的客观因素有关，在当时的时代背景下，这些区域相较其他地区都是经济较发达的区域，出版业繁荣，藏书机构和藏书家众多，教育文化水平也更高。

在世界范围内，世界文明区域通常分为基督教文明区、东正教文明区、中华文明区、伊斯兰教文明区、印度文明区。基督教文明区较其他几个文明区处于领先地位，主要表现为经济、科技比较发达，阅读条件和环境比较优越，更加重视阅读活动，阅读文化比较先进。

3. 民族性

文化的民族性是体现在特定民族文化类型中并作为其基本内核而存在的民族文化心理素质及其特征。文化的民族性是对特定民族文化心理最高程度的抽象，是一种文化与其他文化相比较而显示出来的不可替代的独特规定性和不可通约性，也是一个民族生存和发展的根本所在。美国文化人类学家莱斯利·怀特曾说过，决定一个民族国家特征的不是其内部种族的外部结构，而是稳定地存在于他们身上的特殊的文化心理或意识。因此，文化对于一个民族和一个国家来说，是一种能够凝聚民族或国家一切资源的根本力量，一旦丧失了这种力量，就会对这个民族或国家的文化造成威胁、带来危害，甚至导致这个民族或国家灭亡。历史上两河流域的苏美尔文明、古埃及文明都是因此而消亡，古希腊和古罗马帝国也都因此灭亡。任何一种文化，都要彰显民族精神和民族品格，坚持与时俱进的科学品质，根植和服务于广大人民群众，只有这样，才能焕发出持久的生命力。

不同地域的宗教、经济、心理、语言，形成了独特的民族阅读文化模式。因此，阅读文化也呈现出鲜明的民族性特征。阅读文化的民族性，集中表现为各民族不同的阅读心理和阅读习惯。例如，中国文化中的"学而优则仕"体现了中国阅读文化中读书致富贵的阅读价值观，这是中国文化传统和价值观的重要组成部分，历经千年仍然影响深远，我们不得不承认这是我们民族性的一部分，也是几千年来中华文明的血脉传承。

二、军校校园阅读文化建设的时代背景

（一）数字化背景

2019 年 2 月 28 日，中国互联网络信息中心（CNNIC）在北京发布了第 43 次《中国互联网络发展状况统计报告》。报告指出，截至 2018 年 12 月，我国网民数量为 8.29 亿，全年新增网民 5653 万，互联网普及率达 59.6%，较 2017 年底提升 3.8 个百分点。手机网民数量达 8.17 亿，全年新增手机网民 6433 万；使用手机上网的比例由 2017 年底的 97.5% 提升至 2018 年底的 98.6%。同时，大量手机网络终端的开放与使用，促使现代化的网络与信息科技在人们日常生活中日益发挥重要作用：2018 年我国个人互联网应用保持良好的发展势头，网络购物与互联网支付已成为网民使用比例较高的应用，截至 2018 年 12 月，网络购物用户规模达 6.10 亿，较 2017 年底增长 14.4%，网民使用比例为 73.6%；手机网络购物用户规模达 5.92 亿，占手机网民的 72.5%，年增长率为 17.1%，其中网上预约专车、快车用户规模增速最高，年增长率达 40.9%；在线教育取得较快发展，用户规模年增长率达 29.7%；网上外卖、互联网理财、网上预约出租车和网络购物用户规模也取得高速增长；短视频应用迅速崛起，使用率高达 78.2%，2018 年下半年用户规模增长率达 9.1%；另外我国"互联网＋政务服务"得到进一步深化，各级政府运用互联网、大数据、人工智能等信息技术，增强综合服务能力，进一步提升政务服务效能，截至 2018 年 12 月，我国在线政务服务用户达 3.94 亿，占

整体网民的 47.5%[①]。如此大规模的网络应用产生的数字化信息必然是海量级的，因此，整个社会也处于大数据浪潮之中。

大数据（Big data）是继 Web2.0 和云计算之后在 IT 界最引人关注的一个词，并正在引发越来越多的关注。2011 年 5 月，全球知名咨询公司麦肯锡（Mckinsey and Company）发布了《大数据：创新 、竞争和生产力的下一个前沿领域》报告，首次提出了"大数据"的概念，并在报告中指出"数据已经渗透到每一个行业和业务职能领域，逐渐成为重要的生产因素；而人们对于海量数据的运用将预示着新一波生产率增长和消费者盈余浪潮的到来"。 美国政府于 2012 年 3 月 9 日拨款 2 亿美元推出的"大数据的研究和发展计划"更是将大数据提升到了全球性战略发展的高度。目前，学术界对于大数据还未形成统一的定义，但有一点是肯定的，即：大数据不仅仅是对数据量大小多少的定量描述，也是在种类繁多、数量庞大的多样数据中快速获取信息的一种方式。

目前，关于大数据的特点，主要有两种看法：IBM 公司提出的"3V"特点，即种类（Variety）多、速度（Velocity）快、容量（Volume）大；国际数据公司 IDC 提出的"4V"特点，即种类（Variety）多、速度（Velocity）快、容量（Volume）大和价值（Value）高。无论"3V"还是"4V"，种类多、速度快、容量大是公认的大数据的显著特点。大数据的数据量巨大，数据类型非常多，囊括了网络日志、视频、声频、图片、地理位置信息、交易信息、科学数据集等，除了结构化数据外，非结构化数据所占的比重也越来越大，其中蕴含着巨大的商业价值和社会价值，需要对数据进行实时处理，这些都对传统的数据分析处理算法和软件提出了挑战，同时，数字化阅读、碎片化阅读也逐渐开始取代传统的阅读方式，这也导致了纸本阅读量的逐年下降。

（二）社会背景

2011 年,党的十七届六中全会提出"建设社会主义文化强国"的战略目标。

---

① CNNIC 发布第 43 次《中国互联网络发展状况统计报告》［EB/OL］.［2019–11–5］. http：//
　 www.cac.gov.cn/2019–02/28/c_1124175686.htm.

2012 年，中共中央历史性地将"开展全民阅读活动"写入中国共产党第十八次全国代表大会报告；自 2014 年以来，"全民阅读"已连续写入国务院政府工作报告。

这一切都与我们所处的时代密不可分。这是一个全球化背景下文化思潮空前激荡的时代，也是国家软实力竞争不断加剧的时代，文化日益成为国家政策和发展战略的中心。文化领域的扩张和反扩张、渗透和反渗透的博弈一直都是国际政治经济竞争的焦点之一，对于文化资源和话语权的争夺也成为全球性资源配置的重要内容，越来越多的文化产品进入全球市场，越来越多的区域文化经济融入世界市场体系，各种文化力量之间的博弈也空前激烈。面对当前国际形势，习近平新时代文化思想成为文化建设的思想指引。

习近平总书记指出，"中华优秀传统文化是中华民族的突出优势，是我们最深厚的文化软实力"，"培育和弘扬社会主义核心价值观必须立足中华优秀传统文化"等[①]，其文化战略思想凸显，即弘扬社会主义核心价值观，提升国家文化软实力，建设社会主义文化强国，这是当前和今后一个时期国家发展和文化建设的指导思想。习近平总书记的文化思想是对中国共产党光辉思想的传承和弘扬，体现了我党对文化本质的深刻认知与文化自觉。

1. 文化强国是历史的使命

中华民族的优秀传统文化源远流长，博大精深，是中华儿女在长期与大自然的斗争中总结出来的智慧结晶。中华文明伴随着人类文明的发展史一路走来，依然散发着蓬勃的生命力。习近平总书记指出："文化兴国运兴，文化强民族强。没有高度的文化自信，没有文化的繁荣兴盛，就没有中华民族伟大复兴。"[②] "中华文明有着五千多年的悠久历史，是中华民族自强不息、发展壮大的强大精神力量。我们的同胞无论生活在哪里，身上都有鲜明的中华文

---

① 陈振凯，雷龚鸣，何美桦 . 习近平谈文化自信 . ［EB/OL］.［2020–08–17］.http：//cpc.people. com.cn/nl/2016/0713/c64094–28548844.html.

② 习近平 . 决胜全面建成小康社会 夺取新时代中国特色社会主义伟大胜利——在中国共产党第十九次全国代表大会上的报告［M］. 北京：人民出版社，2017：40–41.

化烙印，中华文化是中华儿女共同的精神基因。"①

党的十七届六中全会审议通过了《中共中央关于深化文化体制改革推动社会主义文化大发展大繁荣若干重大问题的决定》，提出"建设社会主义文化强国"的战略目标。党的十八大报告中明确提出"要扎实推进社会主义文化强国建设"，"要坚持社会主义先进文化前进方向，树立高度的文化自觉和文化自信，向着建设社会主义文化强国宏伟目标阔步前进"。党的十九大报告又进一步提出"要坚持中国特色社会主义文化发展道路，激发全民族文化创新创造活力，建设社会主义文化强国"。

2. 文化强国是时代的呼唤

自 20 世纪末至今，西方发达国家的文化形态一直占据优势地位，而一些悠久的文化由于科技的落后而处于弱势地位，在全球文化竞争愈演愈烈的形势下，弱势文化的生存空间日益受到挤压。文化实力与政治、经济实力一样都是一个国家综合实力的组成部分，文化实力以政治、经济实力为后盾，政治、经济实力则以文化实力为表达。随着科学技术的发展，逐渐产生了科技文化的概念，并且已成为大国竞争软实力的体现。科学技术最初是脱胎于文化的，古代文化包罗万象，当科学技术发展到一定阶段才逐渐从文化中独立出来，直到现代，科学技术与文化又有了互相融合的趋势。无论是科技文化化（以苹果公司系列产品为代表），还是文化科技化（以好莱坞科幻电影为代表），现代科技手段与文化目的的深度融合已成大势所趋。中国自 2010 年超越日本成为经济总量位居全球第二的国家以来，科技实力和文化实力都取得了长足的进步，但同发达国家之间的差距也不容忽视。因此，以中华优秀传统文化增强民族文化自信，向世界彰显中华优秀传统文化魅力，以中国特色引领文化强国之路，既是习近平总书记的高瞻远瞩，也是时代的必然选择。

3. 强军文化是文化强国的重要内容

中央军委主席习近平在中央军委改革工作会议上强调："要深入贯彻党在新形势下的强军目标，动员全军和各方面力量，坚定信心、凝聚意志，统一思

---

① 习近平. 习近平谈治国理政 [M]. 北京：外文出版社，2014：64.

想、统一行动，全面实施改革强军战略，坚定不移走中国特色强军之路。"在庆祝中国共产党成立 95 周年大会上，习近平总书记进一步强调："全党要坚定道路自信、理论自信、制度自信、文化自信。""文化自信，是更基础、更广泛、更深厚的自信。"由此可见，文化自信对于改革强军至关重要。

文化自信是一个民族、一个国家、一个政党对自身文化价值的充分肯定和积极践行。对军队而言，文化自信是把文化优势转化为制胜优势的精神支撑，是军队建设发展深入持久的内在动力和深层驱动。孔子说："吾心信其成，则无坚不摧；吾心信其不成，则反掌折枝之易亦不能。"对于军人而言，文化自信不是空洞和虚无的，而是能在实践中爆发出强大战斗力的昂扬斗志和精神风貌。

我军从诞生那天起，就是一支有着高度文化自信的军队。这种高度的文化自信，源自于其指导思想的先进性，源自于人民军队的根本价值取向，还源自于我们这支军队能不断从胜利走向胜利的革命、建设和改革实践。

军队院校是为我军培养各层次军事人才的场所，也是塑造军人文化自信的重要阵地。习近平总书记在 2013 年视察国防科技大学时强调，要深入贯彻落实党在新形势下的强军目标，全面提高教学科研水平和人才培养质量，加快建设具有我军特色的世界一流大学，努力把国防科大办成高素质新型军事人才培养高地、国防科技自主创新高地，为实现中国梦、强军梦提供强有力的人才和科技支持。习近平总书记在 2016 年视察国防大学时强调，围绕实现强军目标推进军队院校改革创新，为实现中国梦强军梦提供人才和智力支持。

三、军校校园阅读文化建设的重要意义

（一）阅读文化建设是提升国民素质的根本途径

书籍是人类智慧的结晶。阅读习惯的养成，对于个人来说是修身益智的终身大事；对于一个国家、一个民族而言，则是关系国家前途、民族命运的国家大事。古往今来，经济发展、社会文明的国家和民族，都有崇尚读书的优良传统。中华民族之所以成为礼仪之邦、文明古国，一个重要的原因就在

于我们是一个热爱读书、勤奋学习的民族。中国历史上留下了许多与读书有关的故事，"囊萤映雪""凿壁偷光""韦编三绝"是刻苦读书的故事，"洛阳纸贵"是形容好书畅销的盛况，"朱张会讲"是古代大师之间的学术交流，"书中自有颜如玉，书中自有黄金屋"是世俗人眼中的读书目的。正是这些耳熟能详的经典故事激励着一代又一代的炎黄子孙读书怡情，读书奋进。

古人云：修身齐家治国平天下，修身排在功业之首，个人素质修养是一切事业与功绩的前提，国民素质是国家竞争力的基础。阅读可以丰富一个人有限的人生，阅读可以涵养一个民族的精神气质，阅读可以铸就一个国家的文化根基。欧阳修说"立身以立学为先，立学以读书为本"，高尔基说"书籍是人类进步的阶梯"，书籍是前人智慧与经验的总结，所谓"开卷有益"，读一本书可能会接触一个崭新的世界，读一本书可能会使人生发生意想不到的转折。然而，随着信息技术的迅猛发展，每天产生的信息海潮拍岸般汹涌而来，人们面对如此巨大的信息量变得应接不暇、无所适从。于是，碎片化的信息成为人们的首选，人心开始变得浮躁，无法静下心来将一本书从头到尾读完，更不用说细细品味，"两耳不闻窗外事，一心只读圣贤书"也似乎成了一种难以企及的境界。"腹有诗书气自华"，阅读是一种充满个性化的体验，当这种个性化的体验集合在一起就成了一个民族的内涵。

国民阅读能力和阅读水平的高低，决定着一个民族的基本素质、创造能力和发展潜力，直接关系到国家软实力和综合实力的强弱。要提高国民素质必须倡导读书，要普及科学知识必须倡导读书，要社会和谐发展必须倡导读书。高等院校是一个国家的未来与希望所在，青年学生的文化素养影响着一个国家的前途命运。因此，在高等院校进行阅读文化建设具有非常重要的意义。

（二）阅读文化建设是贯彻文化强国思想，打造强军文化的重要举措

军队是一个国家的武装力量，是一个国家政治安全与经济安全的有力保证。要实现社会主义强国梦就必须打造一支强大的人民军队。改革强军不仅是一次体制重塑和整体跃升，也是一次文化重塑，重塑与强军目标相适应，与新的体制编制相适应，与新的作战样式相适应的文化形态。

一支军队的历史与文化是其安身立命的基础，文化自信必是不忘本来，赓续血脉，夯实根基，浴火重生。中国人民解放军的历史就是一部不断创新、创造的发展史。辉煌战史激励战斗精神，峥嵘岁月孕育战斗人生。井冈山精神、两弹一星精神、远望精神、空中拼刺刀精神、老航校精神、甘巴拉精神等人民军队在各个特定历史阶段凝铸形成的强军精神，是属于我们特有的精神家园。它曾激励着一代代热血儿女，前仆后继，披荆斩棘，爆发出让对手心惊胆寒的意志与力量。在那个风雨飘摇的年代，中华民族生死存亡之时，鲁迅先生还能自信地说中国人的脊梁没有断，中国人的民族精神没有死，中国人的自信没有丢，那是因为中国人民经历了数不清的苦难，跨过了无数险境，始终没有被打垮，才能让中华民族的文明在人类历史中绵延数千年。中国历史上经历的那些难以计数的战争，孕育出了灿若星河的兵书典籍、不可胜数的才智将帅，所涵养的中国传统军事文化，亦是卷帙浩繁、光彩夺目、光耀后人。

强军文化深深地融入了中国特色社会主义文化的肌体当中，强军文化的精神品格、价值追求和丰厚灿烂的成果，为中国特色社会主义文化增添了独特的气质、风骨和厚度。打造强军文化，就是为发展中国特色社会主义文化贡献力量。因此，在军校进行校园阅读文化建设，塑造区别于地方高校，具有我军特色的军校校园阅读文化，使军校学员成为文化自信、素质过硬、技术先进的军队脊梁，对于贯彻习近平总书记文化强国思想、打造强军文化具有十分重要的意义。

（三）阅读文化建设是构建校园文化的基础

校园文化是指大学的精神文化及传承，是在大学长期发展的历史过程中逐步形成的，反映了大学范围内的人群在生活方式、价值取向、思维方式和行为规范上有别于其他社会群体的一种团体意识和精神氛围。优质的校园文化是一所大学的重要资源和无价资产，它体现了一所学校的精神风貌、价值取向、道德标准及行为准则。每一所大学都在时间的沉淀和文化的渗透中形成了自己固有的、特殊的文化氛围，不断地累积成一种特有的力量，让广大师生浸润其中，从而生发一种特有的精神气质和认知标准，良好的校园文化将影响学生对真理的追求和对理想的坚持。

阅读文化是校园文化的重要组成部分，精神文化的传承除了师者的言传身教，最主要的是通过阅读来实现。文化是民族的魂，校园阅读文化更是校园文化的精髓所在。当前，正是一个大融合的时代，在各种思潮的冲击之下，中国传统的"礼义仁智信"逐渐被个人主义、自由主义、利己主义、拜金主义所取代，如果没有正确的引导，任由自由化思潮蔓延，那将会是教育的失职。

习近平总书记说："实现中国梦必须弘扬中国精神。这就是以爱国主义为核心的民族精神，以改革创新为核心的时代精神。这种精神是凝心聚力的兴国之魂、强国之魂。"中国军人始终是中国精神的重要创造者、践行者和传播者，是中国精神的一张名片。中国军人既是民族历史的重要书写者，也是中国精神的重要创造者，以爱国主义为核心的民族精神在中国军人的身上体现得最为典型、最为纯粹。军队院校为军队培养各类型、各层次人才，是人民军队的重要基石。建设军事特征鲜明的军校校园阅读文化，是我军人才培养的需要。即以先进的革命理论为指导，使军人学员信仰崇高、信念坚定，懂得为谁扛枪、为谁打仗；以博大精深的传统精神文化为根基，使学员有选择地吸取有益的、积极的思想与营养，培育其浩然正气，具备打败敌人的智慧和能力。

（四）阅读文化建设是满足教学科研的需要

众所周知，教学、科研和图书馆是高等教育的三大支柱，教学和科研是高校向前迈进的两条腿，图书馆则是辅助双腿征服更远路程的手杖。图书馆是校园文化的主要建设者和传播者，在由行为文化、精神文化、环境文化、制度文化等构成的高校校园文化中，阅读文化是其精华所在，其他方面都直接或间接受到阅读文化的影响。而阅读经典又是塑造阅读文化的重要手段，通过阅读经典可以塑造高尚人格，可以学习思维方法，可以学习写作方法。一个人的精神发展史就是他的阅读史，人的精神可以通过阅读或蓬勃葱茏，或气象万千，或破茧成蝶。因此，阅读文化建设在满足教学科研需要上主要体现在以下几个方面。

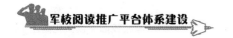

1. 军校阅读文化建设有助于提高学员学习效率

阅读方法是高校阅读文化的重要组成元素，也是阅读学的研究内容之一。向读者提供高效的阅读理论和实用的阅读方法，是阅读文化建设的一项重要内容。20世纪中期以来，信息技术迅猛发展，知识爆炸，海量信息充满空间，如何正确选择合适的文本与知识成为军校学员阅读水平和知识接受程度的决定因素。阅读的过程在本质上就是学习的过程，军校阅读文化建设可以通过培养学员的快速阅读能力，引导学员在学习过程中使用高效的阅读方法，提高阅读效率，从而提升学员的学习能力和信息接受能力。

2. 军校阅读文化建设有助于提升学员思维能力

阅读过程在本质上是思维的过程，当阅读者聚精会神地阅读时，实际上是在不断地思考、想象、判断、推理和评价。人们说：一千个人心中有一千个哈姆雷特。这就是许多优秀作品搬上荧幕后总是不尽如人意的原因。因为读者在阅读的同时会加入自身的主观个性化判断，所以相同的文本对于不同的读者会产生不同的效果。经典阅读可以使阅读者学习前人或大师的思维方法，而科学的阅读训练可以提升阅读者的逻辑思维和形象思维能力，使他们能够正确理解和使用概念，进行判断和推理，思维清晰、严密和快捷，善于联想和想象，从而养成良好的思维品质和思维习惯。

3. 军校阅读文化建设有助于构建合理的知识体系

对于军校学员来说，除了教学大纲规定的学习内容以外，图书馆是获取知识的重要来源。图书馆是学校的文献信息中心，拥有大量的纸本资源和丰富的数字资源。如何有效利用图书馆，为学员提供其感兴趣的领域知识，助其构建合理的知识结构体系，是军校阅读文化建设的内容之一。除了任课教员开具的课外书单，图书馆开展的各项阅读活动也有助于学员提高阅读兴趣、扩大阅读范围、提升阅读能力。如新书推荐活动和推荐必读书目可以帮助学员了解更多的好书，读书征文活动可以调动学员的阅读兴趣，名人讲坛可以让名人大家现身说法，使学员印象深刻，倍受激励。

4. 军校阅读文化建设有助于培养新时代革命军人

党的十九大报告指出要"培养有灵魂、有本事、有血性、有品德的新时代革命军人"。应该说培养"四有"新时代革命军人是军队建设的现实问题所决定的。当前，意识形态领域的斗争还很尖锐，境内外敌对势力一直把我军视为其实现政治阴谋的最大障碍，千方百计地进行多层次、全方位的渗透策反。习近平主席曾指出，"我军现代化水平与国家安全需求相比差距还很大，与世界先进军事水平相比差距还很大""我军打现代化战争能力不够，各级干部指挥现代化战争能力不够"。面对这些考验和冲击，军人只有具备坚毅的精神和过硬的素质，按照有灵魂、有本事、有血性、有品德的要求，在灵魂上"补钙"，在本事上"升级"，在血性上"淬火"，在品德上"提纯"，立起新一代革命军人的样子，才能肩负起新时代强军兴军的历史使命。新时代革命军人的"四有"在本质上是相互联系、相互渗透、互为条件的有机整体，军校阅读文化建设要以社会主义核心价值观和习近平强军兴军思想为指导，发扬我军优良传统和作风，为培养新时代"四有"革命军人做出应有的贡献。

第二节　军校校园阅读文化建设的现状

一、大学生阅读文化

（一）阅读形态和模式的转变

1. 实用读物代替名著经典

所谓实用读物指的是各种考试辅导用书以及实用技能、就业、成功学等方面的书籍。现在大学图书馆里最受欢迎的书籍已经不再是经典名著，而是这些实用书籍。有相当大比例的大学生，对一些能够为谋职就业、走向社会带来实用价值的图书非常青睐，如公关、法律、外语、口才训练等。过去是普遍认为应该多读与现实社会紧密联系、具有实用技术技能的图书。

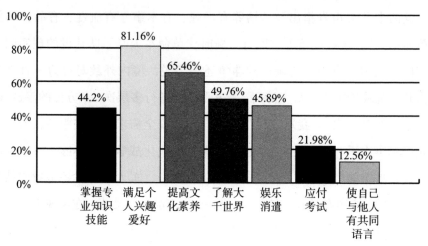

图 1-1　课外阅读的目的 ①

　　图 1-1 是 51 调查网（http：//www.51diaocha.com ）的《2016年大学生阅读现状调查报告》中关于阅读目的的调查统计，我们可以看到，除了不到一半的学生是出于娱乐消遣目的进行阅读之外，大多数学生的阅读行为都出于实用性目的。这种阅读倾向出现的主要原因来自大学生所面临的就业压力。随着社会经济的发展和我国社会主义市场经济改革的不断深化，社会的生存竞争压力逐渐增大，就业成了大学生走出校门迈入社会需要面对的第一道门槛，名校毕业生卖猪肉、种地、养殖早已不是新闻，那些与谋职就业、社会生存相关的成功学、法律、职场规则方面的书籍自然成了大学生阅读的首选。从大众的眼光来看，这类知识可以为将来面对工作竞争、人际关系、生活压力等做好准备。此长彼消，为提高人文修养、陶冶道德情操为目的而读书就变得曲高和寡了。

　　这种阅读形态的转变与社会教育制度的转变息息相关，也是社会现实所决定的。首先中国的教育价值观越来越趋向于实用，应试教育使得学生自由选择的机会很少；二是读书的功利性和实用性。从前，我国的高等教

---

① 2016年大学生阅读现状调查报告［DB /OL］.［2019–11–5］. http://www.51diao cha.com/rep ort/5341.htm.

育属于精英教育，教育资源集中在少部分人身上，不存在生存压力，阳春白雪自古以来就是钟鸣鼎食之家的专利。如今，我国的高等教育已成为普惠教育。大学毕业生人数众多，生存竞争激烈。为了考一所好大学，找一份好工作，更好地适应职场需求而读书，这本身无可非议，只是长此以往，我们的思想，这一区别于其他生物的伟大之处将会走向枯竭，这是我们应该警惕的。

2. 通俗阅读代替严肃阅读

通俗阅读和严肃阅读并不是一种严格意义上的对立，就好像通俗小说和严肃小说都属于文学范畴，这里的通俗与严肃表明的是一种阅读的态度。大多数人会认为严肃阅读就是阅读那些晦涩难懂的文字，其实不然，无论是名著经典还是通俗小说，如果阅读者以一种严肃认真的态度来对待，剖析自身来思考就都可以称之为严肃阅读。因此，通俗阅读并不等同于阅读通俗文学，而是指阅读态度上的休闲娱乐通俗化。

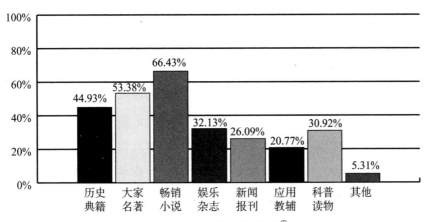

图 1-2　喜欢的课外阅读类型 [①]

近年来，宫斗、穿越、魔幻三大主题从原著小说到影视作品横扫文化圈，成功学、心灵鸡汤、营销等书籍在销量和下载量上长居前列。网络时代，文学作品创作和发表的门槛与成本都大大降低，许多媒体也向公众传播着"娱

① 2016年大学生阅读现状调查报告［DB/OL］.［2019-11-5］. http://www.51diaocha.com/report/5341.htm.

乐至死"的理念。在这种氛围的影响下，以往思考人生、思考社会、思考人类前途命运的严肃阅读逐渐被刷机、刷圈所取代，偶尔的文章阅读也都变成了刷标题。相当一部分年轻人对中国四大名著的了解来自影视剧。美国作家尼古拉斯·卡尔在《浅薄：互联网如何毒化了我们的大脑》一书里，探讨了随着人类媒介工具的革命，尤其是互联网的普及，将怎样从根本上改变人的思维的问题。他得出了两个字的结论：浅薄。

通俗阅读与严肃阅读代表的是阅读的两个层面，并不存在对错，但当严肃阅读被通俗阅读取代时，我们就不得不警醒了，人类一旦停止了思考而只会享乐，那就离沦为"鱼肉"不远了。

3. 新媒体读物代替纸质图书

新媒体是相对于传统媒体而言，区别于报刊、广播、电视等传统媒体的新的媒体形态，是利用数字技术、网络技术、移动技术，通过互联网、无线通信网、有线网络等渠道以及电脑、手机、数字电视机等终端，向用户提供信息和娱乐的传播形态和媒体形态。新媒体涵盖了所有数字化的媒体形式，包括所有数字化的传统媒体、网络媒体、移动端媒体、数字电视、数字报刊杂志等。

随着媒介传播技术的发展、数字摄像设备的普及、影音后期编辑技术的大众化以及传播渠道的便捷化，新媒体产品已经走向大众化。相比传统的纸质图书，新媒体读物更能吸引读者的眼球，也更具传播优势。此外，新媒体信息产品还具有查找便捷、储存方便的特点，有利于人们用较少的时间、更为便利的方式更全面地了解所需的信息，获取相关知识。

《第16次全国国民阅读调查报告》显示，成年国民在网上的活动中，以阅读新闻、社交和观看视频为主，有声阅读继续较快增长，成为国民阅读新的增长点，移动有声app平台已经成为听书的主流选择。2018年，我国有近三成的国民有听书习惯。其中，成年国民的听书率为26.0%，较2017年的平均水平（22.8%）提高了3.2个百分点。0~17周岁未成年人的听书率为26.2%，较2017年的平均水平（22.7%）提高了3.5个百分点。在听书介质的选择上，选择"移动有声 app 平台"听书的国民比例较高,为 11.7%;有 6.4% 的人选择通过"广播"听书①。

新媒体读物自身优势显著,传播迅速,大大降低了阅读的时间成本和经济成本。因此,新媒体读物的出现对传统纸质图书形成了强有力的冲击。近年来,各大高校图书馆的纸本借阅量统计数据呈逐年下降的趋势就与新媒体读物的出现密不可分,由此带来的弊端也逐渐显现:首先,新媒体读物淡化了大学生的经典阅读意识,无论是经典的快餐化解读,还是经典的各种新说,先不论其正确与否,就已经让许多学生止步于原著之前了;其次,新媒体读物干扰了大学生的阅读倾向,新媒体读物多具有倾向性的心灵鸡汤性质,多数是对原著的二手解读,这也使得大学生在阅读过程中直接跳过了阅读原著中最重要的理解和思考阶段,从而影响了大学生的价值观判断,使大学生无法把握正确的阅读方向;再次,新媒体读物影响了大学生的阅读思维,让大学生们形成了阅读惰性和思维惰性,不利于人才培养。

4. 碎片化阅读代替系统阅读

碎片化阅读并不是新媒体读物独有的阅读方式,传统阅读方式中也有碎片化阅读,只不过随着新媒体的蓬勃发展,碎片化阅读成了人们日常阅读的主要方式。目前,碎片化阅读主要是以移动互联网为基础,以手机、电子阅读器等数字终端为载体,阅读过程是间断性的,阅读内容是零碎不完整的。《第16 次全国国民阅读调查报告》指出,61.6% 的网民将"阅读新闻"作为主要网上活动之一,28.2% 的网民将"查询各类信息"作为主要网上活动之一。同时,互联网的娱乐功能仍然占据很重要的位置,有 62.3% 的网民将"网上聊天 / 交友"作为主要网上活动之一,有 50.0% 的网民将"看视频"作为主要网上活动之一,有 41.1% 的网民将"网上购物"作为主要网上活动之一,有 36.5% 的网民将"在线听歌 / 下载歌曲和电影"作为主要网上活动之一,还分别有 28.0% 和 19.2% 的网民将"网络游戏"和"即时通讯"作为主要网上活动之一,

---

① 刚刚,第16次全国国民阅读调查报告发布,去年人均纸书阅读量4.67本〔DB /OL〕.〔2019–11–5〕.
https://www.shobserver.com/news/detail?id=145229.

有 15.9% 的网民将"阅读网络书籍、报刊"作为主要网上活动之一①。

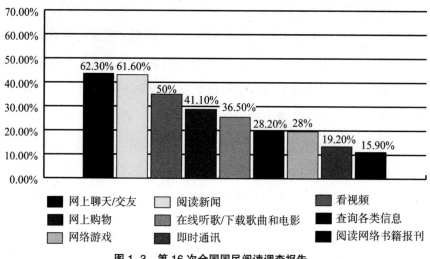

图 1-3 第 16 次全国国民阅读调查报告

现代社会人们的生活节奏逐渐加快，人们也渐渐失去了系统地阅读一本书的时间与耐心，只想在有限的时间里获取更多的讯息，而手机等移动电子产品为这种需求提供了实现的可能。同时，随着智能产品的普及，这种碎片化的阅读方式也逐渐改变了人们的阅读习惯。传统的阅读通常是线性阅读，即从一本书到另一本书，注重系统性和连贯性。而碎片化阅读则是利用分散的时间段来阅读多个主题，缺乏系统性和连续性，即从一篇文章到另一篇文章，从一个观点到另一个观点，具有很强的跳跃性，其主要特征是阅读时间碎片化、阅读内容碎片化和阅读方式移动化。

在今后的很长一段时间里，碎片化阅读都将是大学生及整个社会的主要阅读模式，碎片化阅读具有知识丰富、携带方便、方式灵活、互动方便等优势，突破了传统阅读模式中时间和空间的限制，符合现代社会人们的信息需求，有着传统阅读无法企及的优势。但是，学校教育应该尽量避免这种阅读模式成为主流，在校时期是学生人生观、世界观形成的关键时期，只有系统阅读才能配合系统化的教育，使学生培养体系化、系统化。

---

① 刚刚，第 16 次全国国民阅读调查报告发布，去年人均纸书阅读量 4.67 本［DB /OL］.［2019–11–5］. ttps：//www.shobserver.com/news/d etail?id=145229.

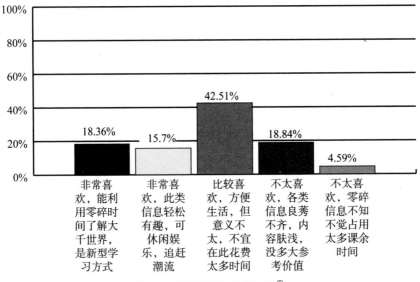

图1-4 喜欢碎片化阅读与否 ①

（二）阅读深度浅表化

阅读深度浅表化是阅读模式与形态发生变化所导致的直接后果。生活节奏的加快，使得以快餐式、跳跃式为特征的碎片化阅读成为阅读浅表化的典型代表，"浅阅读"已成为普通人主要的阅读方式。"浅阅读"是当前社会阅读形态的主要特征，是一种浅层次的，以简单、轻松、娱乐为目的的阅读形式，在内容上以追求消遣、娱乐或感官上的刺激为主，充斥着荒诞主义及虚幻世界的色彩，在方式上以动漫、图像、影像等为主，文字为辅。

互联网络密布全球，娱乐市场极度繁荣，物质生活极大丰富，竞争压力逐渐增大，而唯独时间没有变化，人们在固定的时间里要完成越来越多的学习、工作、娱乐内容，传统的阅读模式被取代就不可避免了。短平快的生活节奏要求简单直白的表达方式，有限的休闲时间要求直接粗暴的感官刺激，过去看一本好书至少要花几天的时间，现在，一天就可看完几十本书的书评简介。网络、电视、电影和大量的图文书丰富了人们的阅读生活，也潜移默化地影响了人们的阅读需求，电子读物和数字图像的免费易获取性、便携性、

① 2016年大学生阅读现状调查报告［DB/OL］.［2019-11-5］. http://www.51diaocha.com/report/5341.htm.

超强互动性等特点，简化甚至省略了人们深刻思考的过程。人们常常在经历了几个小时的肾上腺素飙升之后会感到茫然，之前究竟看到了什么，学到了什么，似乎什么也没有！我们的精神在极度兴奋之后感觉到的只有疲惫。阅读的过程就是思考的过程，富兰克林说："读书是易事，思索是难事，但两者缺一，便全无用处。"孔子也说："学而不思则罔，思而不学则殆。"当人们放弃思考这一重要环节时，阅读也就不再是传统意义上的阅读，而仅仅是一场视觉体验。

当阅读的目的变成休闲和娱乐，摒弃了思索和感悟的过程，就会带来很多消极的影响，习惯于浅阅读将导致人们心态浮躁，专注力降低，尤其对处于重要学习期的大学生来说更是有百害而无一利；此外，阅读的过程也是学习语言运用技能的过程，阅读深度浅表化则完全放弃了语言的运用技巧，表达直白而粗浅，长此以往，语言将失去其优美性与艺术性，从而导致文化修养与文化底蕴的缺失，不利于民族文化素质的提升以及综合国力的竞争。

（三）阅读能力弱化

1. 阅读能力与阅读量下降

阅读能力是指对文章完成整体阅读所应该具备的基本能力，包括对该文章感知、理解、鉴赏的具体阅读活动，以及顺利完成阅读所必需的正常动机、兴趣、情感、意志和个性。阅读能力主要包含以下几个方面：

认读能力：阅读能力的基础，包括对文字符号的感知与辨识能力、识字量和认读速度。

理解能力：阅读能力的一个重要指标，包括文中重要词语和养分词语的理解能力、文中重要内容功能的理解能力、文章结构和表现形式的理解能力、作者观点和思想的理解能力。

鉴赏能力：是指对文学的欣赏和评价能力。

评价能力：是指对阅读材料的思想内容、表现形式、风格特征等做出评判的能力。

活用能力：是指阅读的迁移能力，是把在阅读中学到的知识加以运用的能力。

阅读技巧：包括朗读技能、默读技能、速读技能、良好的阅读习惯。

以上六个方面的能力是组成阅读能力的要素，随着碎片化阅读的普及，整个社会在阅读能力水平上呈下降趋势，其中又以大学生群体表现最为明显。从经典名著原著的借阅量来看，经典名著原著经过多年的不懈推广，其借阅量并未得到提升，而一些古典文学的现代解读却持续走热，如易中天品三国、于丹说论语等。这固然与古文的晦涩难懂有关，但曾几何时，这都是传统国文学习的必读书目。

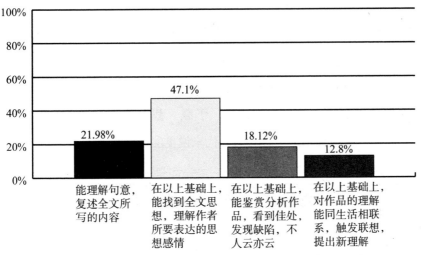

图1-5 认为自己在阅读过程中能达到的层次 [①]

2.阅读意愿降低

严格意义上来说，阅读意愿也是阅读能力的一种体现。实用主义、功利主义、碎片化阅读造成大学生阅读意愿降低，即使阅读，目的也与考试、论文等有关，偶尔执卷也是二次元格调。此外，各种热血的网络游戏占据了有限的空闲时间，陶冶情操、修身养性的阅读就变得越来越珍贵了。

---

① 2016年大学生阅读现状调查报告［DB/OL］.［2019-11-5］. http://www.51diaocha.com/rep ort/5341. htm.

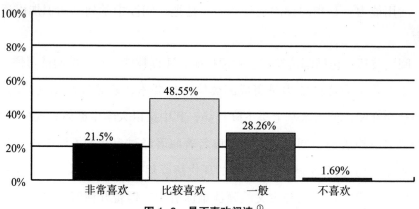

图 1-6　是否喜欢阅读 [①]

3. 阅读行为模式数字化

互联网的普及和无线网络终端的大众化，使得大学生这一年轻群体的阅读行为模式数字化，即大学生们越来越习惯于阅读电子终端上的数字化信息。这当然与数字化信息方便快捷易获取、存储量大、便于携带的优点有关，但深层原因在于数字化信息方便拷贝、下载、截取并且有现成的摘要、评价、寓意与解说，这些对于惰于思考的一代来说更实用。

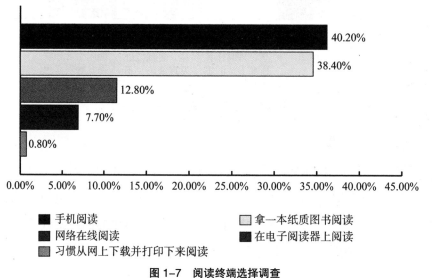

图 1-7　阅读终端选择调查

① 2016 年大学生阅读现状调查报告 [DB /OL]. [2019-11-5]. http://www.51diao cha.com/report/5341.htm.

《第 16 次全国国民阅读调查报告》数据显示：超过半数成年国民倾向于数字化阅读方式，倾向纸质阅读的读者比例下降，倾向手机阅读的读者比例上升明显。2018 年有 38.4% 的成年国民更倾向于"拿一本纸质图书阅读"，比 2017 年的 45.1% 下降了 6.7 个百分点；有 40.2% 的国民倾向于"手机阅读"，比 2017 年的 35.1% 上升了 5.1 个百分点；有 12.8% 的国民更倾向于"网络在线阅读"；有 7.7% 的人倾向于"在电子阅读器上阅读"；0.8% 的国民"习惯从网上下载并打印下来阅读"[①]。

二、军校校园阅读文化现状及建设概况

军校相对地方院校而言，其军事属性和相对封闭的管理环境决定了其校园阅读文化既会受到社会阅读大环境的影响，又拥有其自身特点。

（一）军校大学生阅读现状调查

在兄弟院校的配合下，笔者就军校大学生阅读现状进行了问卷调查，共收回样本 397 份，以下列出本次调查的统计结果。

1. 你的性别

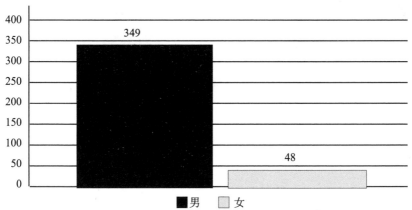

图 1-8　读者男女比例对比

---

① 刚刚，第 16 次全国国民阅读调查报告发布，去年人均纸书阅读量 4.67 本［DB /OL］.［2019-11-5］.
https：//www.shobserver.com/news/detail?id=145229.

2. 你所学学科

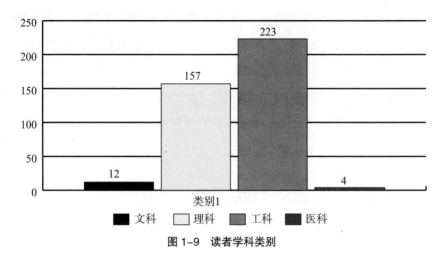

图1-9 读者学科类别

3. 你的年级

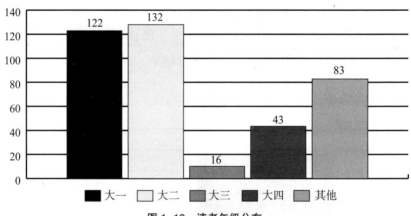

图1-10 读者年级分布

4. 你觉得课外阅读重要吗?

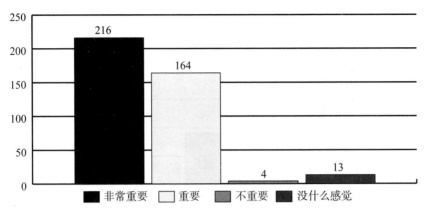

图 1-11　课外阅读重要性

5. 你是否每天都有阅读?

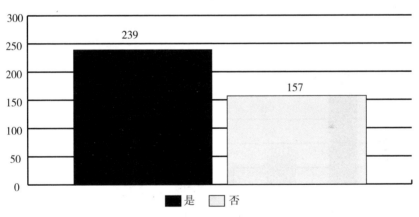

图 1-12　阅读频次调查

6. 影响你阅读的因素是什么?

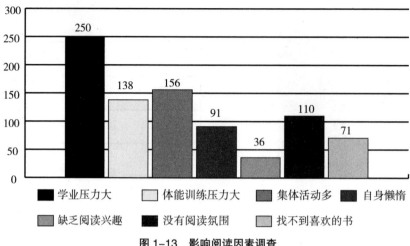

图 1-13　影响阅读因素调查

7. 你的课余时间主要花在什么方面?

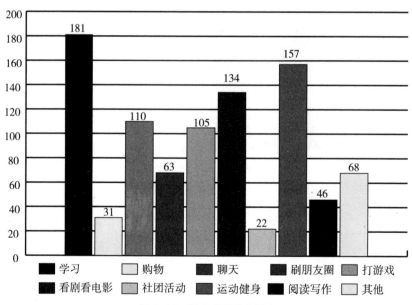

图 1-14　课余时间分布调查

8. 你通常的阅读地点

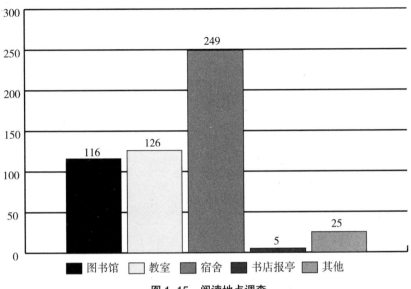

图 1-15 阅读地点调查

9. 你喜欢的课外读物类型

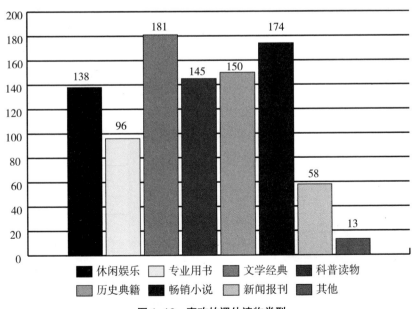

图 1-16 喜欢的课外读物类型

10. 你平时的主要阅读形式

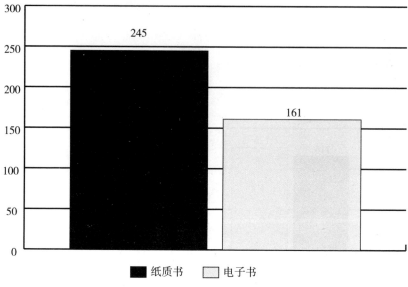

图 1-17　纸本阅读与数字阅读

11. 你读课外书的主要目的

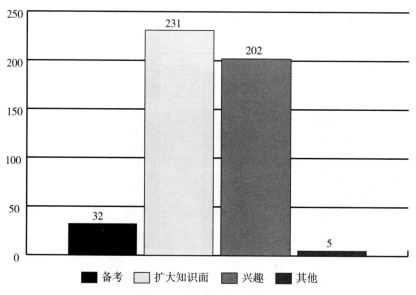

图 1-18　课外阅读目的调查

12. 你喜欢微信、微博等 app 阅读之类的碎片化阅读吗?

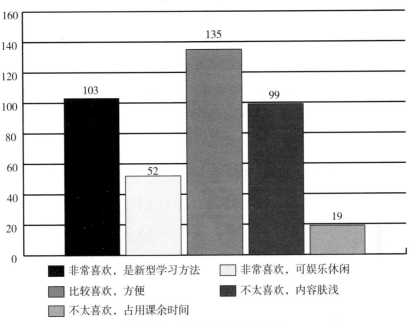

图 1-19　碎片化阅读倾向性调查

（二）军校校园阅读文化的特点

从以上问卷调查结果可以看到，军校校园阅读文化与普通高校校园阅读文化相比较，既有共性，又有自身特点。

1. 阅读主体性别倾向明显

军营是充满男性荷尔蒙的地方，军校在招生时就有明确的性别要求，招收的女学员可以说是凤毛麟角。军校的阅读主体性别倾向明显，所学科目以理工为主（如图 1-9），课余时间除学习外，投入最多的是健身和看剧（如图 1-14）。图书馆书刊借阅情况统计显示，图书借阅以军事、人物传记、武侠等为主，期刊阅览以军事、体育、电子、航空航天、车辆等为主要方向。国防科技大学图书馆曾在 2018 年连续半年时间对借阅情况统计发现，每月借阅排名前 10 的书至少有 6 本是金庸小说。

2.阅读内容实用性和娱乐性并存

军事技术院校多以理工科为主,课业较为繁重,学员在图书馆借阅与自己学科相关的专业性强的书籍,是完成学业的需要,因此,阅读的目的还是从实用性出发(如图1-18)。而军校学员在完成繁重课业的同时,还要进行高强度的体能训练,身体和心理较普通大学生更为疲惫。因此,在休闲放松时更倾向于轻松娱乐型的阅读内容(如图1-16)。

3.阅读时间相对集中

军校学员尤其是低年级学员的日常管理极为严格,基本是同学习、同生活、同休息。在大多数时间里,同专业同年级学员的作息大体一致,因此,大部分的阅读都集中在大家共同的空闲时间里,如图1-15所示,军校学员的阅读地点主要集中在宿舍、教室和图书馆。

4.阅读形式相对单一

军校讲究的是纪律与秩序,保密教育是新入伍学员的第一课,因此,军校学员使用手机、手提电脑等电子产品都有严格的规定与限制,军校学员大多数的阅读体验只能通过图书馆来完成。当然,军校图书馆也会根据自身情况为学员提供网络利用和电子书的使用,但在使用网络受限的情况下,学员最主要的阅读方式还是浏览图书馆纸质图书,特别是专业课学习和应对考试。所以,从图1-17可以看到,军校学员阅读纸质书的比例是高于电子书的,这与《第16次全国国民阅读调查报告》数据显示的超过半数成年国民倾向于数字化阅读方式的调查结果不太一致,这也从一个侧面反映了军校学员阅读形式相对单一的现状。

(三)军校校园阅读文化建设基本概况

1.军校校园阅读文化的物质基础建设

任何层面的精神追求都必须有一定的物质基础作支撑。军校校园阅读的物质基础建设主要包括场馆建设、环境建设和制度建设。

(1)场馆建设。能够用来进行阅读的校园场馆主要就是图书馆和教学楼。

图书馆是学校的文献信息中心，是为教学和科研服务的学术性机构，是学校教学和科研工作的重要组成部分，也是校园阅读文化的重要组成部分，是全校师生实施阅读行为的主要场所。在地方高校，图书馆建筑往往是一个学校的标志性建筑，集中了学校最优质的资源，尽最大的努力为学生提供种类齐全的阅读资料，满足不同人群的阅读兴趣和阅读需要。而军校图书馆在这方面与地方高校还有一定的差距，除了几个综合性技术类军校，大多数指挥类军校在图书馆建设上投入严重不足，馆舍老旧，设备陈旧，资源保障不充分。除了图书馆之外，教室的建设也很重要。教室不仅是上课的场所，也是开展校园阅读活动的重要场所，充足的教室座位也是开展校园阅读活动的有力保障。

（2）环境建设。环境建设与场馆建设相辅相成，精美的馆舍需要书香环境来衬托。"昔孟母，择邻处"，古人对读书学习环境就很重视；"近朱者赤，近墨者黑"，古人在环境对人的影响方面的认识也很深刻。军校的校园阅读文化环境建设既要体现军事管理的严肃性，又要与高等教育的性质相适应。所以，军校阅读文化环境建设也脱离不了图书馆和教室这两大阵地。优美的环境令人赏心悦目，静谧的空间令人沉心学业，名言警句、大师画像令人激奋鼓舞，于细微处体现宏大，于无意间体现智慧。在这样的环境中耳濡目染自然对读书心生向往。

（3）制度建设。任何机构、单位的正常运行和稳定发展都需要有效的制度作保证，上至国家，下至家庭，规章制度都是维持社会机器运转的重要支撑，学校也是如此。在遵守国家法制、军队纪律、学校规定的前提下，图书馆、教学楼也有需要遵守的相应规定与要求，如图书的借阅制度、阅读活动开展的制度、阅读的评比与奖励制度等。只有制定行之有效的规章制度才能保证阅读活动安全有序地开展，建设校园阅读文化是个复杂、长期的系统工程，需要有系统、完善的规章制度来作保障。目前，军队院校在阅读文化的制度建设上还处于实践摸索阶段，初具雏形，亟待完善。

2. 军校校园阅读文化的理论建设

俗话说，实践出真知。人们在生活实践中总结规律形成理论，再用理论指导实践，因此，理论建设也是军校校园阅读文化建设的重要组成部分，它对于军校校园阅读文化的建设具有非常重要的指导意义。王余光认为，阅读文化是建立在一定的技术形态和物质形态基础上，受社会意识和环境制度制约而形成的阅读价值观念和阅读文化活动，是一种社会文化系统，可分为功能与价值、社会意识与时尚、环境和教育三个层面[①]。军校校园阅读文化的理论建设也要从这三个层面深入和加强。

功能与价值层面指的是阅读的思想层面问题，是整个阅读文化的精神内核和本质特征，军校校园阅读文化建设首先需要解决的也是这个问题。军校大学生首先是军人，其次才是大学生，军校大学生的阅读目的是什么，应该具备怎样的阅读观念和价值取向，如何通过阅读塑造品格和情操进而将保家卫国、舍我其谁的精神融入骨血……在这方面，空军航空大学作了有益的探索，并取得了一定成效。空军航空大学的阅读推广活动，顶层设计注重"站位高远、与时俱进"，突出"战训一致"的特色，以"文化强军"的战略视野设计阅读推广活动，引导学员逐渐养成对强军文化的继承与创新的理性自觉，激发学员献身强军、矢志打赢的热忱，并使这种外在需求内化为对自身能力素质的自觉培养[②]。

社会意识与时尚层面指的是阅读的社会影响层面，阅读是一种社会文化现象，会受到各种社会因素的影响和制约。所谓社会因素包含甚广，包括政治、经济、文化、科技等，这也是前面所说的阅读的特征之一，即时代性的印证。军校既然身处社会，自然摆脱不了社会的影响，军校学员也是当代大学生，阅读形态转化、阅读深度浅表化、阅读能力弱化的现象在军校大学生中也普遍存在。校园阅读文化建设不可能完全脱离社会和周边环境而自成体系，军校也不例外。因此，结合社会热点，用年轻人喜闻乐见的形式提倡积极健康的阅读方式是校园阅读文化建设用以抵制社会消极影响的重要手段。国防科技大学图书馆利用创客空间的推广使用和学员对音乐的爱好，在2018年举办了

① 王余光，汪琴.关于阅读文化研究的几个问题［J］.图书情报知识，2004（5）3-7.
② 翟东航，张娜，曹安阳.文化强军视野下军校服务性阅读推广研究［J］.山东图书馆学刊，2016（1）72-75.

"仗剑天涯，青春万岁——Number 原创音乐会"，图书馆通过微信公众号、馆厅音乐发布了五位毕业学员在图书馆创客空间录制的原创音乐作品，反响强烈。图书馆通过音乐会的举办积攒了人气，也刷新了学员对图书馆的认知——"图书馆还可以是这样的！"也在真正意义上实现了图书馆文化中心的功能。

环境和教育层面，教育是高校的主要职能，校园阅读文化是高校教育内容的重要组成部分。例如，建设良好的阅读环境，提供优良的阅读氛围，围绕阅读开设专题讲座和专业阅读指导课，将校园阅读文化建设上升到理论的层次，及时为学员解决阅读过程中遇到的思想困惑和理解瓶颈等。阅读活动是校园阅读文化的展现形式。古人说耕读传家，一所高校的校园文化也是这所学校的脊梁，校园阅读文化正是支撑这副脊梁的精髓所在。

3. 军校校园阅读推广的人才队伍建设

校园阅读文化的推广与建设是一个长期系统的文化工程，要保证其深入、持久、有效地开展下去，高素质、专业型、研究型的人才队伍是最重要的保障。目前，全军院校还没有专门的阅读推广岗位设置，在阅读推广活动开展较好的空军航空大学和国防科技大学，阅读推广也是由图书馆各业务部门抽调人员兼职进行。军校校园阅读推广人才队伍建设应遵遁立足现有资源、适度开发外部资源的原则，努力打造素质高、专业性强、梯队层次分明的具有本校特色的阅读推广团队。具体可分为以下几个步骤：

（1）军校图书馆选拔培养本馆优秀人员。本馆人员对本馆资源和本校学科情况有着更加深入细致的了解，在阅读推广方面具有先天优势。如空军航空大学的翟东航老师连续多年设计空军航空大学阅读推广的顶层思路，在全军形成了一定的影响力；国防科技大学的周雅琦老师和廖佳老师立足本职岗位，在阅读推广工作实践中逐渐走向成熟。

（2）邀请吸纳校内其他优秀的教职员工，主要是普通教员和队干部。这两者本就是学校里与学员接触最多的人，教员在授课过程当中可以言传身教和潜移默化，队干部可以在学员日常的管理中循循善诱和善意引导，从而使阅读文化的传播春风化雨，润物细无声。

（3）培养优秀的学员志愿者。校园阅读文化的推广主要是面向广大学员，因此，阅读文化推广的学员志愿者在与学员的沟通交流上具有天然优势，而且相同的年龄与经历更能引起共鸣，更了解学员的需求与想法。国防科技大学图书馆自 2018 年开始在全校甄选招募学生馆员，也是这方面开展的实践探索。

（4）面向全军和社会邀请招募优秀志愿者。有针对性地邀请军队和社会成功人士来参加活动，是对校园阅读文化推广的有益补充，可以开阔学员视野，丰富阅读推广活动内容。国防科技大学图书馆 2018 年在"4·23"活动月中邀请军事科学院陈薇院士和湖南省作家协会副主席余艳举办的讲座就取得了令人满意的效果，学员好评如潮。

（5）制定严格的人才考核管理机制。规范化、科学化的管理制度是任何工作顺利有序开展的前提和保证。对于校园阅读文化推广的人才管理主要有资格审核制度、业务培训制度、业绩考核制度、奖惩制度等。

文化是一个国家和民族传承的根本所在，阅读是文化继承与延续最直接的方式。军队是一个国家和民族安全发展的倚仗，军队院校是军队各类干部的培养和输送基地，是培养军事人才的主要场所。军校校园阅读文化的确立对军校校园文化建设、军校学员素质养成乃至我军核心战斗力生成都有着至关重要的作用。

第三节　军校校园阅读文化建设的原则与方法

军校校园阅读文化建设与地方高校校园文化建设相比，既有共同点也有自身特色，因此必须遵行一定的原则和方法。

一、军校校园阅读文化建设的原则

（一）与社会文化环境相适应

1. 以弘扬中国优秀传统文化为主线

优秀传统文化是民族文化发展的根基，是中华民族的精神血脉、精神支柱、精神家园和精神动力。中华优秀传统文化对校园阅读文化建设具有导向功能，并为其提供丰富的资源。中华优秀传统文化是中华民族五千年文明的结晶，它既包含了中国不同历史时期华夏民族的思想文化精华和智慧，又借鉴和融合了世界其他民族优秀的文化成果。校园阅读文化建设的主要部分——阅读内容，就是要将大量优秀的传统文化广泛、集中地进行弘扬和展示，既能充分展现优秀传统文化的博大精深和魅力，又能使大量优秀的文化走进人们的视野，以增强人们的文化自豪感和文化认同感，实现优秀传统文化的传承。

时代的变迁会赋予传统文化不同的内涵，但优秀传统文化的精神内涵不会变，传统文化的传承就是民族精神的传承，也是中华民族传承几千年的精髓所在。

2. 以社会主义核心价值观为指导

社会主义核心价值观是社会主义核心价值体系的内核，体现社会主义核心价值体系的根本性质和基本特征，反映社会主义核心价值体系的丰富内涵和实践要求，是社会主义核心价值体系的高度凝练和集中表达。社会主义核心价值观分别从国家发展目标、社会建设方向和个体发展要求这三方面指明大学生所应具有的价值追求，从不同的角度指出大学生应该要成为一个兼顾国家、社会、个人发展的人，并且在国家和社会发展的基础上寻求自我价值的实现。高校是社会主义先进文化的一部分，军校是培养国家安全与利益的捍卫者与维护者的基地，因此，在校园文化建设特别是阅读文化建设这一方面要紧紧抓住国家的主流价值观教育。

社会主义核心价值观作为国家规定的价值要求，对学生的行为起着价值规范和引导作用。面对世界范围内思想文化交流、交融、交锋形势下价值观较量的新态势，面对改革开放和发展社会主义市场经济条件下思想意识多元、多样、多变的新特点，将社会主义核心价值观作为军校校园阅读文化建设的重要内容，从国家、社会和公民个人多层次、多方面地帮助学员形成正确的价值观，正确区分核心价值观和多元文化思潮，才能培养出坚定的社会主义建设者和保卫者。

（二）与教育文化环境相适应

无论是地方高校还是军队院校，校园阅读文化建设都要与学校自身的教育文化环境相适应。目前，我国针对高等教育出台了一系列的政策指导，主要分为两大块：关于教育机构的"双一流"建设和关于人才培养的"双创"教育。

1."双一流"建设

2015年8月18日，中共中央全面深化改革领导小组第十五次会议审议通过《统筹推进世界一流大学和一流学科建设总体方案》，决定统筹推进建设世界一流大学和一流学科。

2015年10月，国务院印发《统筹推进世界一流大学和一流学科建设总体方案》。

2017年1月，经国务院同意，教育部、财政部、国家发展改革委联合印发《统筹推进世界一流大学和一流学科建设实施办法（暂行）》。

2017年9月，教育部、财政部、国家发展改革委联合发布《关于公布世界一流大学和一流学科建设高校及建设学科名单的通知》，世界一流大学和一流学科建设高校及建设学科名单正式确认公布。

"双一流"建设具体分为三步走：第一步到2020年，若干所大学和一批学科进入世界一流行列，若干学科进入世界一流学科前列；第二步到2030年，更多的大学和学科进入世界一流行列，若干所大学进入世界一流前列，一批学科进入世界一流学科前列，高等教育整体实力显著提升；第三步到本世纪中叶，一流大学和一流学科的数量和实力进入世界前列，基本建成高等教育强国。

"双一流"目标并不是所有大学都能实现的，但每所高校都可以根据自身的实际情况，以"双一流"为标准，积极发展优势学科，激发创新活力，使学校越办越好，离目标越来越近。文化建设是"双一流"建设的重要内容之一，纵观世界一流大学在校园文化方面都具有以下共同特点：精神文化底蕴厚重，具有凝聚引领作用；环境文化独具特色，形成优秀文化氛围；文化素养深厚，彰显文明校园风尚；文化传承创新能力显著，激发大学文化活力；文化育人成效显著，具备引领辐射作用。因此，校园阅读文化建设要围绕"双一流"建设，

为校园文化建设提供助力。

2."双创"教育

"双创"是指"大众创业，万众创新"，严格意义上讲，"双创"并不是专门针对大学生提出的，而是面向全社会，并且全社会积极参与的一项创建活动。2014年9月，国务院总理李克强在夏季达沃斯论坛上提出"大众创业、万众创新"，并将其写入了2015年政府工作报告予以推动。

大学生是社会的重要组成者，当其结束学业走进社会时，就面临着就业的压力。如果大学生在校期间就能受到相关培训，对就业及今后发展有所规划和准备，这样既能减轻社会的压力，也能使个人的发展道路相对平坦。而对于军校学员来说，就业虽不是十分紧迫的问题，但创新却是军校教育的重点，这是由我军新时代的任务和使命所决定的，创新是高等院校及人类社会不断向前发展的源泉，也是人类科技日新月异的动力所在。

（三）与军队性质相适应

军队院校在校园阅读文化建设中，区别于普通高校，必须遵循的原则就是要与军队性质相适应。

中国人民解放军是中国共产党缔造和领导的，用马克思列宁主义、毛泽东思想、邓小平理论、"三个代表"重要思想、科学发展观、习近平新时代中国特色社会主义思想武装的人民军队，是中华人民共和国的武装力量，是人民民主专政的坚强柱石。紧紧和人民站在一起，全心全意地为人民服务，是这支军队的唯一宗旨。中国人民解放军必须始终不渝地保持人民军队的性质，忠于党，忠于社会主义，忠于祖国，忠于人民。中国人民解放军的任务是，巩固国防，抵抗侵略，保卫祖国，保卫人民的和平劳动，参加国家建设事业。中国人民解放军在新时代的使命任务是，坚决维护中国共产党的领导和中国特色社会主义制度，坚决维护国家主权、安全、发展利益，坚决维护国家发展的重要战略机遇期，坚决维护地区与世界和平，为实现"两个一百年"奋斗目标、实现中华民族伟大复兴的中国梦提供战略支撑。

因此，军校校园阅读文化建设要注重思想政治纪律建设，确保学员在政治上守纪律、讲规矩，始终坚定理想信念，在政治上做一个明白人；始终保持头脑清醒，自觉同党中央保持一致，同组织保持一致；不断增强政治敏锐性和政治鉴别力，明辨是非，坚持原则，同各种错误思想和错误行为旗帜鲜明地作斗争，做党的理论的忠实实践者、方针路线的坚决执行者、政策原则的坚定维护者，确保始终沿着正确的方向前进。

（四）与学科背景互容互补

军队院校除了军队性质特殊外，与普通高校一样存在着丰富的学科门类，只不过军队院校中综合类院校较少，多为专科类院校。因此，军校校园阅读文化建设要与本校学科设置与发展状况相适应，并根据读者实际需求培养跨学科阅读素养。

1. 学科阅读素养

阅读素养是指读者在阅读方法、阅读能力、阅读思维和阅读心理等方面形成的整体阅读水平。学科阅读素养是指读者针对某学科进行阅读的理解力，既能借助文本理解获取学科信息，同时也能借助阅读建构学科知识模型，这也是阅读素养中最重要的文本阅读能力和模型建构能力。对于各个不同学科专业的学员而言，学科阅读能力培养是阅读能力中最为重要的一部分。对于学科阅读能力优秀的学员来说，不但学科专业能力突出，其文本处理能力及建构知识模型的能力也颇佳，在专业学习上往往事半功倍。

2. 跨学科阅读素养

跨学科阅读素养是指读者针对不同学科，特别是不熟悉的学科进行阅读所具备的理解力和判断力，即最大限度适用于不同学科的阅读素养。

科学技术迅猛发展的今天，自然科学的各学科在自我发展的同时，也不断地与其他学科进行交叉融合，从而产生新的学科发展方向。在自然科学的最前沿领域，往往涉及多门学科的综合交叉，需要由各相关学科的科学家通力协作，从各自的专业角度去研究同一个问题，经过激烈的思想交流和碰撞，产生灵感的火花或共识，从而揭示出新的规律，对现象做出新的合理解释。跨学科研究的优点是，对于同一个问题或者现象，从不同的专业角度去研究实验，往往会得到不同的甚至相反的结果，而在结果的差异性中，往往蕴含着新的未知现象或者规律，需要不同专业背景、不同领域的科学家一起攻关，才能有所建树。跨学科研究，需要研究人员既具有广博的综合知识又掌握精深的专业知识，这对研究人员提出了更高的要求。许多诺贝尔自然科学奖的获得者，既是某门学科的专才，又是从事跨学科综合性研究的通才，这种能力使得他们能在熟悉本学科理论和方法的基础上，将相邻或相关学科的理论与方法借鉴移植应用到本学科的研究中，同时也使其与其他领域的科学家合作时，能够进行更加充分的交流和配合。这些优点，都有利于原创性理论知识的发现。

二、军校校园阅读文化建设的方法

（一）明确军校校园阅读文化建设的责任主体

校园阅读文化建设的责任主体是校园阅读文化的建设者，其职能包含了阅读文化活动的策划、宣传、组织、管理、实施。图书馆是高校的信息资源中心，其丰富的文献资源是校园阅读文化建设不可或缺的支撑保障。相对地方院校，军校更为封闭的管理环境使得军校图书馆在军校校园中较其他单位在组织大规模、主题性阅读活动方面具有先天优势。因此，军校图书馆应该成为军校校园阅读文化建设的责任主体。

1. 军校图书馆的本质属性

军校图书馆是高等学校图书馆的重要组成部分，除隶属关系具有特殊性外，其本质属性、主要任务、体制机构等都与高校图书馆是一脉相承的。

1956年高等教育部颁布了《中华人民共和国高等学校图书馆试行条例（草案）》，明确指出："高等学校图书馆是为教学和科学研究服务的学术性机构"[①]，将高校图书馆定位为一个学术性和服务性并存的机构，"学术性"和"服务性"是它的本质属性。此后该条例分别在1981、1987、2002、2015年经历过四次

---

① 宁夏回族自治区图书馆学会. 馆员必备　图书馆业务资汇编［M］.1982：79.

规模较大的修订，并最终定名为《普通高等学校图书馆规程》（以下简称《规程》）①。虽然随着科学技术与社会环境的变迁，对于高校图书馆的作用与地位的表述也有着与时俱进的细微改变，从"无中心"到"图书资料情报中心"到"文献情报中心"到"文献信息中心"再到"文献信息资料中心"，从"为教学和科学研究服务"到"为人才培养和科学研究服务"，高校图书馆肩负的使命和任务具有鲜明的时代特征，但对其性质的表述一直是"为……服务的学术性机构"，因此，高校图书馆及军校图书馆的本质属性就是"学术性"和"服务性"，这一点从未改变。

2. 军校图书馆在军校校园阅读文化建设中的重要作用

军校图书馆在军校校园阅读文化建设中的重要作用主要体现在以下四个方面：

（1）军校图书馆的专业化馆藏为军校校园阅读文化建设提供了有力的信息资源保障。图书馆在资源的采购、加工、整理等方面的优势是其他部门无法比肩的，而阅读文化的建设必然要以丰富的文化作品为基础，同时，图书馆对于文化的敏锐感知也有利于其把握时代脉搏，紧跟时代主旋律，为阅读文化建设掌握方向。

（2）军校图书馆的专业队伍为军校校园阅读文化建设提供了稳定的人才保障。图书馆作为学术性机构其组成人员也具有专业性，《规程》将图书馆馆员划分为专业馆员和辅助馆员，规定专业馆员的数量不能低于馆员总数的50%，以确保图书馆人员的专业性。这种专业性体现在所承担工作的不同，专业馆员必需经过图书馆学专业教育或系统培训以承担文献采选、编目、信息咨询、学科服务、信息素质教育教学等工作。近年来，图书馆员的学历要求也不断提高，硕士、博士屡见不鲜，具有高级专业技术职务的学科馆员为教学科研提供了信息保障和情报分析。

（3）军校图书馆的馆舍建筑为军校校园阅读文化建设提供了有效的空间

---

① 刘时容.且为繁华寄书香——高校图书馆阅读推广理论与实务［M］.北京：新华出版社，2018：88.

保障。现代图书馆的馆舍建筑区别于传统的藏书楼结构，其功能向多层次、灵活性、综合性、高效性发展，除了传统的藏阅功能还包含了各种现代化的功能活动区，既可以办展览，也可以开讲座，而图书馆本身就是高校人群聚集之地，无疑是开展各类型校园文化活动的理想场所。

（4）军校的特殊性质为军校校园阅读文化建设在管理上提供了有效的体制保障。军队管理体制下的军校较之地方院校在行政管理、工作作风、行动执行力方面具有明显优势。中国人民解放军的优良作风是我军的精神财富，也是我军的传家法宝，是我军特有的革命精神和革命作风，无论是烽火销烟的战场，还是断壁残垣的废墟，无论是暗战连连的太空竞争，还是千钧一发的紧急撤侨，中国人民解放军从来都是风浪中的中流砥柱，危难中的制胜法宝，在校园阅读文化建设的考验中同样也能迎难而上，所向披靡。

在信息化和网络化高速发展的今天，高校图书馆以其良好的学习环境、阅读氛围，便捷的检索手段和途径，优质的学术资源，担负着学校教育、科研、创新创业的文化传承和学术信息传播的职能。读者在图书馆既可学到各种专业知识，又能满足精神层面的多种需求。因此，高校图书馆尤其是军校图书馆在校园阅读文化建设中的地位和作用举足轻重，将其作为校园阅读文化建设的主导力量、中坚力量也是毋庸置疑的，这也是由军校图书馆的功能定位所决定的。创建良好的军校图书馆文化，形成文化品牌，通过开展各种文化活动，营造良好的校园阅读文化氛围，培育当代军人大学生积极向上的精神文化素养，是军校图书馆应该肩负的一项重要使命。

3. 军校校园阅读文化建设需要学校从上至下的协作与配合

校园阅读文化建设是一个涉及学校全方位、立体化、循序渐进的系统工程，并不是举办几次阅读推广活动、举办一期讲座、举办一个读书节就能解决的问题。要建设健康发展、有生命力的校园阅读文化，需要权威的校园阅读文化建设组织机构的领导，需要各职能部门的积极配合，以实现校园阅读文化建设的统筹规划、协调发展。比如，阅读推广是校园阅读文化建设的重要表现形式，参照中国图书馆学会的阅读推广委员会，学校可以组织各部门联合成立阅读推广机构，如"阅读推广中心""阅读推广委员会"等，以发挥各部门在宣传策划、学生组织和资源汇集方面的优势。这个组织机构可由图书馆牵头，教务处、团委及下属学院、系、所等相关部门的领导和成员共同参与，并接受学校直接领导。同时，聘请高素质专职工作人员，负责日常工作；聘请一批由图书馆馆员和专业教师兼任的导读馆员，负责某类书的导读和读者交流。拥有一个权威健全的阅读推广组织机构和一批高素质的专业人才，是构建高校图书馆阅读推广长效机制的前提。

（二）树立正确的阅读观

所谓阅读观指的是人们阅读的一种态度，是一种阅读思维，是一个人人生观、世界观的体现，同时又影响着这个人人生观、世界观的形成。一直以来，人们习惯性地认为阅读就是读书、读报、读互联网信息，其实不然，广义的阅读并不仅仅局限于文字、段落信息，而是把广阔天地作为阅读空间，把世间万物皆当作书卷，阅读自然的发展规律，阅读社会的发展历程，阅读历史的发展轨迹，阅读人生的辗转起合。周恩来总理年轻时曾用"从无字句处读书"来自勉，这就是我们所说的阅读观，在生活中学习做人，从没有文字的地方看出深意。例如，在著名的蜘蛛结网的故事中，失败者从蜘蛛不屈不挠地在风雨中结网的成功中学习到了坚持不懈的精神并最终获得了人生事业的成功，这就是阅读观与人生观、世界观相互影响的例证。

1. 阅读观的内涵

阅读观具体体现在两个层面上，一是向外阅读，读懂身外世界；二是向内阅读，读懂自身境界。前者很好理解，人从懵懂无知的婴儿成长为无论是惠及众生的圣贤还是祸及人类的恶徒，都是向外阅读学习的结果。无论是大善还是大恶，最初表现出来的阅读愿望都是强烈而饥渴的，但最终的结果却不尽相同，于是这第二个层面就十分重要，往往也最容易被阅读者所忽略。一个人向内阅读的质量，决定了一个人精神世界的高度。古人云："吾日三省吾身：为人谋而不忠乎？与朋友交而不信乎？传不习乎？"中国古人的大智慧由此可见一斑，虽是针对修身而言，但这对于与人生观、世界观息息相关的阅读观来说何尝不是一句箴言。

2. 如何树立正确的阅读观

何谓正确？不同阶级、不同层面、不同世界观的人都有不同的理解和看法，从大社会观的视角来说，有益人类和社会发展是为正确，通俗地讲就是"读好书"，而"好读书，读好书"是树立正确阅读观的基本要求。贾平凹在其《好读书》一文中曾写道："能好读书必有读书的好，譬如能识天地之大，能晓人生之难，有自知之明，有预料之先，不为苦而悲，不受宠而欢，寂寞时不寂寞，孤单时不孤单，所以绝权欲，弃浮华，潇洒达观，于嚣烦尘世而自尊自重自强自立不卑不畏不俗不谄。"

（1）读书的好处。读书学习可以看成是改造思想、加强修养的重要途径，是净化灵魂、培养高尚情操的有效手段。读书可以让人保持思想活力，好的书籍能提高人的素养，可以让纯真的心性得以留存，可以与智者交谈；读书可以让人得到智慧启发，西汉刘向把书当药，因为"善读之可以医愚"，前人把他们的智慧写进了书中，读书实际上就是吸取先贤的智慧；读书可以让人滋养浩然之气，习近平总书记曾说过："人的追求是否高远、人品是否贤达、处事是否得体，应该说与是否'曾读数行书'密切相关。"①

（2）读书的境界。读书不仅要有明确的目标，有不移的恒心，还要提高读书效率和质量，讲求读书方法和技巧，在爱读书、勤读书、读好书、善读书中提高思想水平、解决实际问题、实现自我超越。读书应该有三种境界：耐得住清冷和寂寞、衣带渐宽终不悔、众里寻他千百度。习近平总书记提出读书"要有'望尽天涯路'那样志存高远的追求，耐得住'昨夜西风凋碧树'的清冷和'独上高楼'的寂寞，静下心来通读苦读"②。要想达到这种境界，需要让读书成为一种生活方式，不管在什么环境中，都能静下心苦读。读书也需要坚持不懈、水滴石穿。书读百遍，其义自见，功夫下到一定程度，就能融合贯通。

---

① 刘舸 . 习近平的阅读观［EB/OL］.［2020–08–10］. http://theory.workercn.cn/2541201608/30/16
083013562643.shtml.

② 《习近平总书记系列重要讲话读本》十二：掌握工作制胜的看家本领［EB/OL］.［2020–08–10］.
http://www.wenming.cn/specials/zxdj/xjp/xjpjh/201407/t20140717_2066191_2.shtml.

读书更需要坚持独立思考，学用结合，学有所悟，用有所得，要在学习和实践中领悟真谛。

（3）读书的方法。读书的方法因人而异，有人喜欢诵读，有人喜欢默读，有人喜欢誊写，有人喜欢摘抄……但总体而言，读书必须要做到以下三个方面，即学会选择，学会精读和略读，学会思考。2017年，中国共出版图书、期刊、报纸、音像制品和电子出版物485.23亿册（份、盒、张），其中光图书就超过40万种[1]，面对如此大量的出版物，如何选择适合自己的读物就显得尤为重要。一个人的精力和时间是有限的，如何在有限的时间内读更多有利于自己的书，就要学会精读和略读。对重要的、本质的、急需的书籍进行精读，其余扩大知识面的书籍只需略约过目，泛读即可。最后，读书一定要学会思考，要坚持阅读与思考的统一。古人说："学而不思则罔，思而不学则殆。"书本上的东西是别人的，要把它变为自己的，离不开思考；书本上的知识是死的，要把它变为活的，为我所用，同样离不开思考。读书学习的过程，实际上是一个不断思考认知的过程[2]。

（三）建设开放共享的图书馆信息资源

高校图书馆信息资源开放共享一般是指：高校图书馆以学校师生读者为服务主体，在文献资源满足校内读者教学、学习、科研等信息需求的前提下，创造条件面向社会读者开放，提供文献信息服务，从而满足除学校师生群体以外的社会读者的信息需求。高校图书馆文献资源开放共享模式包括三个层面：一是面向社会读者开放高校图书馆的物理空间。通过身份登记，允许校外读者到高校图书馆阅览、查询、学习。这是基础的文献资源开放共享模式；二是面向社会读者开放高校图书馆的资源空间。通过办理借阅证，允许校外读者到高校图书馆借阅纸本图书，访问数字文献资源。这是更进一层的文献资源开放共享；三是面向社会读者开放高校图书馆的咨询空间。高校图书馆根

---

[1] 国家新闻出版署.2017年全国新闻出版业基本情况［EB/OL］.［2020-08-10］.http://media.people.com.cn/n1/2018/0806/c14677-30212071.html.

[2] 习近平.领导干部要爱读书读好书善读书［EB/OL］.［2020-08-10］.http://theory.people.com.cn/n/2013/0428/c40531-21322026-3.html.

据各自的馆藏特色、设备条件和人才优势,为社区读者提供个性化的、可定制的信息咨询服务。这是依托于知识服务的文献资源开放共享模式,即进行知识管理和数据挖掘,为个人、政府或企事业单位提供可靠的技术信息和情报资讯。

开放共享本身并不难实现,但考虑到军校特殊的保密性就不那么乐观了,校园阅读文化建设不能局限于一个封闭的小圈子,无论是科学还是文化都需要交流。军校图书馆的开放共享首先应满足军队内部的资源共享才能辐射社会,也可分为三个层次,即军队院校间的资源共享、军队内部的资源共享及社会的资源共享。由于军、民所属性质的不同,如何把握开放与保密的度,做到既能有密不失又能为民所用是考验军校图书馆智慧的命题,这也是军校图书馆在信息资源开放共享的建设中需要解决的关键问题。

(四)构建多元化、个性化阅读服务体系

1.开展阅读服务是培育校园阅读文化的重要手段

早在 1972 年,联合国教科文组织就向全世界发出"走向阅读社会"的倡议,并在 1995 年将每年的 4 月 23 日确定为"世界读书日"。党的十六届四中全会提出"和谐社会"的概念,将和谐社会与物质文明、政治文明、精神文明一起作为全面建设小康社会"四位一体"的目标。构建阅读社会是建设和谐社会的一个重要内容。阅读文化的形成又是建设阅读社会的基础。在校园里开展读书活动,既能有效营造良好的学习氛围,帮助提高教育教学质量;又能丰富学生的知识,培养学生良好的阅读习惯,提高读者自身的人文素养。

2.开展阅读服务是大学生素质培养的重要途径

阅读是人类完善自身的重要实践活动。19 世纪英国维多利亚时代著名作家萨克雷曾说:"读书能够开导灵魂,提高和强化人格,激发人们的美好志向,读书能够增长才智和陶冶心灵。"[1]阅读的过程,本身就是一个自我分析、模仿学习、不断强化的思维过程。通过阅读,可以提高阅读者的认知能力,阅读

---

[1] 堵军.一生的智慧[M].延吉:延吉人民出版社,2014:60.

服务指导可以帮助阅读者正确认识历史和现实，形成正确的人生观和世界观，积极应对生活中的各种困难和挑战；通过阅读，可以使阅读者的心灵即使在无人陪伴时也能与外界保持交流，保持心理系统的动态平衡，促进心理健康，人们在孤独时往往与书为伴就是这个道理。大学阶段是人生观、世界观形成的重要阶段，开展阅读服务对于大学生人文素质、科学素养、创新能力等多方面素质培养有着重要作用。

3.开展阅读服务要注重多元化、个性化

人作为独立的个体是具有差异性的，不同的读者在文化背景、受教育程度、思维方式和生活习惯上都各有不同，所以不同的读者所提出的服务需求也各有不同。这就需要服务者根据阅读主体的特点有针对性地服务，即提供个性化阅读定制服务。经典阅读、游学阅读、微媒体阅读、立体阅读、阅读疗法等特色化的阅读服务都是个性化服务的一部分，满足有益的个性阅读，可以更好地提高读者的阅读兴趣，使阅读成为读者丰富知识、修炼品行、陶冶心灵、提高自身素养的重要途径。

（五）构建功能全面的阅读推广平台体系

阅读推广是校园阅读文化建设中的一项重要举措，其含义会在后面有专门论述。军校的阅读推广工作相对于地方公共图书馆和高校图书馆来说虽然起步较晚，但在军校图书馆工作者的积极努力和实践探索中已逐渐形成了一定的规模和体系，阅读推广工作需以丰富的资源和完善的服务为依托，才能使阅读推广工作长效地进行下去，这就必须建设功能全面的阅读推广平台。根据物质形态的不同，阅读推广平台建设可分为实体平台建设和虚拟平台建设，阅读推广平台建设是军校校园阅读文化建设中的重要组成部分。后面也有专门章节论述，这里就不赘述。

（六）建立军校图书馆阅读推广人培育机制

1.阅读推广人

通俗地说，阅读推广人就是阅读推广工作的组织者和实施者，是随着阅读

推广工作的广泛开展和推进而形成的一种称谓。《深圳市阅读推广人管理办法》明确指出，阅读推广人是指市民个人或组织阅读机构，通过多种渠道、形式和载体向公众传播阅读理念、开展阅读指导、提升市民阅读兴趣和阅读能力的专业和业务人士[①]。中国图书馆学会在2014年"阅读推广人"培育行动中也对阅读推广人进行了定义：阅读推广人是指具备一定资质，能够开展阅读指导、提升读者阅读兴趣和阅读能力的专职或业余人员，培育对象包括各级各类图书馆和科研、教学、生产等相关企事业单位人员及有志参与阅读推广事业的其他社会人员[②]。显然，阅读推广人不是一个岗位，其本身具有相应的社会身份，更多的可以认为是一种荣誉称号，其主要职能就是推广阅读，推广的形式和渠道多样化，而其工作目的是培养公众的阅读兴趣、提升公众的阅读能力和素养，最终促进全民阅读。

2. 制定合理的军校校园阅读推广人管理办法

阅读推广活动作为一项长期性工作，必须有一定的制度对其运行进行规范性约束，军校的特殊性质决定了校园阅读推广人的培养必须以制度建设为基础，才能有良好的运行与有效的监控。军校校园阅读推广人管理办法的制定要注意以下四个方面：一是要结合本校校园管理的实际情况，对校园阅读推广人的职能职责、工作范围、工作责任与义务进行纲领性的描述；二是要详细规定校园阅读推广人的筛选、培育、考核的具体流程；三是要形成激励机制，对工作中表现优秀的校园阅读推广人，要根据情况，分类规定物质奖励和精神奖励的具体措施；四是建立淘汰机制，对于工作不称职或有违规开展工作的校园阅读推广人，要及时进行淘汰[③]。

3. 建立军校特色的图书馆阅读推广人培育机制

构建专业化的阅读推广人团队要坚持两条腿走路，既要有知识渊博的知

---

① 谯进华. 深圳阅读推广人的实践及发展 [J]. 特区实践及理论, 2013（2）: 66–68.

② 中国图书馆学会. 中国图书馆学会召开第六届青年学术论坛和阅读推广人培育行动记者会 [EB/OL]. [2015–05–06]. http://www.lsc.org.cn/cotent/1177/951.html.

③ 于丽丽. 高校图书馆校园阅读推广人能力素养及培养机制研究 [J]. 图书馆学刊, 2017（12）45–48.

名学者, 也要有深入了解本校学科文化背景的稳定人群。名人的示范效应无论在哪个领域都有很强的影响力, 专家学者的读书观点和推荐书目能引起学员的广泛关注; 企业家们丰富的人生阅历和读书观可以对学员产生说服力和号召力; 朝夕相处的研究生、本科生学霸可以为学弟学妹们传经送宝……名人在阅读推广人团队里比重不大, 其社会身份也决定了他们不可能有大量时间投入, 其作用主要是提高活动影响力和号召力。因此, 培养专业的阅读推广人团队就显得至关重要了。

在阅读推广人的选择上, 首先要讲政治, 即政治立场坚定, 军校阅读推广人是为军校阅读推广服务的, 保证正确的政治方向是一切阅读推广的前提; 其次应具有较强的阅读意愿, 应该热爱阅读; 第三, 应具备阅读推广意愿, 自愿并乐于从事阅读推广工作, 才能以身作则, 在阅读活动中发挥推广作用、凝聚作用和指导作用。在团队的构建上要注意人员成份及年龄的层次化、合理化, 即校内校外相结合, 知名专家、普通教师和在校学员共存。在阅读推广人的培训方面, 一是依托行业协会, 参加其组织的阅读推广人培训班; 二是立足实践, 通过开展各种阅读推广活动促进阅读推广人逐步成长。

第四节　军校阅读推广平台体系

党的十九大明确提出习近平强军思想, 为实现党在新时代的强军目标, 把人民军队全面建成世界一流军队提供了根本引领和科学指南[1]。学习贯彻习近平强军思想、推动科学理论在军队建设落地生根, 是全军现实而紧迫的头等大事和首要任务。军校阅读推广工作不仅要紧密围绕军校人才培养和军队建设的需求, 大力弘扬军校教育的主流文化, 彰显军队特色, 还要树立一定的开放意识, 学习、吸取地方高校图书馆、公共图书馆在阅读推广工作中的先

---

[1] 孙少华. 学习贯彻习近平强军思想要在深入上下功夫 [EB/OL]. [2020-08-10]. http://www.qstheory.cn/duk an/qs/2018-02/28/c_1122454155.htm.

进经验。本书从军校阅读推广工作的实践出发，以军校阅读推广平台建设为基础，围绕军校阅读推广工作所面临的现实问题，构建了军校阅读推广体系的总体框架。

一、军校阅读推广平台体系概述

（一）研究背景和意义

1. 研究背景

习近平总书记在党的十八大报告中提出，要"扎实推进社会主义文化强国建设""大力发展先进军事文化"，在十九大报告中又强调"没有高度的文化自信，没有文化的繁荣兴盛，就没有中华民族伟大复兴"。这一重要论述，着眼于实现中华民族伟大复兴的中国梦，将文化自信和文化繁荣提升到了新的历史高度[①]。2019 年，"倡导全民阅读"再次被补充写入《政府工作报告》，其全部完整表述为"倡导全民阅读，推进学习型社会建设"，这也是全民阅读自 2014 年起，第 6 次被写入政府工作报告。随着政府机构、教育机构、行业组织等各方力量的共同努力，阅读推广也进入了蓬勃发展时期[②]。

2. 研究意义

文化是一个民族强盛的根本，更是一支军队强大的灵魂。习主席向全军官兵发出了"把人民军队全面建成世界一流军队"的号令，开启了新时代人民军队强军兴军的新征程。建设世界一流军队不仅要有世界一流的武器装备来支撑，更要有世界一流的军事文化来塑造。实现党在新时代的强军目标，必须勇于担负起强军文化使命，大力发展先进军事文化，为强军实践提供强大的精神力量。军校的主要任务是为军队培养人才，军校阅读推广工作是文化强军的重要内容之一，建立起标准化的军校阅读推广平台体系，有利于军校阅读推广工作的广泛开展和稳步实施，具有非常重要的意义。

---

① 周皖柱. 努力担负起发展新时代强军文化使命［EB/OL］.［2020-08-10］. http：//www.81.cn/jfjbmap/content/2017-12/18/content_194790.htm.

② 李婧璇，袁舒婕. 全民阅读"六入"政府工作报告［N］. 中国新闻出版广电报，2019-03-15.

（二）概念定义

1. 阅读推广

"阅读推广"一词源于英文的"Reading Promotion"，目前并没有通用的定义[①]。已有的关于阅读推广的定义主要包括以下几种：一是将阅读推广定义为"活动"，比较具有代表性的观点是王余光提出的，认为"公共图书馆阅读推广是指由公共图书馆独立或者参与发起组织，普遍面对读者大众，以提高阅读普及度、改善阅读环境、增加读者阅读数量和增强质量等为目的，有规划、有策划的社会活动"[②]。这一定义从公共图书馆阅读推广的角度，对"阅读推广"的目的进行了较为详细的阐述。王波认为："阅读推广"是为了人人推动阅读，以提高人类文化素质、提升各民族软实力、加快各国富强和民主振兴的进程为战略目标，而由各国的机构和个人开展的旨在培养民众的阅读兴趣、阅读习惯，提高民众的阅读质量、阅读能力、阅读效果的活动[③]。这一定义指出了阅读推广主体，并详细阐述了阅读推广的战略目标和具体目标。二是认为阅读推广是图书馆的一项重要服务内容，如：范并思认为阅读推广是对阅读进行推广或促进，是图书馆服务的一种形式，是活动化、碎片化和介入式的服务[④]。谢蓉等提出："图书馆的阅读推广是图书馆利用其信息资源、设备设施、专业团队和社会关系等各种条件，鼓励各类人群成为图书馆的读者，并培养其阅读兴趣、阅读习惯或提升信息素养的各种实践"[⑤]。这一类的定义将阅读推广限定于图书馆的范围之内，无形中缩小了"阅读推广"的外延。三是将"阅读推广"定义为一项工作或是事业。如：万行明认为"阅读推广"即推广阅读，就是图书馆及社会相关文化机构或组织以培养读者阅读习惯、激发读者阅读兴趣并提升读者阅读水平为目标而开展的一切工作的总称[⑥]。王辛培在《阅读

---

① 阮莉萍，朱春燕等. 阅读推广理论与实践［M］. 武汉：武汉大学出版社，2018：1.
② 王余光. 图书馆阅读推广研究的新进展［J］. 高校图书馆工作，2015（2）3–6.
③ 王波. 阅读推广、图书馆阅读推广的定义——兼论如何认识和学习图书馆时尚阅读推广案例
　　［J］. 图书馆论坛，2015（10）1–7.
④ 范并思. 阅读推广与图书馆学：基础理论问题分析［J］. 中国图书馆学报，2014（5）4–13.
⑤ 谢蓉，刘炜，赵珊珊. 试论图书馆阅读推广理论的构建［J］. 中国图书馆学报，2015（5）87–98.
⑥ 万行明. 阅读推广——助推图书馆腾飞的另一支翅膀［J］. 当代图书馆，2011（1）7–11.

推广活动机制创新研究》中认为阅读推广是图书馆、出版机构、媒体、网络、政府及相关部门等为培养读者阅读习惯、激发读者阅读兴趣、提升读者阅读水平、促进全民阅读所开展的有关活动和工作[①]。笔者采用的是王辛培的定义，这一定义对阅读推广的主体、目标、对象、内容和方式等关键性要素都进行了清楚的阐述。

2. 阅读推广平台

在物质文明和精神文明高度发展的今天，"平台"的提及比较广泛。"平台"一词有着较为广泛而丰富的内涵，不同的人、不同的行业对于平台的认识和理解都会有所不同。"平台"通常泛指进行某项工作所需要的环境或条件。

国内阅读推广领域对于"阅读推广平台"的提及比较普遍，但是关于"阅读推广平台"的研究却相对稀少。从 CNKI 的统计数据来看，截至 2018 年 10月，将检索关键词设定为"阅读推广平台"，以"题名"进行检索，仅检索到11 篇文献，而学术界关于阅读推广平台并没有给出比较精确而完整的概念定义，也没有相关的研究论证。目前，国内外对于阅读推广平台的研究主要集中在以下几个方面：①网络社交平台对阅读行为促进方面的实证研究，主要是以微信公众平台、微博平台等社交平台在阅读推广中的利用和作用为研究重点；② 利用现有的平台开展阅读推广的实践研究，如以某阅读推广活动品牌为平台展开的关于平台建设与平台应用的实证研究；③ 构建支持某种阅读推广活动的辅助平台开展阅读推广活动等，而关于阅读推广平台体系的研究却少之又少[②]。

综合"平台"与"阅读推广"的相关概念，笔者认为，阅读推广平台是指各种从事阅读推广工作的个人和机构为了广泛而有效地开展和实施阅读推广工作所需要的各种可持续利用的环境和条件的统称。在这一定义中特别加入了"可持续利用"加以限定，充分说明了阅读推广平台的基础性功能。本书在军队院校这一特定的范围内，根据环境和条件的不同将"阅读推广平台"

① 王辛培. 阅读推广活动机制创新研究［J］. 图书馆界，2013（1）80–82.
② 韩丽. 高校图书馆阅读推广平台的功能设计与实现［J］. 中华医学图书情报杂志, 2018, 27（3）: 74–80.

划分为"实体平台"和"虚拟平台"两大类别，其中实体平台又包含了"空间平台""资源平台"和"服务平台"三大主要模块。阅读推广平台是确保阅读推广工作有效开展的基础，构建模块化的阅读推广平台体系，有利于阅读推广工作的稳步实施。

二、军校阅读推广平台体系模型的设计

本书围绕军校阅读推广平台体系建设的相关问题，通过搭建实体平台和虚拟平台，组建团队、树立品牌、确立活动评估机制等，构建了军校阅读推广平台体系的总体框架。

（一）军校阅读推广平台体系

军队院校的基本功能就是培养战争和军队建设所需要的合格军事人才。军校阅读推广工作必须谨记军事人才培养这个中心，以弘扬军队教育文化主旋律为己任，在思想上筑牢"军魂"，突出强调军人核心价值观和战斗精神的培养。以开展阅读推广活动为载体，紧贴高素质新型军事人才培养需求。引导学员聚焦备战打仗，研究未来作战样式，推进校园文化建设。军校阅读推广工作既有高校阅读推广工作的共性，又有军队院校的特殊性。军校阅读推广工作既要充分借鉴地方高校图书馆、公共图书馆等阅读推广机构、单位的先进经验，也要立足军队院校实际，体现军校办学思想，使其符合军队建设和自身发展的要求。

本书从军校阅读推广平台的建设出发，以构建一个能适应军校阅读推广工作开展的平台体系为目标，在理论研究的基础上，结合国防科技大学、空军航空大学、浙江大学等多所军队院校图书馆、地方高校图书馆、公共图书馆等相关单位、机构的成功实践，设计出了军校阅读推广平台体系的框架模型。

军校阅读推广平台体系框架模型的设计包含了"空间平台""资源平台""服务平台"和"虚拟平台"等平台模块的构建，以及军校阅读推广团队建设、品牌建设、活动评估的具体操作方法，旨在通过建立起全面而系统的军校阅读推广平台体系，为军校阅读推广人在军校范围内开展阅读推广工作提供一个

广泛的参考模板和实践范例，具有非常重要的参考价值和理论指导意义。本书将重点介绍如何通过搭建阅读推广平台，组建阅读推广团队，树立阅读推广品牌，评估阅读推广活动来构建具有军校特色的阅读推广平台体系。

（二）军校阅读推广平台体系模型的设计原则

军校阅读推广平台体系的建设为军校阅读推广人在军校范围内开展阅读推广工作提供了模板和框架。军校图书馆是在军校范围内从事阅读推广工作的专业机构和核心力量，因此军校阅读推广平台体系的建设工作应该由军校范围内专门从事阅读推广工作的军校图书馆来承担。本书所设计的军校阅读推广平台体系的模型为军校阅读推广工作的有效开展提供了一个可以借鉴的通用模板。在军校阅读推广平台体系的建设过程中应该遵循以下几个原则：

1. 军事性原则

军校是军队的重要组成部分，在国防和军队建设中具有极其重要的地位和作用。军校阅读推广工作也是为军队建设和战争服务的，这就决定了军校阅读推广工作的开展要与军队建设与未来战争的要求相适应，为军校教育与人才培养服务。因此，军校阅读推广平台体系的建设也必须充分体现军事性，这样才能确保军校阅读推广工作得到全面、可持续的发展。

2. 系统性原则

军校阅读推广平台体系建设是一个复杂的、系统性的工作，在设计的过程中要制定出健全、合理、科学的框架结构，必须从军校校园阅读文化建设的战略高度来进行全面、系统的思考。在设计军校阅读推广平台体系模型的时候，既要充分考虑实体平台建设的基础模块，也要兼顾团队建设、人才选聘培养、品牌建设等。

3. 前瞻性原则

军校是知识、技术、资源密集的场所，军校教育要求军校学员能够具备现代战略思维。军校阅读推广平台体系的构建和完善不是一朝一夕的事情，因此，军校阅读推广平台体系的设计要坚持前瞻性的原则，在相关模块功能的设计上要有一定的超前性，让军校阅读推广平台体系模型在今后的一段时间内持续发挥作用。

4. 个性化原则

军校阅读推广平台体系的构建旨在为军队院校开展阅读推广工作提供一个较为规范的通用模板，但是即便同是军队院校，在同样的行政体系架构之下，每个学校的文化氛围、读者类型也各有差别。因此，在具体应用过程中不能一蹴而就，各学校需要根据实际情况选择性地参照，并加以适当的调整。

5. 动态性原则

我们所面临的环境瞬息万变，军校阅读推广平台体系的建设也要始终坚持动态性原则。不管是平台模块的设计还是组织结构都应该具有一定的弹性，能够根据外部环境和军校内部条件的变化而进行适时调整。

6. 安全性原则

军校的特殊性决定了军校教育文化具有相对封闭的特性。军校的教育实践活动都是在相对封闭的军事化状态下进行的，这也是由军校教育的大环境和培养军事人才的特殊使命决定的。随着时代的发展和信息化的普及，军校教育也在日益走向开放，军校学员与外界的联系也日益增多，但是从整体上来说，军校阅读推广活动仍是在相对封闭的环境中开展的。因此，军校阅读推广平台体系的建设仍要严格遵守军队相关保密规定，将保密的要求贯彻始终，特别是军校阅读推广虚拟平台的建设必须始终坚持以安全保密为红线。

7. 服务性原则

军事人才的培养是军校教育的中心任务和中心工作，军校阅读推广工作要紧紧围绕为军校人才培养服务这个中心，认识和评价自身的实力和定位，有所为有所不为。因此，军校阅读推广平台体系的建设还要坚持服务性原则，从军队院校建设发展和人才培养的需求出发，充分考虑军校读者的阅读需求，激发阅读兴趣。

（三）军校阅读推广平台体系的设计思路

军队院校办学特色鲜明，全军几十所军队院校既有共性，也有其自身的发展特点。军校阅读推广平台体系的建设要以学校整体建设目标和学科建设总体规划为基础，制定本校阅读推广工作的总体战略目标，在科学考虑军队建设发展需求、院校自身发展特点和本校读者实际需求的前提下，以实现总体战略目标、提升服务保障能力、促进组织成长为宗旨，找准突破口，结合平台建设、团队建设、品牌建设的相关理论，从战略层面到制度层面再到技术层面，选择合适的发展思路，从平台建设、团队建设、品牌建设、效果评估等多个方面来构建军校阅读推广平台体系框架模型。

军校阅读推广平台包括实体平台和虚拟平台，在军校阅读推广平台体系中承担基础保障的作用；军校阅读推广团队是军校阅读推广平台体系有效运营的关键；品牌建设是阅读推广的助推器，能为军校阅读推广的发展注入生机与活力，而效果评估机制的构建能有效提升阅读推广工作的效率，对平台建设、品牌建设、团队建设都产生积极的作用，促进军校阅读推广平台体系的发展，它们之间的逻辑关系见下图：

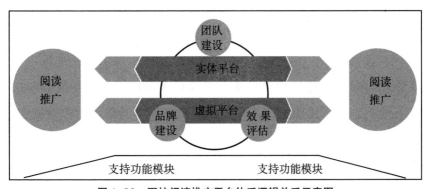

图1-20　军校阅读推广平台体系逻辑关系示意图

（四）军校阅读推广平台体系建设的要求

军校阅读推广平台体系的建设要求在军校校园阅读文化建设的大环境下，完成军校阅读推广平台的搭建工作，不同平台之间相互促进、相互补充，实现军校阅读推广工作开展与平台建设的完美结合。

1. 适应国防和军队人才发展的需要

未来的中国军队将是由高技术人才武装起来的高素质群体，军校是高级军事人才培养的摇篮。军校阅读推广工作以满足军队院校人才培养的要求，适应国防和军队人才发展的需要为目标，军校阅读推广平台体系的建设也必须将这个目标贯彻始终。

2. 平台体系建设与工作需求相结合

需求是军校阅读推广平台体系建设最重要的因素。军校阅读推广平台体系的建设要与军校阅读推广工作的实际需求相结合，创建用户满意的军校阅读推广平台体系是军校阅读推广工作得以持续推进的根本。本书把军校阅读推广的平台建设分为实体平台建设和虚拟平台建设，实体平台建设又包括了空间平台建设、资源平台建设和服务平台建设，这三大平台的建设既独立存在又相互依存。以军校图书馆为代表的军校阅读推广主体要依据自身的实际情况，以工作需求为导向，完善平台构建、品牌建设、团队建设等平台体系的建设工作。

3. 平台完善与平台利用相结合

阅读推广平台是军校阅读推广工作开展的基础，在实际的阅读推广工作中发挥着信息传播、内容展示、活动保障、数据收集、效果反馈、互动交流等作用，但基础性阅读推广平台的建设本身就是一项需要长期投入并不断完善的工作。军校图书馆是军校范围内开展阅读推广工作的核心力量，肩负着提高军人文化素养，营造军校文化氛围，推动军校全民阅读工作广泛开展的重任。长期以来，军校图书馆因为受到院校调整、馆舍环境、馆员编制、安全保密等诸多因素的影响，阅读推广平台的基础建设普遍滞后于地方高校，而基础平台的建设需要一个长期积累的过程。因此，在军校阅读推广平台体系的建设过程中，要做到平台完善与现有平台资源利用两手抓，既要从构建军校阅读推广平台体系的长远目标加以考虑，也要做到现有平台资源物尽其用，在充分挖掘、利用现有平台资源的同时完善平台配置，完成平台体系建设。

三、构建军校阅读推广平台体系的意义

军校阅读推广工作应该以习主席关于文化强军的重要思想为指导，以助力培养高素质新型军事人才为目标，体系化地设计实施方案。一个"平台完善、团队高效、品牌卓越、效益突出、保障到位"的军校阅读推广平台体系框架的建立，能够为军校阅读推广工作的开展带来诸多益处。

（一）有利于合理规划军校阅读推广工作

近年来，阅读推广工作在全国各大高校如火如荼地广泛开展，军校作为高等学校中的特殊存在，在资源获取、移动网络等方面都无法与地方高校比肩。但是，良好的"全民阅读"氛围也给军校阅读推广工作带来了机遇。军校阅读推广平台体系的构建有利于帮助军校阅读推广人理清思路，对军校阅读推广工作进行长远布局和合理规划，制定出相对明确、合理的工作目标。

（二）有利于加速军校阅读推广服务体系的融合

军校阅读推广资源平台的建设是军校阅读推广平台体系构建的基础。长期以来，军队院校对于互联网的使用都有着严格的规定，很多军校图书馆使用的是镜像数字资源，更新不及时，获取不便，难以实现移动式获取。此外，军校图书馆图书流通借还、馆藏纸本编目、读者服务管理等核心业务系统均部署于内网，图书馆业务系统和互联网数字资源物理隔离，资源共享困难、资源获取不便也是现阶段制约军校阅读推广工作的一大障碍。军校阅读推广平台体系的构建有利于促进军校文献资源开放共享，加速军校阅读推广服务体系的融合。

（三）有利于促进军校阅读推广工作的全面推进

军校阅读推广工作相对地方高校普遍起步较晚，军校相对封闭的环境和资源获取不便等诸多不利因素也在一定程度上影响了军校阅读推广工作的发展。事实上，大部分从事阅读推广工作的机构都经历过一个摸索实践的过程，有的是在各种各样的阅读推广活动中难以突破提升，有的是付出与活动成效不成正比。军校阅读推广平台体系架构清晰、站位高远，以营造军校校园阅读文化氛围、提升阅读服务保障能力为总体目标，通过构建军校阅读推广空间平台、资源平台、服务平台和虚拟支撑平台，以团队建设和品牌建设为抓手，在探索创新军校阅读推广服务模式的同时，不断拓展阅读推广服务的深度和广度，为军校阅读推广工作的开展提供了明确的工作目标和清晰的工作思路，充分兼顾了军校阅读推广工作所必须具备的基础条件，能有效地避免"短板效应"的影响，有利于整体提升军校阅读推广工作的效率，促进军校阅读推广工作的全面开展。

第二讲

军校阅读推广实体平台建设

第一节　军校阅读推广实体平台概述

一、基本内涵和目标定位

（一）基本内涵

本书将军校阅读推广平台定义为从事阅读推广工作的机构和个人，为了广泛而有效地开展和实施阅读推广工作所需要的各种可持续利用的环境和条件的统称。根据环境和条件的物理属性，又可将其分成军校阅读推广实体平台和虚拟平台两大类。

总的来说，军校阅读推广实体平台包含资源平台、空间平台和服务平台三大平台模块。资源平台主要是用于解决"推广什么"的问题，资源平台是推广工作开展的基础和前提，没有优质的资源平台作为基础，阅读推广工作无异于"空中楼阁""无米之炊"。空间平台着力解决"在哪里推广"的问题，主要是为阅读推广活动的开展提供物理空间场地。除此之外，还需要在物理空间的基础上，通过科学规划空间布局、合理设计空间功能、购置完善空间设施、美化空间文化环境等一系列措施，充分发挥物理空间在阅读推广活动中的承载作用，使其能够持续性地为扩大阅读推广活动的影响力发挥作用。实体服务平台的构建则是要策划性地利用资源平台和空间平台开展实质性的阅读推广服务，解决"做什么""怎么做"的问题，最终实现三大平台模块的深度融合。

一般来说，阅读推广的主体是特定阅读推广项目的策划者、组织者、实施者和管理者[①]，这也就意味着在军校范围内，阅读推广的主体可以是军校图书馆，也可以是推出了阅读推广项目的院系、机关单位、学生团体等，但是军校阅读推广的主体与军校阅读推广实体平台的构建主体并不完全一致。军校阅读推广实体平台的构建是一项长期性的基础性工作，不仅需要专业理论和专业技术的支撑，还需要经费、场地和专业的人员来付诸实践。因此，军校阅读推广实体平台的构建应该以军校图书馆作为主体和核心力量。

（二）目标定位

构建军校阅读推广实体平台的目的是要为军校阅读推广工作的有效开展提供一个比较通用的模板，建立良好的军校阅读推广工作环境，对可用于开展阅读推广活动的相关资源进行整合，不断拓展服务的深度和广度，丰富军校阅读推广服务的内涵，从而激发军校阅读推广主体的工作积极性，提升军校阅读推广工作效率。

军校图书馆作为军校阅读推广实体平台构建的核心力量和主要实施者，必须做到定位明确、思路清晰、规划缜密。本书将军校阅读推广平台分为实体平台和虚拟平台两大类，是为了便于更清晰地阐述和区分实体平台与虚拟平台在平台设计、平台构建、平台管理等方面的差异，但在实际的阅读推广工作中，实体平台和虚拟平台之间交叉融合，共同为军校阅读推广工作提供支撑，有时候很难做出明显的区分和界定，实体平台和虚拟平台也必须融为一体共同发挥作用。

二、军校阅读推广实体平台的发展进程

军校阅读推广实体平台从最初建立到相对成熟完善有一个发展的过程，这个过程有渐进式发展的，也有跳跃式发展的，不同的发展阶段有不同的运

---

① 刘时容. 且为繁华寄书香：高校图书馆阅读推广理论与实务［M］. 北京：新华出版社，2018：61.

营模式。总的来说,军校阅读推广实体平台的发展进程大致可以分为基础阶段、发展阶段和成熟阶段。

(一)基础阶段

该阶段处于军校阅读推广实体平台的建构期,其组成要素是分散的,并不完整。该阶段的主要表现是具备了在军校范围内开展阅读推广活动所必须的基础条件,这些基础条件包括:① 具备一定的物理空间环境可以用于开展阅读推广活动;② 拥有一定数量的阅读资源可以提供给军校读者阅读,也可以通过策划、组织阅读推广活动的方式提升现有阅读资源的利用率;③ 有专门的工作人员可以从事促进军校读者阅读行为的读者服务工作,并能够为读者的阅读行为提供一定的服务支持。具备了这些基础条件,就可以在此基础之上开展一系列的阅读推广活动。

(二)发展阶段

在经历了基础阶段的阅读推广尝试之后,要系统性规划和开展军校阅读推广工作,就必须从基础条件上进行改善和提升,才能进一步满足军校阅读推广工作扩大化开展的需要,这也就意味着军校阅读推广平台建设已经进入发展阶段。从这一阶段开始就需要对军校阅读推广工作进行有组织的统筹规划。主要表现为阅读推广活动频率增加、阅读推广活动形式更多样化、阅读推广活动的规模不断扩大等。在这个过程中,提升空间、资源和服务保障能力的必要性就会不断凸显出来,如:更好的活动场地会提升军校读者参与活动的热情,更优质的阅读资源能给读者带来更大的吸引力,更精准深入的服务能获得读者更好的反馈,这些都会推动空间、资源、服务向更有利于军校阅读推广工作开展的方向调整和改进。

这一时期的特征主要表现为:能够选择、挑选更适用于军校阅读推广工作的基础条件,为阅读推广工作服务,并且能对现有的基础条件进行一定程度的优化组合,以便更好地开展工作,在这个过程中会不断发现因为实体平台不完善而制约工作的情况,并针对这些情况提出相应的改善需求。

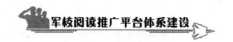

（三）成熟阶段

在这个阶段，军校阅读推广实体平台建设已初具规模，空间平台、资源平台、服务平台这三大平台的子平台模块能整合成统一的军校阅读推广实体平台，并与虚拟平台一起为军校阅读推广工作提供平台支撑。同时，这些子平台还能相互作用、相互配合，并综合发挥作用。平台在保障阅读推广工作系统化、常规化、规模化的同时，还能形成一定的品牌效应、规模效应、联动效应、辐射效应等，从而有效地推动并促进军校阅读推广工作的持续发展。

三、军校阅读推广实体平台建设思路

军校阅读推广实体平台的建设包括了资源平台、空间平台和服务平台的建设，涵盖了开展阅读推广工作所需的先决条件和基本需求。军校阅读推广实体平台的构建就是要通过创造良好的阅读推广环境，解决不利于军校阅读推广工作开展的重大问题，优化资源配置，包括阅读环境、阅读资源、阅读服务等，为军校阅读推广工作的开展提供应用支撑，促进实现军校推广工作的良性发展。依据所提供的服务类型的不同，军校阅读推广平台架构如图2-1所示。

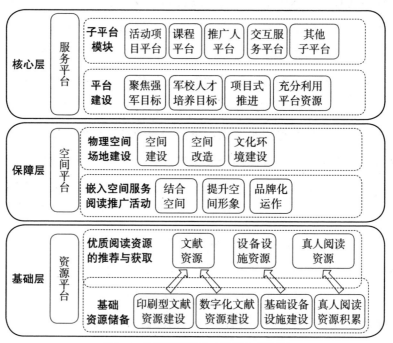

图2-1　军校阅读推广实体平台架构图

（一）资源平台是基础

"资源平台"的"资源"指的是用于推广的内容。阅读推广工作的开展都要围绕"阅读"这个中心。从优选"资源"出发，从源头上促进和改善军校读者的阅读行为和阅读状况。军校读者对信息资源的获取途径相对较少，阅读推广资源平台的构建就是要解决推广内容的问题，具体来说主要包含两层含义：一是要有优质合适的阅读资源可推荐给军校读者。阅读推广工作与企业的营销有一定的相似性，企业用于推广的产品一定是企业的"拳头产品"，同样的道理，阅读推广工作要推广的"图书""资料"也必须是优质、适用的资源，优质的文献资源保障是阅读推广工作有效开展的前提和基础。二是要让军校读者能够更方便、更快捷地获取优质的阅读资源。军校特殊的管理模式在一定程度上限制了军校读者对信息资源的获取，这也就意味着军校阅读推广工作在推广的同时，还必须确保军校读者的获取途径。军校阅读推广资源平台的构建就是要解决这两个问题。

（二）空间平台是保障

阅读推广空间平台是由各类可持续用于实施开展阅读推广活动的场所整合而成的，是开展阅读推广活动必不可少的条件，为阅读推广活动的有效开展提供场地、设备等保障。良好的阅读空间环境能感染和激励起每一个读者的求知欲望，增强读者的阅读兴趣和活动体验。此外，阅读空间的文化环境氛围对于军校读者阅读行为的发生也有着潜移默化的作用，在一定程度上能促进读者阅读行为的发生，启迪思想、陶冶情操、美化心灵、塑造人格。军校阅读推广空间平台的构建和完善能丰富阅读推广活动的形式，提升阅读推广活动的品质，为阅读推广活动持续性、常规性地开展提供保证。

（三）实体服务平台是核心

军校阅读推广工作是军校教学科研保障工作的一部分。实体服务平台对应的是具体的阅读推广服务项目和服务工作，也直接决定了阅读推广服务开展的成效。我们经常说"一站式服务"，其实质就是把服务集成和整合成一套系统服务，构建服务平台，让用户只需要进入某一个服务站点就能解决相关的所有问题，从而提高服务质量和服务效率，增强用户的满意度。军校阅读推广服务属于新生事物，实体服务平台的构建首先要做的就是依据军校人才培养目标和军队建设需求做好服务定位，确定服务项目和服务内容，然后再进行服务整合。实体服务平台的构建是提升军校阅读推广服务能力的重要标志，也是军校阅读推广实体平台建设的核心工程。

四、军校阅读推广实体平台建设与军校图书馆

图书馆不仅是信息的传播地也是人类文化的集散地①，作为办好现代大学的三大支柱之一，图书馆既是学校的学习中心、知识中心、文化中心和交流中心，也是素质教育的重要基地。军校阅读推广实体平台的建设既需要专项经费的支持也需要专职人员的支撑。

现阶段，地方高校图书馆阅读推广工作的开展模式大体可以分为三种：第一种是成立专门的部门从事阅读推广工作。例如，中山大学图书馆在组织架构设置中，在公共服务部下设阅读推广组，与阅读推广组并列于公共服务部之下的小组还包括：流通阅览组、学科服务组、馆际互借组、装订组等；第二种是将阅读推广工作列为读者服务工作的一部分，如宁波大学图书馆。宁波大学图书馆现采用的是学部制，在读者服务总部下设四个小组，每个小组都要负责流通、学科服务、阅读推广等读者服务工作，四个小组轮流策划组织全年的阅读推广工作。第三种是由各部门抽调骨干人员组成阅读推广小组，开展阅读推广工作。阅读推广岗位、部门的设置和阅读推广小组的存在，以及图书馆系统平台中阅读推广功能模块的嵌入都标志着阅读推广在高校图书馆的工作中日益占据重要的位置，已经成为很多地方高校图书馆基础工作的一部分。今后，阅读推广工作将会和流通、阅览一样成为军校图书馆的基础业务。因此，军校图书馆应该将阅读推广融入图书馆的建设规划和服务体系中，统筹规划。

---

① 汪希. 高校图书馆的环境建设 [J]. 改革与开放，2010（22）177–178.

军校图书馆经过长期的建设和积累，拥有非常丰富又极具校园特色的馆藏资源，拥有可供读者阅读的空间环境，还配备了专业的图书馆馆员可以提供专业的读者服务。但是可供读者阅读的空间与阅读推广所需的空间是略有差别的，军校图书馆的馆藏资源与阅读推广的资源也并不完全一致，传统的军校图书馆的读者服务也不能等同于阅读推广服务。因此，军校图书馆虽然具备了开展阅读推广工作的基础条件，但是并不等于军校图书馆先天就已经具备了在军校范围内广泛开展阅读推广活动的实体平台。"平台"意味着需要有目的、有规划地对相关的基础设施和条件进行一定程度的整合。

军校阅读推广实体平台的构建就是从军校阅读推广工作总体规划的全局出发，以"空间平台＋资源平台＋服务平台"为载体，对空间、资源、服务进行整合，构建可以统一协调利用的军校阅读推广平台，为军校阅读推广工作的全方位开展提供前提条件和服务支持。

第二节　军校阅读推广资源平台

一、军校阅读推广资源平台概述

俗话说"巧妇难为无米之炊"，再好的阅读推广手段也需要资源的支持才有存在的价值。阅读推广的实质就是利用各种宣传营销的方法把优质的文献资源推送到读者手中，化被动服务为主动服务，提高文献资源的利用效率和传播范围。

军校阅读推广资源平台上的资源可大体分为：文献资源、设施设备资源和真人阅读资源三类。文献资源一般包括传统的印刷型文献资源，如纸本图书、期刊、报纸、学位论文、会议论文、内部资料等，也包括所谓的特藏资料，如珍贵的历史照片、信件，还包括有实物载体和阅读设备的电子图书、期刊等数字化资源。这也是军校图书馆提供文献资源服务的主要内容。

设施设备资源是指存放于图书馆的各个阅读体验空间，需要来图书馆的物理空间才能体验或使用的特定硬件设施设备资源。如流行的 3D 打印设备、VR 体验设备、多媒体设备、大屏触摸屏阅读、创客设备等。

真人阅读资源泛指由图书馆邀请的各行业的专家学者以及具有特别技能或人生经验的志愿者等真人资源。当前，军校阅读推广资源平台的主要构成就是以上三类资源。

二、军校阅读推广资源平台建设

军校阅读推广资源平台主要包含了以上三种类型的资源，军校图书馆应该根据自身特点、经费投入、读者服务对象等多方面因素综合考虑，最终实现特色鲜明、配置合理、精准服务、快速响应的建设目标。

（一）突出特色资源建设

军校阅读推广的对象是包括军校学员、教员、学员队干部、机关行政管理人员在内的军校读者。军队院校不仅具有高校学科属性，还有军队特色，如陆军、空军、海军、火箭军等军事特色。因此，军校阅读推广资源平台的构建需要充分考虑院校特色，在保障基本的学科内容和普适性阅读资源的同时，要将相关的军事类资源建设作为重点考虑的范畴，这样才能更好地满足军校读者的特色阅读需求，在阅读推广活动中才能更加有的放矢，推出读者感兴趣、参与度高的活动，提升活动效果。国防科技大学图书馆每年都会系统收藏国内出版的，与学校学科相关的高质量、高水平学术专著、经典著作、教学参考用书，基本购全军事类图书，并针对该校重点学科加以覆盖。在印刷型中外文报刊资源建设方面，除了保障与学校重点学科相关的核心学术期刊与统计源期刊的建设外，军事、政治类的刊物也基本收录齐全，与馆藏设施资源配套的音像资源也多以军事题材为主，充分体现出军校图书馆特色资源建设的特点。

此外，军校图书馆大多重视军校特色内部资料的收集与整理，这些内部资料的价值在一定程度上体现了军校图书馆的特殊性和重要性，是军校图书

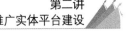

馆不可或缺的重要资源。

（二）合理优化资源配置

资源的合理配置主要是指军校图书馆如何利用有限的经费投入，合理规划馆藏纸本资源、数字资源、设施设备资源的建设，分配相关经费投入，并尽可能让读者获取所需的资源和服务。随着数字图书馆的不断建设和发展，图书馆的馆藏建设也日益向数字化资源建设倾斜。部分图书馆纸本馆藏资源建设的开支经费只占到了图书馆资源总经费的 20%，随着资源数字化的发展，越来越多的资源将通过数字资源的方式来加以保障。目前，网络优先出版的期刊日益增多，但热门的纸本新书还是会通过传统的出版社和馆配方发行。因此，优质的资源是开展阅读推广活动的基础，合理的馆藏资源配置是资源平台建设的关键。

资源的配置涵盖了纸本馆藏、数字馆藏和相关的阅读空间资源等多个方面。目前，比较流行的优化纸本馆藏资源的方法是通过降低副本数量，提高书刊种类和核心出版社出版物的比例。在精度上，主要通过对读者和馆藏数据的分析以及采取 PDA（读者驱动采购）方式进行采购，其效果也十分明显。数字资源的馆藏优化主要还是依靠专家决策和读者推荐。但是，随着第三代智慧图书馆的建设，基于读者使用数据的分析和决策将更好地满足用户的需求。读者满意度的提升一方面依靠丰富的馆藏实体资源，另一方面依靠良好的阅读体验。因此，现代图书馆的建设要特别注重读者体验，无论是阅读环境的体验还是空间设备的使用体验，都需要建设者以读者体验为上，抓住读者的需求，从而提升图书馆的使用效益。

（三）提升精准服务能力

精准服务是智慧型图书馆的一个主要建设指标，现代图书馆拥有海量的数据资源，读者却经常发现找不到自己需要的资料，迷失在数据的汪洋大海中。因此，在军校阅读推广资源平台的建设过程中不仅要为读者提供优质的资源，更要教授给读者精准获取资源的方法。这就要求以军校图书馆为代表的阅读推广服务机构要着力加强资源和读者之间共享和关联，通过宣传推广的方式让读者快速地发现需要的资源。如：图书有印刷型版本，也有电子版本，可能还有与之相关的影视音像制品，甚至还有评论等。阅读推广平台需要将推荐给读者的资源在全馆范围内进行收集汇总，适当加强资源之间的互链，同时提高开放共享程度。这些工作可以通过阅读推广人的收集和整理来实现，也可以通过系统层面的分析、挖掘来获取。新一代的图书馆将汇聚所有文献资源的元数据为一体，建立一个大型的元数据仓储中心，这样既可以分析阅读数据和读者需求之间的联系，实施精准推送，也能更快更好地让读者从海量的信息中找到自己感兴趣的文献资源。

（四）提高服务保障效率

"天下武功唯快不破"，阅读推广的本质是一种文献资源服务，衡量服务质量优劣的一个重要依据就是服务速度。资源检索系统的响应速度，文献资源的下载速度，读者荐购的反馈速度，都是服务速度的重要体现。只有快速响应读者需求，才能跟上现代图书馆的发展趋势。例如，传统的读者荐购方式，在读者提交申请之后，需要经过审核、下订、到货、验收、加工、上架等多个环节，荐购周期至少在一个月以上。这样的反应速度也会直接导致读者资源获取热度的冷却。新的读者荐购平台可以通过对接电商系统或线下书店系统，通过读者先看书，归还之后再加工的模式，读者在一周之内就能获取最新出版的热门图书，孰优孰劣一目了然。军校读者普遍课余时间较少，学习时间紧、训练任务重，因此，军校阅读推广资源平台的建设必须要构建成熟的信息管理系统，加快响应速度，提升保障效率，才能更好地开展阅读推广工作。

三、军校阅读推广资源平台的利用

阅读推广资源平台的建设和利用是开展阅读推广工作的主要内容之一，构建起特色鲜明、配置合理的资源平台后，就可以根据不同的资源类型，结合空间平台、服务平台开展多样化的推广活动。

（一）文献资源的利用

"图书馆阅读推广"是指：图书馆经过精心创意、策划，将读者的注意力从海量馆藏引导到小范围的有吸引力的馆藏，以提高馆藏的流通量和利用率的活动①。海量优质的馆藏资源是阅读推广的基础，传统的军校阅读推广工作主要针对纸本资源的利用，内容包含馆藏图书、期刊、报纸、学位论文、会议论文、内部资料等文献资料，而在实际的阅读推广过程中，基本上以图书的推荐推广为主，偶尔也会就一些内部资料或者论文集进行专题式的宣传推广。

近年来，主题阅读推广活动越来越多。主题阅读推广就是通过主题设定，将读者的注意力集中到特定主题区域的文献资源，缩小推广范围。主题阅读推广在缩小推广内容宽度的同时，也对相应主题文献资源对推广活动的支撑能力提出了更高的要求。军校阅读推广人在策划主题阅读推广活动时，首先要在充分考虑自身资源的基础上，确定主题内容；然后根据主题内容挑选出合适的资源进行整理，并适当地进行补充和完善；最后再策划活动内容，主要是通过讲座、展览、论坛、竞赛等活动的方式进行推广。

"互联网+"时代的到来，对主题阅读推广活动的形式也提出了更高的要求。在具体的阅读推广活动中，对于相关主题阅读资源的推广和利用不能只局限于纸本资源，而应该对相关主题的阅读资源进行多形式推广、多平台宣传、多渠道获取的综合性覆盖。例如，军校阅读推广人在策划设计推荐某主题图书的时候，除了可以将实体馆藏各种相关的图书收集整理作为专题书架外，还可以把配套的影视作品等同步在视听空间进行展出播放，同时制作书籍的电子资源二维码，直接引导读者在线阅读，解决纸本资源副本不足、获取不便等诸多问题。近年来，越来越多的高校图书馆从自身职能出发，把阅读推广的目标聚焦于优秀论文或者专题论文等学术性文献资源的推广。例如，重庆大学图书馆和 *Nature* 联合推出了 *Nature* 百年封面论文推广活动，国防科技大学图书馆推出了该校 ESI 前 1% 优秀论文展、该校教员专业著作展等。

---

① 王波.阅读推广、图书馆阅读推广的定义——兼论如何认识和学习图书馆时尚阅读推广案例[J].图书馆论坛，2015（10）1–7.

（二）馆舍设施设备资源的推广

近年来，图书馆的空间功能越来越受到重视，军校图书馆在构建阅读推广资源平台的过程中，其馆舍内的设施设备资源也是重要的组成部分。在实际的军校阅读推广工作中，馆舍内的设施设备资源的推广需要与空间推广紧密结合。新媒体时代，阅读方式的不断拓展也为读者带来了更为丰富的阅读体验。国防科技大学图书馆为丰富军校读者的阅读体验，设置了非常丰富的阅读设施设备。如：创客空间内的 3D 打印机，影音欣赏室内的高清音乐播放器和 HIFI 耳机，多媒体制作空间里的录播设备等。但这些设备资源的阅读推广的利用也存在需要注意的地方。一是对设备的管理维护，一般这些设备资源价格不菲，在使用过程中需要制定相关的申请使用制度，并定期对设备进行检查保养，保障使用效果。二是使用指导，需要馆员熟悉相关设备的使用操作，对初次使用的读者进行指导。除了传统的宣传推广以外，可以利用有奖比赛、专题竞赛的方式来策划、组织设施设备的推广工作。例如，很多高校图书馆都举行过图书馆 3D 打印比赛、多媒体制作比赛等，吸引了读者的广泛参与。

（三）真人阅读资源的推广工作

目前，关于真人阅读资源和活动并没有严格的定义，本书中泛指由图书馆邀请的各行业的专家学者以及具有特别技能或人生经验的志愿者等真人资源，通过在图书馆举办论坛、讲座、培训、交流会等活动来与读者互动。根据报道，国内的"真人图书馆"最早由上海交通大学于 2009 年引入，是具有某些特殊兴趣或人生经验的志愿者在图书馆与读者进行双向互动的交流，分享知识、经验等 [1]，而泛指的专家讲座、论坛从图书馆建立之初就一直存在，也是现阶段图书馆比较受欢迎的活动之一。

真人阅读资源的推广也是图书馆品牌活动推广的重点，图书馆会结合自身特点打造专属的真人图书馆品牌，并持续性地围绕这个品牌定期开展活动，并

---

[1] 王妍.真人图书馆在公共图书馆的应用思考［J］.图书馆建设，2015（8）23–26.

将这些活动通过视频、文字等方式进行组织、保存，最终形成品牌长期的影响力。在推广过程中也可以借助"真人"本身的影响力来扩大品牌影响力，例如，国防科技大学图书馆的蕙风讲坛，就曾邀请到"埃博拉终结者"——军事科学院的陈薇院士担任"真人图书"；空军航空大学在读书节、读书日活动中，邀请了飞行团教官担任"真人图书"，开展了"飞行人才职业生涯规划讲座"等活动。

第三节　军校阅读推广空间平台

一、军校阅读推广空间平台概述

（一）阅读空间概述

阅读空间，是读者开展阅读活动的场所。阅读空间的核心就是在这个空间内伴随着阅读行为的发生。通常，阅读空间可以是图书馆、阅览室、书店等具体的可供读者开展阅读活动的场所，也可以是虚拟、抽象的数字阅读平台。本书第三讲所提到的阅读空间专指能够构建阅读推广空间平台，为阅读推广活动开展提供场地、环境的实体空间场所。因此，在军校范围内的阅读空间是可供军校学员开展阅读活动的场所的统称，包括图书馆、教室、自习室等，阅读空间是可以组合而成的。

（二）阅读推广空间平台

本书将阅读推广平台定义为从事阅读推广工作的个人和机构为了广泛而有效地开展和实施阅读推广工作所需要的各种可持续利用的环境和条件的统称。在实体平台范围内定义的阅读推广空间平台，指的是各种可持续用于开展阅读推广活动，并能为扩大阅读推广活动影响力产生积极作用的物理空间的统称。

（三）军校阅读推广空间平台的特征

军校图书馆拥有专门的阅读空间，也是开展阅读推广活动的主要机构。军校阅读推广空间平台也是由很多子平台构成的，军校范围内的阅读空间包括图书馆、教室、俱乐部等众多场所，但是并不是所有的阅读空间都能够成为阅读推广空间平台的子平台。此外，阅读推广空间平台是为阅读推广活动的有效开展而服务的，空间平台的构建取决于具体的阅读推广活动的需求。总的来说，军校阅读推广空间平台应该要具备以下特征：

1. 公共性

阅读推广活动普遍提倡"全民参与""全民加入"，因此军校阅读推广的空间平台也必须要具备这种公共性。这种公共性还应该要充分体现出自由、平等、开放、人文等文化特质，以满足军校读者学习、交流、沟通等多种需求，能够为读者提供举办讲座、论坛、表演、培训、展览、读书分享会、读书沙龙等文化活动所需要的空间环境。在空间的设计上要充分体现出公共、开放、自由、实用和文化的特质。

2. 开放性

开放性的空间平台构建理念是阅读推广服务发展的必然要求，阅读推广活动全民参与的特性也意味着空间平台必须要有相对开放、自由的空间环境，而空间本身的可开放程度也决定了空间平台为阅读推广工作贡献积极影响的程度。

3. 多样性

军校阅读推广活动所需要的空间环境应该是军校读者活动需求和军校阅读推广相关服务功能的一种客观表达与反应。阅读推广活动形式多样，军校阅读推广空间平台的构建也应该充分考虑空间需求的多样性，以满足不同类型的阅读推广活动。

4. 相对稳定性

开展阅读推广活动的场所可以根据实际需求进行调整，但相对稳定的空间场所是构建军校阅读推广空间平台的前提条件。拥有相对稳定的空间平台基础，才能在一次又一次的阅读推广活动中，不断强化和完善平台的功能。综合考虑军校阅读推广空间平台的特征，我们可以发现，阅读推广空间平台的构建对阅读空间本身是有一定要求的，在实际的阅读推广工作中，我们应该根据阅读推广活动类型的不同来选择合适的空间环境。简而言之，就是阅读推广空间平台的构成是与具体阅读推广活动的类型大致对应的，我们也可以根据阅读推广活动的主要类型和形式通过选择、设计、改造等方式来构建军校阅读推广实体空间平台。

表 2-1　阅读推广活动分类表

活动类型	阅读推广活动形式
活动仪式	阅读推广启动仪式、读书月启动仪式、文化节启动仪式以及与之相对应的闭幕仪式或颁奖仪式等。
讲座活动	学术类、论坛类、名人类、文化类、热点类讲座。
竞赛活动	主题演讲比赛、图书知识趣味竞赛、征文比赛、微电影竞赛。
参与活动	读书心得、图书评论、读者留言、读者献策、读者图书采选。
展览活动	阅读主题摄影作品展览、书画作品展览、新书展览、经典外国名著展览、损毁图书展览、推荐书目图展、经典电影展等。

二、军校阅读推广空间类型

从空间平台的特征中，我们不难发现：理论上，军校范围内可用于开展和从事阅读推广活动的实体空间包括军校图书馆、教室、俱乐部等可持续用于开展阅读推广活动的各类场所。所谓空间平台不仅仅需要满足可用于开展阅读推广活动的条件，还需要具备专用、固定的特性。军校阅读推广空间平台的建设应该由军校范围内致力于阅读推广工作开展的军校图书馆来组织实施，在完善图书馆阅读空间建设的同时整合军校范围内可利用的物理空间资源，构建军校阅读推广空间平台，以满足并促进军校阅读推广工作的有效开展。

军校阅读推广空间平台的作用就是通过营造良好的阅读推广环境，激发军校读者参与阅读推广活动的兴趣和积极性，最终促进整个军校阅读推广工作的开展。

（一）军校图书馆馆舍

图书馆一向被人们认为是人类知识的宝库，是信息和知识的集散地，随着时代的发展，图书馆的功能也越来越多样化[1]。军校图书馆不仅是学校的文献信息中心，也是军校阅读推广活动最主要的实施者和推动者，是最重要的阅读推广实体空间平台。环境良好、阅读氛围浓厚的军校图书馆不仅能吸引读者来馆，提升读者来馆的兴趣和动力，还能放松读者的阅读心情和丰富读者的阅读体验。

图书馆的服务正在经历从文献服务、信息服务向知识服务、空间服务的发展与转变[2]。空间服务将成为现代图书馆服务发展的新趋势，如何建设和利用图书馆的空间，如何通过优化空间结构功能为阅读推广工作服务，也成为军校图书馆职能转变、服务创新的关键步骤。

图2-2　国防科技大学图书馆三号院分馆大厅

---

① 汪希.高校图书馆的环境建设［J］.改革与开放，2010（22）177-178.
② 黄鑫.图书馆空间服务探讨［J］.网友世界·云教育，2013（20）34.

2018 年，解放军和武警部队 26 所院校招收生长军官学员 1.7 万名，其中青年学生 1.2 万名、士兵学员 0.5 万名；32 所院校招收士官学员 1.3 万名。从军队院校的招生计划中不难看出军校的整体招生规模以及军校学员的构成情况。军校图书馆的整体规模、建设水平以及读者服务工作的开展情况都与地方院校图书馆存在一定的差距，特别是一些非学历教育院校，因为学员在校时间短、训练任务重等原因，读者到馆率普遍偏低。在这样的情况下，军校图书馆更应该以"全民阅读""阅读推广"为契机，充分发挥和利用图书馆第三空间的功能，通过改善阅读环境、提供阅读推广服务等方式激发军校读者的阅读兴趣。

（二）军校图书馆个性化阅读空间

按照图书馆服务功能，大致可以将图书馆的空间分为以下几大功能类型：藏书空间、阅览空间、展览空间、报告空间、视听空间、数字化阅览空间、共享空间、创意空间、文化空间、体验空间、休闲空间，还有其他的各种空间。理论上，这些空间类型都可用于开展相应的阅读推广活动。

1. 信息共享空间

信息共享空间（Information Commons，IC）是 20 世纪 90 年代末国外高校图书馆为适应用户需求的变化和研究的需要而建立起来的一种基础设施和新的服务模式，可以为读者提供方便的互联网、功能完善的计算机软硬件设施和包括印刷型工具书、电子资源和多媒体资源在内的信息资源，为个人读者、学习小组

图 2-3　国防科技大学图书馆信息共享空间

或学术团队的学习、讨论和研究等活动提供一站式服务 [1]。信息共享空间是将空间、资源、设备设施和服务进行综合性整合，从而创造一种协作式的学习环境。

---

[1] 张春红. 新技术、图书馆空间与服务［M］. 北京：海洋出版社，2014：55.

目前，现代图书馆大多建立了信息共享空间，以国防科技大学图书馆为代表的一批军校图书馆也已经建立了信息共享空间。如何通过策划、举办阅读推广活动提升军校图书馆空间服务质量，做到空间服务与阅读推广服务完美结合，也成为军校图书馆创新读者服务模式的重要内容。

2. 视听阅览空间

图2-4　国防科技大学图书馆影视欣赏空间

中国人民大学金元浦教授认为："读图时代的到来是现代社会与传统社会人们接受众多信息时的主要区别，视觉图像使我们的社会生活方式与思维内容发生了重大变革。"[①] 目前，手机阅读已成为人们最常见的阅读形式之一，人民日报、中国军网等主流媒体都开通了公众平台、客户端，这也充分说明图文并茂的信息输送方式更能被广大读者接受。

事实上，相比传统的阅读方式，视听结合的表现形式能带给读者更加丰富的阅读体验，视听阅读也成为阅读推广的重要方式之一。国防科技大学图书馆阅读推广团队积极探索基于空间服务的阅读推广创新模式，打造了以"光影书香"为主题的科图影院品牌项目，引导读者从影片欣赏的视角阅读经典。

3. 数字化阅览空间

军队院校的特殊地位和历史使命决定了信息安全保密是当前信息化战争背景下军队院校安全与发展的核心任务，信息安全也成为网络应用的前提。军队院校因其特殊性质，网络信息安全防护形势更为严峻。目前，军队院校普遍采用内网和互联网物理隔离、集中上网的管理模式，这也让数字化文献阅览空间成为军校阅读推广工作的一大特色。

---

① 姚丽.注重影视欣赏 优化阅读教学［J］.语文教学之友，2013（3）25.

图2-5　国防科技大学图书馆数字化文献阅览室　图2-6　空军航空大学图书馆基础馆第二届全
国兵棋推演大赛获奖展示

　　军校数字化文献阅读空间是军校实体阅读空间的重要组成部分，军校范围内的数字化文献阅览空间也分为内网和互联网两大类，很多军校图书馆都是军校范围内集中上互联网的唯一场所，这也在一定程度上增加了军校图书馆对于军校读者的吸引力，军校图书馆可以充分利用这一优势，举办开展相关的阅读推广活动。

　　2017年4月至9月，首届"全国兵棋推演大赛"成功举办。来自全国50多个军地院校、科研院所、机关单位及高新技术企业的5000余名选手参赛，经过历时5个月的激烈竞赛，决出了军队组、地方组的个人赛和团体赛冠亚季军[1]。空军航空大学图书馆基础馆充分利用数字化文献阅读空间，一方面为本校兵棋爱好者提供场地、设备，另一方面积极培训馆员担任比赛的裁判员，指导、培训本校学员参与全国兵棋推演大赛，并承办了2018年第二届全国兵棋推演大赛全国赛阶段军队组的比赛。

4. 创客空间

　　从字面上来看，"创客空间"首先是作为一个"空间"而存在。北京大学信息管理系教授刘兹恒认为，从图书馆的历史使命和功能定位考虑，图书馆的创客空间是以信息资源作为支撑的一项图书馆服务[2]。因此，图书馆的"创

① 金赫.2018第二届全国兵棋推演大赛新闻发布会召开［EB/OL］.［2015–05–06］. https：//baijiahao.baidu.com/s?id=1590259735004474455&wfr=spider&for=pc.
② 刘兹恒，涂志芳.图书馆"创客空间"热中的冷思考［J］.图书馆建设，2017（2）43–46.

客空间"本身就是现代图书馆空间服务的一种方式，在阅读推广工作中，可以充分利用发挥创客空间的平台优势。

国防科技大学图书馆的创客空间可为读者提供 3D 打印、音频录制编辑、视频编辑等设备，还配有相关书籍、投影仪、打印机等，可以用于举办读书沙龙、创客分享会、音乐分享会、小型讲座等。来自不同学科专业的军校学员通过创客空间聚集在一起，共同探索、创造和分享，在遇到困难和瓶颈时，可借助图书馆的文献资源寻求帮助和解答，享受创造、实践、分享和交流的快乐。

图 2–7　国防科技大学图书馆创客空间 3D 打印区　　图 2–8　国防科技大学图书馆创客空间录音棚

5. 图书漂流空间

图书漂流，起源于 20 世纪六七十年代的欧洲，读书人将自己读完的书，随意放在公共场所，如公园的长凳上，捡获这本书的人可取走阅读，读完后再将其放回公共场所，再将其漂出手，让下一位爱书人阅读，继续一段漂流书香[①]。如今，图书漂流的方式已不局限于投放户外一种，很多图书馆都设置了专门的图书漂流平台，有的还制定了自己的图书漂流规则，这也让图书漂流活动的内容变得更加丰富。

图书漂流大体可以分为两种形式：一是通过举办图书漂流活动进行图书漂流，这种方式活动规模、影响力都比较大，但因为活动之后很难确保图书漂流的持续性开展，其实质更像是图书捐赠类活动。二是通过建立固定的漂

---

① 刘颖，董红霞．图书漂流再思考［J］．图书馆学刊，2012（3）76–78.

流空间,构建图书漂流空间平台,便于长期对图书漂流活动的开展情况进行跟踪管理,还可以定期策划图书漂流活动,以"书"和"空间"作为读者之间交流的纽带和载体,有利于长期开展图书漂流活动。

图 2-9　国防科技大学图书馆图书漂流空间

6. 个性化阅读空间

图书馆转型向空间服务发展,就是要突出图书馆文化中心和交流中心的功能,强调图书馆本身的文化气息和文化氛围,除具备传统的流通阅览空间功能,还应该具备其他的空间类型,如:展览展示空间、交流讨论空间、用于举办讲座讲坛的空间等。

图 2-10　国防科技大学图书馆多功能组合
　　　　　交流空间

图 2-11　国防科技大学图书馆
　　　　　培训室

7. 流动图书馆

流动图书车在国外早已有之，世界最大的流动图书馆"公仆"号巨型客轮建于 1914 年，隶属于德国非营利性慈善机构"好书共享"组织，作为世界上最大的流动图书馆周游世界各国。现在船上收藏有 6000 多种、60 多万册世界各国的书籍。法国于 1921 年就建立了第一个汽车流动图书馆。其他国家也纷纷建立了流动图书馆[1]。军校读者可自由支配的课余时间偏少，陆军步兵学院石家庄校区图书馆就专门建立了流动图书馆。该馆的流动图书车是由现代化的巴士改装而成，实行分时错峰的服务模式。根据军校学员的时间规律，科学地设立服务时间，将流动图书馆的服务时间设定在中午。此举为军校读者充分利用图书馆创造了便利，也提高了流动图书馆的服务效能。停靠地点选择在读者集中的东西区食堂附近。车上除了载有各类书籍外，还配有自助借还书系统，读者可通过流动图书馆享受图书借阅服务。

图 2-12　陆军步兵学院石家庄校区流动图书馆

---

① 杨竞. 流动图书馆让书香散播得更远［EB/OL］.［2019-05-06］.http://wap.cnki.net/touch/web/Newspaper/Article/LNRB201602180070.html.

（三）空间资源拓展

军校阅读推广空间平台构建，除了要对图书馆的空间资源进行整合，还应该适度地开拓、利用其他的空间资源。国防科技大学图书馆为丰富基层官兵的文化学习生活，主动服务，陆续与高科技培训队、教练勤务营、学员大队、附属小学、附属中学、附属幼儿园等多家基层单位共建图书馆室，并根据读者需求的变化不定期补充、调换图书馆资源。共建图书室不仅是图书馆阅读推广服务的拓展和延伸，也是军校阅读推广空间平台构建的重要举措之一，为基层单位读者阅读活动的开展提供了场地和资源保障。

图2-13　国防科技大学图书馆与教勤营共建图书室

三、阅读推广空间平台构建

（一）专用空间建设

阅读推广服务在图书馆的服务中日益占据重要位置，而阅读推广活动的有效开展需要特定的空间场所加以保障。

近年来，新建成的军校图书馆大多考虑了阅读推广活动的空间需求，例如，2014年建成的国防科技大学图书馆三号院分馆就在一楼大厅规划设计了专门的展览区域，五楼设有视听阅览室、影音欣赏室、培训室、多功能组合交流空间等个性化阅览空间,用于开展各类阅读推广活动。空军航空大学基础馆的一层也设置了专门的展览空间,可用于开展图书推荐、书展等多种形式的阅读推广活动。

图 2-14 空军航空大学基础馆一楼大厅 1　　图 2-15 空军航空大学基础馆一楼大厅 2

(二)空间改造与升级

"全民阅读"时代的到来和阅读推广的蓬勃发展对空间环境的需求日益提升。当现有的空间环境难以满足阅读推广服务的需要时,可以根据阅读推广工作的实际需求进行阅读空间的改造与升级。近年来,国防科技大学图书馆在大力开展阅读推广活动的同时,也在不断地改善、提升阅读推广活动所需的空间环境,加强空间平台建设。

图 2-16 国防科技大学图书馆钱学森专题文献　图 2-17 国防科技大学图书馆钱学森专题文献
　　　　厅 1　　　　　　　　　　　　　　　　厅 2

2012 年,为了大力宣传钱学森的科学精神和教育思想,国防科技大学图书馆在一号院中心馆新建了"钱学森与国防科技大学专题文献厅",文献厅搜集整理了大量文献资料,分为图书区、时间轴、照片墙、视听区、交互区、书信区、文书区共 7 个区域,分专题集中展示了我国杰出科学家钱学森对中国导弹、航天事业的卓越贡献,以及钱学森对国防科技大学的关心指导与重要贡献。这些宝贵的历史文献为读者全方位展示了钱学森与国防科技大学长达半个多世纪的科技情缘,也成为读者了解钱学森与该校历史沿革的重要窗口。

2017 年,国防科技大学图书馆的创客空间和屋顶阅读空间正式建成并对全校读者开放。创客空间是国防科技大学图书馆为军校学员量身打造的集创造和阅读推广为一体的实践和创新平台,为军校学员文化创新、文化交流提供了影音设备、实践场所和展示平台,以全新的方式丰富了军校图书馆的个性化空间服务,充分展现了军队院校的文化特色,也为阅读推广活动的开展增加了新的空间平台。

2018 年,国防科技大学图书馆在一号院馆、三号院馆的一楼大厅增设了主题书展专用书架、摄影作品展示区域等,用于常态化举办主题书展和摄影作品展等展览类阅读推广活动。

图 2-18　国防科技大学图书馆屋顶阅读空间　　图 2-19　国防科技大学图书馆主题书展区

(三)文化环境建设

阅读空间是读者进行阅览、学习、交流、研讨等活动的场所,阅读推广服务的开展需要空间保障,但阅读推广空间平台的构建除了需要有物理空间、设备设施作为保障之外,还应该具备文化内涵和精神底蕴。这个内涵主要包括两层含义，一是指物理空间的文化环境建设，主要通过空间内相对静态的陈列和展示营造文化氛围等。二是要通过举办阅读推广文化活动赋予空间文化内涵。

　　阅读空间的设计应该要突出文化理念，功能齐全、环境优越的空间能带给读者愉悦的阅读体验，让读者接受人文、美育的熏陶，提升阅读的趣味性和多样性。良好的环境布局和环境装饰不仅能给读者带来视觉享受，还能激发读者阅读兴趣，提升阅读体验。

图 2-20　浙江大学紫金台校区基础馆学厅

图 2-21　浙江大学唯一的宋版书《资治通鉴纲目》　图 2-22　陆军步兵学院石家庄校区图书馆

　　图书馆大多非常注重阅读空间的文化氛围和文化环境建设。例如，浙江大学紫金台校区基础馆的文化空间——"学厅"和"宋厅",可以举办小型讲座、报告会、读书分享会和文化沙龙活动等。其中"学厅"里有浙江大学西迁时期的木箱,"宋厅"里珍藏了浙江大学唯一的宋版书《资治通鉴纲目》,充满中国传统文化特色的文化环境建设凸显了空间内的文化氛围,对阅读推广活动的开展产生了积极的影响。

此外,阅读空间的文化环境建设还应该彰显院校特色。例如,陆军装甲兵学院士官学校图书馆,虽然馆舍相对陈旧,但馆内的文化环境充分展示了院校的特色,设有世界各国装甲装备知识概览展示、孙子兵法之三十六计展示、铁甲文化园等。

图 2-23　陆军装甲兵学院士官学校图书馆　　图 2-24　陆军装甲兵学院士官学校图书馆铁甲
世界各国装甲知识概览展示　　　　　　文化园

(四)空间平台构建与阅读推广活动

不同的阅读推广活动有着不一样的空间需求,其中讲座、论坛、读书分享、读书沙龙、展览、视听欣赏等阅读推广活动都对实体空间有一定的要求。相对独立而又能持续固定地用于开展阅读推广活动的空间场所,能够更好地强化读者对于阅读推广活动的认知和整体印象。

1."悦空间"项目——浙江大学

"悦空间"项目是浙江大学图书馆联合校团委做的一个阅读推广活动。这个项目以打造"个人书房"为理念,把阅览室建到学院去,在教学楼、学生宿舍、活动大厅等区域建设小型"书房",在全校范围内构建阅读推广空间平台。

图 2-25 悦空间 LOGO

"悦空间"的建设是由浙江大学各学院提出申请，图书馆负责为"悦空间"提供馆藏，学院提供相应的场地，学院学生自行管理。每个"悦空间"投入 3 万元的建设经费。走在浙江大学的校园里，随处可见"悦空间"的身影，玉泉、西溪、紫金港、之江、宁波、舟山、海宁，截止到 2018 年 11 月，浙江大学已经建设了 30 个"悦空间"基地。

表 2-2 浙江大学"悦空间"校园分布表

浙江大学"悦空间"基地	地址
生物医学工程与仪器科学学院基地	玉泉校区周亦卿楼三楼会议室及二楼读书角
材料科学与工程学院基地	玉泉校区曹光彪楼七楼（顶楼）
控制科学与工程学院基地	玉泉校区工控老楼 214
环境与资源学院基地	紫金港校区农生环 B 座 139-1 室
行政办事大厅基地	紫金港校区纳米楼行政办事大厅各房间
心理与行为科学系基地	西溪校区西五教学楼一楼走廊尽头咖啡屋
外国语言文化与国际交流学院基地	紫金港校区东六教学楼外语学院青荷咖啡吧
海洋学院基地	舟山校区图书馆二楼悦空间
高分子科学与工程学系基地	玉泉校区高分子大楼一楼悦空间
人文学院基地	西溪校区行政楼 208
生物系统工程与食品科学学院基地	紫金港校区农生环 D 座 428 室
建筑工程学院基地	紫金港校区建工之家
传媒与国际文化学院基地	西溪校区传媒学院教学主楼 411 鸽子屋
光电科学与工程学院基地	玉泉校区教三 338 室
航空航天学院基地	玉泉校区第五教学楼二楼咖啡吧
电气工程学院基地	玉泉校区电机工程楼侧悦空间
农业与生物技术学院基地	紫金港校区农生环 A 座 204 室
餐饮服务中心基地	紫金港校区饮食职工宿舍
光华法学院基地	之江校区咖啡吧
ZJU1897 基地	玉泉校区十舍东面 1897 交流吧
软件学院基地	软件学院教学楼 E201 室
校医院基地	玉泉校区校医院住院部 4 楼
公共管理学院基地	紫金港校区蒙民伟楼三楼长廊思想咖啡

从浙江大学"悦空间"的选址，我们可以看出，"悦空间"遍布浙江大学每一个校区的每一个角落：教学楼、宿舍、食堂、校医院都有"悦空间"的身影。学生可以在"悦空间"举办一些小型的阅读活动，图书馆每年会根据"悦空间"的管理以及阅读活动的开展情况，进行评奖。"悦空间"不仅仅是把小书房建到了院系，更重要的是成为图书馆与院系之间联系的纽带，每个"悦空间"都会面向全院师生征集书单，学院将征集的书单汇总，综合考虑经费额度、书籍种类和需求情况之后，再提交给图书馆购买。浙江大学图书馆的"悦空间"项目是全国高校图书馆阅读推广的一个经典案例，浙江大学也凭借"悦空间"项目荣获了 2015 年"全民阅读先进单位"称号。

浙江大学"悦空间"项目是高校图书馆"空间平台"构建的经典案例，"悦空间"基地以书和空间平台为载体，实现了空间拓展与阅读推广服务延伸的有效结合，"悦空间"项目的运营也真正实现了全校范围阅读空间资源的整合与联动，让"空间"真正发挥出了平台的作用，对于军校阅读推广空间平台的建设具有很强的借鉴意义。军校学员采用集中管理的模式，可以通过在学员大队、俱乐部建设阅读空间的模式，有效地搭建阅读推广"空间平台"。

2."成栋书院"阅读活动——东北林业大学

2015 年，东北林业大学图书馆与学校党委宣传部、团委等多部门联动，将阅读推广工作提升到"书香东林"建设的高度，建立了"成栋书院"，并在"成栋书院"推出了"相约两小时"读书活动。"成栋书院"的"成栋"二字取自东北林业大学首位校长刘达之名，一则表达对这位革命者、教育家的纪念，再则表达了对莘莘学子的期望：希望学子们成长为国家的栋梁之才。活动固定在图书馆的"成栋书院"举行，该项目因阅读方式多样、阅读内容丰富、场地环境雅致，在读者中的影响力日益凸显，受到读者的欢迎。之后，东北林业大学图书馆自 2017 年开始联合清源国学社、悦兰书会举办了成栋书院"悦享书香"静读活动，截至 2019 年 11 月，该活动一共举办了 24 期。"成栋书院"的空间平台也成为东北林业大学"书香东林"建设的一个阵地，为"成栋书院"品牌阅读推广的项目建设发挥了积极的作用。

图 2-26　东北林业大学"成栋书院"活动现场

第四节　军校阅读推广服务平台

一、军校阅读推广实体服务平台的建设理念

　　在国家层面的大力推动和全社会的大力提倡下，阅读推广进入了多元化蓬勃发展的阶段，这种多元化的发展主要表现为阅读推广理论的丰富，专业化阅读推广人才队伍的日益壮大，形式多样、内容丰富的阅读推广活动的广泛开展等。进入互联网时代，读者阅读方式的转变、阅读渠道的多元化和阅读沟通需求的迫切，也让单一的阅读推广服务无法满足多元化阅读推广活动的需求，而多元化的阅读推广活动需求也让各种各样的服务平台应运而生。本讲所提到的军校阅读推广实体服务平台是建立在具体服务项目之上的，定义

在实体范畴内的阅读推广服务平台都有与之对应的阅读推广服务项目，有具体的阅读推广服务的内容，需要固定的人员作为阅读推广服务的实施者。军校阅读推广实体服务平台的构建就是要根据军校人才培养目标和军队建设的需求确定阅读推广的服务项目、服务内容和服务模式，并对具体的服务项目、服务内容等进行梳理、归类、精选，从而优化和完善服务机制，提升服务效率和服务水平。

（一）以服务子平台构建为基础

我们总说"一站式"服务，希望通过"一站式"服务解决所有的问题，但是在实际的运行过程中，所谓的"一站式"服务一定是各种服务子平台的整合。在军校阅读推广活动中，军校读者的需求是多层次的，而且是不断更新的。因此，军校阅读推广实体服务平台的构建也不可能一蹴而就，应该是在整合众多阅读推广服务子平台基础上形成一个相对开放的平台。

（二）以保障教学科研为宗旨

军队院校是高等院校中的特殊群体，军校图书馆是建设军校阅读推广服务平台的核心力量，也是军校阅读推广工作的主要倡导者和实施者。由军校图书馆构建的军校阅读推广实体服务平台应该充分体现军校图书馆服务保障教学科研工作的职能和属性，以"服务"为核心，把服务的理念嵌入各项阅读推广活动，贯穿每一个环节。

（三）以满足军校读者实际需求为导向

军队院校是军队的重要组成部分，军队院校之所以产生，就是为了适应军队建设和战争的需要，其根本任务是为军队培养合格人才，促进军事理论、军事技术发展。军校阅读推广工作的服务对象是军校读者，满足军校读者实际需求的程度是衡量军校阅读推广工作有效开展的重要指标。因此，在军校阅读推广实体服务平台的建设和发展过程中也必须把读者的需求放在突出位置，精分读者群体和读者需求，分层次、有重点地予以保障。

二、军校阅读推广实体服务平台建设路径

通常来说，不同的阅读推广主体开展阅读推广工作的目标略有差别，而工作目标的差别就会导致阅读推广服务的差异。由军校图书馆构建的阅读推广实体服务平台更应该在充分考虑军队院校人才培养目标的基础上，从本校的实际需求中提取能够作为促进军校阅读推广工作发展的信息，并根据自身的实际情况提供相应的阅读推广服务。军校阅读推广实体服务平台建设路径包括四个层次。

（一）聚焦强军目标

党的十八大以来，习近平主席站在时代发展和战略全局的高度，对国防和军队建设做出了一系列重要指示，提出了在新形势下建设一支听党指挥、能打胜仗、作风优良的人民军队的强军目标[①]。因此，军校阅读推广工作也必须聚焦"强军目标"这个核心，要将听党指挥、能打胜仗、作风优良的总要求渗透到阅读推广工作中来。

（二）助力军校人才培养目标

有学者根据读者的阅读目的，将阅读分为功利性阅读和非功利性阅读。功利性阅读主要指读者为了求职、升学、考证、竞赛等现实的目标而进行的阅读行为。阅读推广领域有一种普遍的共识，认为非功利性的普适性阅读行为才是"阅读推广"工作真正需要推广的内容。关于这一点，笔者始终认为，同样是阅读推广，不同机构主体实施阅读推广的目标和工作侧重点是存在一定差异的。公共图书馆阅读推广工作的目标是向社会大众推广阅读，倡导通过阅读提升公众的个人素养。高校图书馆是学校的文献信息资源中心，是为人才培养和科学研究服务的学术性机构，高校图书馆的主要职能是教育职能和信息服务职能。因此，高校图书馆的阅读推广工作在致力于建设"书香校园"，助力全民阅读的同时，还应该充分体现高校图书馆为教学科研服务的

---

① 赵周贤，刘光明. 深入学习理解习主席改革强军战略思想［J］. 军队政工理论研究. 2016，17（1）：5-9.

属性，将阅读推广工作与深化信息服务、助力教学科研有机结合。以军校图书馆为核心力量构建的军校阅读推广服务平台就应该以助力军校人才培养为目标。

（三）以项目的形式推进服务

在"互联网+"技术的应用之下，读者已经可以通过网络实现图书的选择和借阅，通过移动终端阅读电子书等数字资源。虽然军校读者的管理模式相对封闭，但也必须紧跟时代脉搏，才能眼界开阔。军校阅读推广人可以通过定期收集整理相关数据，并对相关借阅数据进行分析的方式，精分读者群体，大致了解本校读者的阅读倾向，再以图书推荐、借阅数据公布、图书展览等阅读推广活动项目的形式推进服务。

（四）充分利用已有的资源和系统开展服务

军校图书馆是各军队院校教学科研的信息资源保障，经过长时间的文献资源建设，大都已经形成了与本校相关的馆藏特色，特别是在相关军事专业领域中形成了具有一定规模、结构完整、内容丰富的文献资源优势[①]。军校阅读推广工作中，最基础的工作就是要充分挖掘和利用已有资源开展阅读推广服务。军校图书馆除了需要提供军校读者在专业学习上所需的专业文献，还需要满足军校读者课外阅读的需求，但是课外阅读的选择存在很大程度的盲目性，军校学员既要学习文化知识，还要完成军事训练任务，课余时间相对较少，因此，利用军校图书馆的现有资源，为军校学员精选、推荐优质、经典的课外阅读内容，做好相关的导读、荐读服务是军校阅读推广服务中的基础环节。

三、军校阅读推广实体服务平台的构成

（一）活动项目平台

中国图书馆学会网站发布了由大学生阅读委员会、阅读与心理健康委员

---

① 崔静. 军校图书馆是开展信息素质教育的主阵地［C］. 图书情报工作杂志社. 图书情报工作研究会第 23 次图书馆学情报学学术研讨会论文集，2010（11）.

会联合完成的《大学生阅读暨高校图书馆阅读推广问卷调查报告（2010）》，报告中提出高校图书馆阅读推广活动主要采取的组织方式有 14 种：读书征文比赛、图书推介、名家讲座、图书捐款、读者有奖知识竞赛、图书漂流、精品图书展览、经典视频展播、读书征集等[①]。

阅读推广大部分都是通过活动的形式来呈现的，通过对零散的阅读推广活动进行系列化、系统化的梳理整合，构建军校阅读推广"活动项目平台"，能够更好地激发读者参与的积极性。"活动项目平台"是最重要的实体服务平台。事实上，每一项阅读推广活动都需要专门的阅读推广人提供相应的服务支撑。阅读推广活动的内容丰富多彩，形式多种多样，与之相对应的阅读推广服务需求也五花八门。因此，活动子平台的数量、规模和服务整合的情况，在一定程度上决定了阅读推广实体服务平台的构成，活动平台作为最重要的实体服务平台，对军校阅读推广工作的开展具有非常重要的意义。

（1）活动项目平台的构建能最大限度地扩大平台受众。每一次阅读推广活动都能积累一定的读者群体，通过构建活动项目平台将活动常规化、系列化、系统化，同时配备相应的人员，确保读者参与和读者反馈渠道的畅通，增加读者粘度，让读者持续、稳定地关注和参与相关的阅读推广活动，在日积月累中最大限度地扩大平台受众。

（2）活动项目平台的构建有利于促进军校阅读推广工作的常态化、系列化。活动项目平台的形成需要常态化、可持续的阅读推广活动项目。相对固定的活动项目运行方式，才能吸引相对稳定的读者群体参与其中，促进有共同阅读爱好的读者群体相互交流，实现平台的吸引力和交互性。

（3）活动项目平台的构建能有效地提升军校阅读推广活动开展的效益，提高传播活动的号召力和影响力，丰富军校读者的文化生活。

（二）课程平台

阅读推广课程平台的构建已经成为高校图书馆阅读推广工作开展的一个

[①] 胡胜男，敬卿，邱雪兰. 高校图书馆阅读推广模式与理论探讨［J］. 高校图书馆工作，2016（1）20–24.

重要方式。阅读推广的课程主要包括两大类：一是指开设阅读相关的课程，如国学类、精品阅读等；另一类是指开设指导阅读行为相关的课程，如图书馆的入馆教育课、信息检索课等。

1. 阅读入学分

湖南大学为帮助学生拓展知识视野，培育人文意识，加强人文关怀，创新阅读推广的形式，构建了阅读推广"课程平台"，将阅读推广融入高校课堂教学中，面向全校本科生开设了公共选修课"经典阅读之《论语》"。该课程采用"名师讲座+《论语》精读+学生参与"的方式完成全课程的教学。通过知识竞赛、文艺演出等方式，鼓励读者积极参与课程学习，汇集智慧，展现大学生的文化知识和文艺风采，让国学走进每一位同学的心中，引导大学生阅读经典、爱上经典，使国学经典大放异彩。

2. 入馆教育和信息检索课

阅读推广活动的目标大致可以分为以下几种：① 培养阅读兴趣；② 鼓励阅读行为；③ 指导阅读方法；④ 促进阅读分享。从阅读推广活动的目标来看，我们不难发现：虽然入馆教育和信息检索课并不算是专门的阅读推广课程，但是其课程目标都与阅读推广活动的目标具有一定的相似度。

国防科技大学图书馆开设的课程包括"入馆教育"和"信息检索"。"入馆教育"课程是针对新生进行如何利用图书馆的教育，系统地介绍图书馆的资源、服务以及如何利用图书馆的资源和服务。在阅读推广成为图书馆的常规工作之后，"入馆教育"课程也逐渐成为军校阅读文化教育的课程平台，可以通过新生入馆教育强化军校读者对阅读行为的认知。"信息检索"课主要介绍专业参考工具书、检索工具及网络搜索引擎的使用方法等，帮助读者在较短时间内迅速、准确地检索自己专业和研究课题所需的文献，强化提升读者的专业阅读能力。

（三）阅读推广人平台

在全民阅读上升为国家战略后，很多政府的相关部门和阅读行业的组织者都着手推动阅读推广人队伍建设，提出"阅读推广人"培育计划。2014 年中国图书馆学会开始阅读推广人培育行动，2016 年上海市组织"百名阅读推广人（组织）"评选活动，阅读推广领域对阅读推广人队伍建设所做出的诸多努力都充分体现了阅读推广人对于阅读推广工作开展的重要性 [1]。

阅读推广人是阅读推广活动的策划者、组织者与实施者 [2]。军校阅读推广人不仅包括军校图书馆的馆员，还包括支持、鼓励并尽力引导学员阅读的教员、干部，积极参与组织开展阅读推广活动的学员等。阅读推广人平台就是要构建一个人人都可以加入阅读推广工作的开放式通道，充实军校阅读推广人的队伍，从而为军校阅读人团队建设提供充足的人力资源保障。

湖南大学图书馆通过阅读推广人项目团队制来构建阅读推广人平台，由院系专家、教授、图书馆馆员、学生骨干组成阅读推广人项目团队。国防科技大学图书馆的"科图影院"项目，采用电影推荐人推荐导读的方式，全校读者均可通过科图影院电影推荐互动平台参与影片的推荐，成为电影推荐人，以领读者的身份为大家解读电影、解析原著，每一位读者都可以成为阅读推广活动的主体实践者。

军校阅读推广人平台的构建就是通过设定军校阅读推广人的准入机制，扩大军校阅读推广人的范围和成员规模，充分发挥阅读推广人的作用。

（四）交互服务平台

阅读推广工作的有效开展必须要形成组织者与读者之间的良性互动，利用新媒体交互工具，加强阅读推广主体和阅读爱好者之间的沟通交流，这对于提升阅读推广服务的质量是非常重要的。目前，很多公共图书馆、地方高校图书馆都充分利用微信公众号、博客、微博、抖音号、QQ 群、微信群等方式构建交互服务平台。

军校的军队属性，让众多的军校阅读推广人对这些基于移动互联网的交

---

[1] 范并思. 建设全面有效的阅读推广人制度［EB/OL］.［2019–05–06］，光明网. http://www.sohu.com/a/135435539_162758.

[2] 郑小容. 阅读推广队伍及人员构成探析［J］. 新西部（中旬刊），2017（7）.

互方式望而却步。

军队人员使用手机，从明文禁止到合理使用，经历了多年的时间。2015年原四总部颁发《关于进一步规范基层工作指导和管理秩序若干规定》。《规定》明确"在符合保密要求的前提下，军队人员在课外活动时间、休息日、节假日等个人支配时间，可以使用智能手机"。2018年5月1日，新修订《中国人民解放军内务条令（试行）》施行，其中第二百七十八条对军队人员使用手机再次明确："军人使用移动电话，实行实名制管理。旅（团）级以上单位应当对使用人员的姓名、部职别、电话号码和移动电话品牌型号，以及微信号、QQ号等进行登记备案。"①

2015年12月25日，习主席在视察解放军报社时，在军报微博微信发布平台，敲击键盘，发出了一条微博向全体解放军指战员、武警部队官兵和民兵预备役人员祝贺新年。众多门户网站和新媒体争相转发，无数网友热议点赞，习主席指出，互联网是我们这个时代最具发展活力的领域②。军校读者作为部队建设的主体，多数都有上网经历，因此，军校阅读推广工作者不应该固步自封，而是要主动跟上时代潮流，在严格遵守《条令》《中国人民解放军保密守则》等相关规定的基础上，利用微信公众号、QQ群、微信群等新媒体工具构建交互服务平台，促进军校阅读推广工作的发展。

2018年8月，国防科技大学图书馆官方微信公众号正式上线，并通过微信公众号构建了图书荐购服务平台、讲座预约服务平台等多个阅读推广交互服务平台，这也标志着军校阅读推广服务进入到一个新阶段。国防科技大学图书馆为提高该校图书采购的针对性，更好地满足教师教学、科研用书以及文化生活的需求，利用官方微信公众平台开设图书荐购通道，常年开展"新书荐购"活动。图书馆根据采选原则，根据年度采选计划、文献采访原则、文献经费条件以及文献收藏情况等因素，综合考虑读者的荐购意见，并在一

① 军路君. 军人放开智能手机使用，发展过程及禁令红线须知道！［EB/OL］.［2019–02–06］. http://baijiahao.baidu.com/s?id=1599494084323352489&wfr=spider&for=pc.
② 王士彬，洪文军. 一条微博何以载入史册［EB/OL］.［2019–02–06］. http://www.chinamil. cn/jsjz/2016–08/31/content_7234779.htm.

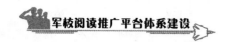

周之内通过公众号统一反馈荐购意见。交互服务平台的构建能极大地提升服务能力和服务标准，为军校阅读推广工作开辟了新的服务模式。

四、军校图书馆阅读推广实体服务平台建设的思考

近年来，公共图书馆和地方高校图书馆阅读推广的发展为军校阅读推广服务的开展提供了很多可借鉴的经验。但是军校阅读推广服务的开展与公共图书馆和地方高校图书馆存在一定的差异，不管是服务模式还是具体的服务内容都需要军校阅读推广人根据本校实际情况进行创新。

（一）找准军校阅读推广实体服务平台的定位

军校阅读推广服务保障的对象是军校读者。习近平总书记在十九大报告中指出，加强军队党的建设，开展"传承红色基因、担当强军重任"主题教育，推进军人荣誉体系建设，培养有灵魂、有本事、有血性、有品德的新时代革命军人，永葆人民军队性质、宗旨、本色。"传承红色基因、担当强军重任"，对于实现党在新时代的强军目标具有重大意义，军校阅读推广实体平台的建设也应该紧紧围绕这个中心，保障军人主题教育阅读需求和军事素质培养需求，聚焦强军目标，加强尚武精神和战争文化的熏陶，在潜移默化中浓厚打仗气息，突出兵味、军味、战争味，努力营造具有军队特色的军校战斗文化氛围。

（二）明确军校阅读推广实体服务平台的建设思路

军校阅读推广服务平台的建设关键是要抓住重点环节，选准突破口，稳步推进。首先，要突出平台建设，按照"充分论证、有的放矢、持续改进、动态调整"的思路，着力构建读者需求强、体验好、评价高的品牌服务项目。其次，要做好制度建设和人员配置。作为军校阅读推广服务平台建设核心力量的军校图书馆，必须要明确阅读推广服务平台建设与其他相关读者服务平台和读者服务工作之间的关系，在内部业务系统建设方面要按照理念一致、衔接有效的思路，确保军校阅读推广服务平台与其他业务工作的高效互补与融合支撑。

（三）建立军校阅读推广实体服务平台的运行机制

阅读推广工作大部分情况下都是以各种各样的阅读推广活动的形式呈现给读者的。阅读推广活动的规模越大，持续时间越长，读者反馈越好，就意味着活动的形式、内容越丰富，活动效果越好，活动影响力越大。但是，活动的开展是相对零散的，军校阅读推广服务平台的构建就是要将零散的阅读推广活动以服务化的形式固化成常规化、系统化的服务工作。阅读推广活动如果只举办一次，即使读者参与度高、读者反馈好、活动影响大，也无法产生实际的效果。比如湖南省教育厅"一校一书"阅读推广活动"创新案例奖"的申报要求已经成功运营一年以上，这就表示阅读推广活动项目需要持续性开展，需要在长期的活动实践中不断地打磨、完善、改进。读者反馈好、影响力大的活动就应该建立起持续性开展的机制，由固定的人员来确保活动的常态化开展，以阅读推广服务的方式来固化。例如，国防科技大学图书馆每两周一次的主题书展，每次书展推荐图书 150~200 种，从书单制作到图书上架再到相关数据的统计都有专人负责；每周推出的《*NATURE*、*SCIENCE* 快讯》由固定的馆员负责追踪、筛选并编译发布，这些都已经成为图书馆流通部深入拓展读者服务工作的一部分。

（四）坚持军校阅读推广实体服务平台的动态调整

阅读推广的相关服务大多是以单个或者系列活动为载体的相对零散的服务，不同的活动需要的服务内容也存在差异。阅读推广服务在实际的工作中会出现以下问题：① 需要为阅读推广活动提供的服务五花八门，让人应接不暇。即便是专业从事读者服务工作的军校图书馆也会感觉到依靠传统的读者服务模式难以满足阅读推广活动的需求。② 服务供应与服务需求不对等，出现服务保障能力过剩或者服务供应保障不足。③ 在同军校读者的密切接触中发现新的服务需求，或是发现服务难以开展。因此，军校阅读推广服务平台的构建要解决实际工作中的这些问题。

在军校阅读推广服务平台的建设过程中，要定位精准服务，根据服务需求和服务效果进行统一规划、动态调整。军校阅读推广活动本身就是以军校图书馆为代表的阅读推广机构、阅读推广人向军校读者提供的一种保障服务，其整体的服务供应能力和人员保障能力都是有限的。因此，在具体的实施过程中，一方面要充分挖掘学校各机关、各学院、学员队中可利用的资源，另一方面也要对自身的服务能力和服务范围做出精准的定位。每一项活动、每一项服务都需要人力物力的支出，军校阅读推广服务平台的建设规模也不是越大越好。对于读者参与度低、反应平淡、收效甚微的活动项目或是服务类型首先应该从自身找原因，制定调整策略，确定是调整升级还是转型中止，尽可能地避免人力物力的浪费与损耗。

军校阅读推广虚拟平台建设

第一节 概述

一、基本概念

本书将阅读推广平台定义为从事阅读推广工作的机构和个人，为了广泛而有效地开展和实施阅读推广工作所需要的各种可持续利用的环境和条件的统称。根据环境和条件物理属性的不同，本书将军校阅读推广平台分为实体平台和虚拟平台两大类。军校阅读推广实体平台主要包括了资源平台、空间平台和服务平台三大模块。军校阅读推广虚拟平台与实体平台基本对应。军校阅读推广虚拟平台是指利用信息技术和数据形成的可用于军校阅读推广工作的信息系统平台。从功能上看，军校阅读推广虚拟平台可分为军校阅读推广门户系统、资源管理系统、空间管理系统和服务管理系统等多个模块。

军校阅读推广虚拟平台的建设会因实施主体的需求差异而各有侧重。全民阅读时代的到来为军校图书馆的发展带来了机遇，军校阅读推广工作的发展要依赖军校图书馆的发展。军校阅读推广虚拟平台的建设应该以军校图书馆的信息系统平台和数字资源建设为基础，通过信息化手段将资源、空间、服务等实体平台资源进行有效地整合、输出，让军校读者能更高效地获取所需的阅读资源、空间资源和服务资源等，从而整体提升军校阅读推广工作的水平。

二、军校阅读推广虚拟平台的发展进程

军校阅读推广虚拟平台的建设与军校图书馆的信息系统平台和数字资源建设交叉融合，其过程也是一个由实到虚的发展过程。现代图书馆的虚拟平台本身也是从实体系统中演变而来。

20 世纪 80 年代，我国图书馆系统经历了从无到有的十年历程。1980 年，北京地区研究试验西文图书机读目录协作组（简称 MARC 协作组）成立，标志着我国图书馆自动化事业开始起步[①]。

到 20 世纪 80 年代后期，全国已有百余家图书馆开始使用图书自动化系统，打孔纸片检索逐渐退出历史舞台。随后，在中国图书馆学会等行业组织的牵头推动下，清华大学图书馆、北京大学图书馆、深圳图书馆等一批有实力、有号召力的图书馆开始了图书馆自动化系统的研制和引进工作，并开始根据中文文献的特点制定行业标准。

1997 年以后，随着互联网的发展，图书馆的馆藏资源也开始从印刷型出版物向数字化出版物发展。从最开始以软驱、CD 作为资源载体，到 21 世纪发展成为全网提供服务的数字图书馆，现代图书馆的信息资源及信息系统服务平台初步形成。

自 20 世纪 90 年代末到 21 世纪初，图书馆事业逐步发展，一大批优秀的国内外信息系统平台和资源平台不断涌现。例如，国内的江苏汇文、北京北邮、深圳 ILAS，国外的 Aleph 等图书馆自动化系统以及 Elsiver、EBSCO、超星、CNKI、维普、万方等优秀的数字资源供应商，都在这一时期发展壮大。国内大部分图书馆也在这一阶段完成了从传统图书馆向数字图书馆的转变。

---

① 刘喜球，王尧.上世纪 80 年代我国图书馆自动化系统发展思想演变分析［J］.新世纪图书馆，2016（5）70–72+96.

2010 年以后，国家对公共文化事业的投入日益增加。数字图书馆也进入了快速发展时期，数字化、网络化程度不断提升，各式各样的资源、空间、服务平台飞速发展。近年来，随着社会整体信息化水平的不断提高，大智移云（大数据、人工智能、移动互联网、云计算）等新型信息技术不断发展并逐步在图书馆行业落地，新一代智慧图书馆的建设在行业内形成共识。智慧图书馆背景下的新一代数字图书馆平台将是一个功能强大、数据丰富，拥有大规模文献资源元数据的综合服务平台，并可通过开放数据接口整合其他业务系统，为读者和管理者提供精准的数据服务，实现图书馆资源和服务的高效融合。

自 2014 年开始，截至 2019 年，"全民阅读"已连续 6 年写入政府工作报告。阅读推广作为现代图书馆的一个重要职能将通过新一代的数字图书馆平台展现出更强的活力，军校阅读推广工作也可借助军校图书馆虚拟平台的建设和升级获得新的发展。

三、军校阅读推广虚拟平台的基础架构

军校阅读推广虚拟平台的建设目标就是要通过信息化手段将资源、空间、服务和基于实体平台的各项推广活动进行有效整合。这也是从本质上响应阮冈纳赞提出的"图书馆五定律"[1] 和雅兹·诺鲁兹提出的"衍生的网络五定律"[2]，"让每本书（网络资源）有其读者"，尽可能"节省读者的时间"。

"万丈高楼平地起"，一个功能强大、业务灵活、扩展性强的阅读推广虚拟平台需要一个良好的技术架构。因此，在平台建设之初就需要对业务、数据、性能等进行充分调研，尽可能满足读者、管理者、决策者的需求，还要重点考虑读者对信息资源的获取需求。我们将军校阅读推广虚拟平台分为以下几个主要模块：

---

① 智晓静.论"图书馆学五定律"的发展历程.山东图书馆学刊［J］.2018（2）10–15.

② Noruzi Alireza. Application of Ranganathan's Laws to the Web［EB /OL］.［2016 –08– 03］. http：// www. webology. org /2004 / v1n2 /a8.html.

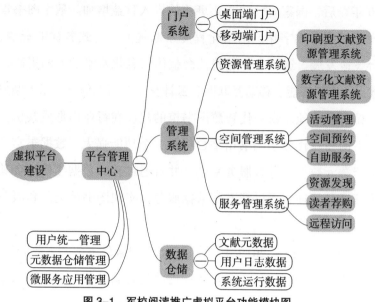

图 3-1　军校阅读推广虚拟平台功能模块图

　　军校阅读推广虚拟平台主要由以上几个模块构成，其中数据仓储是军校阅读推广虚拟平台架构的基础，资源、空间、服务管理系统是平台核心，门户系统是所有读者的访问入口，而整个平台通过管理中心进行协调管理。每个模块都能根据实施主体的实际需求进行扩充和调整，以满足军校阅读推广工作的个性化需求。

第二节　军校阅读推广虚拟平台建设内容

一、平台管理中心建设

　　军校阅读推广虚拟平台采用微服务架构（Microservice Architecture），通过平台管理中心对各业务模块进行管理。具体包含微服务应用管理、元数据仓储管理和用户统一管理。这是一个以互联网云计算为基础，以微应用实现业务，集数据管理、资源解释、用户授权和业务服务为一体的综合管理平台。

微服务应用管理，将业务功能独立化、模块化，通过统一的标准接口文档，将各种应用系统进行管理和融合。管理者可以在应用中心自由挑选组装已经开发好的微应用模块，打造个性化应用集群，满足用户个性化、多元化的需求，提高管理效率。在统一的数据接口标准下，每一项功能或是应用都可以拆分为一个个更小的模块，如智能手机的应用市场一般，通过简单的配置即可投入使用。

用户统一管理，是平台管理中心的重要模块。该模块主要实现跨机构的用户管理和跨域的单点认证两个功能。跨机构的用户管理功能，可实现与统一身份认证系统和本地自建用户的统一，实现学校统一认证用户和图书馆独立用户的统一认证。跨域的单点认证功能，不仅能将用户授权给跨域的多个子系统，实现各类型读者的一站式访问，还具备高级的角色划分、权限管理、统计分析等功能。

元数据仓储管理，主要用于存储和管理平台所涉及的元数据集合，提供开放共享服务平台所需要的支撑数据。元数据仓储数据不仅包括印刷型文献资源、数字化文献资源等学术文献资源的元数据，还包括用户使用日志、入馆记录、设备使用状态等业务运营数据。元数据仓储数据通过非结构化数据库进行管理，以混合云的方式进行部署，能够定期通过接口与云端大数据进行数据更新，以满足业务扩展的需求。

二、基于互联网的门户建设

平台门户建设是军校阅读推广虚拟平台建设的一项十分重要的内容，门户的质量和用户友好程度直接关系到用户的满意度。

门户建设主要包括两个方面，桌面终端门户和移动端门户。其中桌面终端可以将面向读者的所有功能进行整合展示，并通过嵌入其他服务的方式提供更多专业性的服务内容。移动端门户主要是指移动 app 和微信公众号门户，可以将适合移动终端的服务进行迁移，方便读者随时应用。

通过互联网的门户，军校阅读推广虚拟平台可以用接口调用的方式整合互联网上的资源和服务，从而实现军校阅读推广主体与读者之间紧密联系。无论是虚拟平台上的数字阅读资源还是其他深层次的阅读推广服务都可以通过互联网方便快捷地提供给军校读者。然而，在军校阅读推广工作中，信息安全显然比方便快捷更为重要。如何在保障信息安全的前提下将互联网便利而丰富的资源服务提供给读者，是军校图书馆工作者特别需要关注的问题。

三、资源管理系统建设

军校阅读推广虚拟平台的资源管理主要是管理军校读者可利用的阅读资源，建设内容主要包含图书馆的印刷型文献资源管理系统、数字化文献资源管理系统两个部分。

（一）印刷型文献资源管理系统

印刷型文献资源管理系统主要的管理对象是军校图书馆的印刷型文献资源，包含图书、期刊、报纸等，其中以图书的采访、编目、流通、典藏等业务流为主要内容。新一轮军队院校调整改革后，军队院校普遍形成了异地多校区办学的新模式。为实现异地多校区间印刷型文献资源的共建共享、通借通还等功能，可采用 B/S 架构系统的总分馆制管理模式。设立虚拟的中心馆，其他的图书馆作为并列分馆，并可下设至各院系资料室和学员队图书室。通过业务数据统筹管理、分馆之间独立管理的方式，最终实现文献资源数据的开放共享。

印刷型文献资源管理系统应该要具备图书采购、编目、典藏、流通、盘存、期刊订购、登到、催还，OPAC、系统权限管理、自定义条件数据分析、决策参考等功能，还应符合 B/S 架构，可实现系统功能间多标签切换、多工作区操作。此外，印刷型文献资源管理系统还要有完善的总分馆功能，可支持"一校多馆、一馆多个馆藏位置"的操作模式，也可支持分馆独立资产管理、一校多分馆、分采分编及统采统编等多种模式。

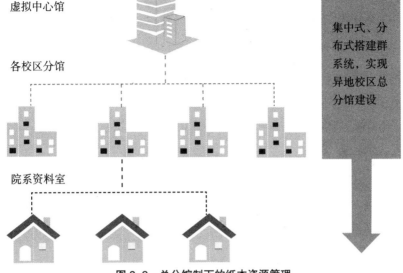

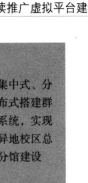

图 3-2　总分馆制下的纸本资源管理

（二）数字化文献资源管理系统

数字化文献资源管理系统的管理对象是军校图书馆的电子资源，主要包括：可提供在线浏览下载的期刊、学位论文、会议论文、专利、标准等多种类型文献数据库。数字化文献资源管理系统要对电子资源从订购到验收的全寿命过程实施管理，并通过元数据仓储的数据支持，实现已购电子资源精确到篇级的资源管理。具体包括以下功能：

1. 数据库管理

可查看本单位已购数据库的详细信息、往年订购情况、资源包情况等。同时，可对该库进行信息编辑、取消挂接等操作。

2. 资源结构分析

可根据已配置的数据库对馆藏电子资源按照分类、分布、增量等进行统计。

3. 资源采购分析

通过分析已购数据库资源的学科覆盖率、所含刊种情况，促进学科服务方向的调整及优化；通过分析覆盖刊种数、独有刊种数、重要期刊收录情况等数据，优化数据库采购方案，避免重复订购；此外，还可查看资料库所花经费、资源总数、下载次数等情况，得出经费投入与使用产出的关系。

4. 学科保障分析

通过分析中文 / 外文核心期刊收录情况，教育部学科的使用情况等，统计学科使用率、学科覆盖率以及学科成果率的关系。

通过文献资源管理系统的部署，军校阅读推广工作的实施者可以根据资源的馆藏数据和读者使用数据制定军校阅读推广工作的具体实施方案。不仅能为读者提供资源服务，还能够根据需求汇编出专题资源，提高军校阅读推广工作的成效。

四、空间管理系统建设

目前，空间环境对提升阅读体验的助力越来越大，特别是在交流分享类的阅读推广活动中，活动的空间需求更为突出。无论是讲座、论坛、真人图书馆还是读书分享会，都需要空间。不同的活动类型、活动规模及活动开展方式，会产生不一样的空间需求。军校阅读推广虚拟平台空间管理系统的建设就是要通过信息化手段高效地实现空间管理，提升军校阅读推广活动的效率。

空间管理系统除了本身空间的预约管理、数据统计等功能之外，更是活动管理的一部分。阅读推广的活动往往以实体的物理空间为发起点。因此，空间管理系统还应该包含活动管理、空间预约、座位预约、设备自助服务等功能。

（一）活动管理

阅读推广大多是以活动的形式呈现的，每一次阅读推广活动，都需要提前策划、准备并发布相关活动信息，活动管理系统可以通过技术手段实时了解活动报名情况，并根据报名参与的情况适时调整活动计划，通过管理系统关联读者实际的参与情况，还可通过积分或其他系统层面的奖励实施活动激励，引导读者更多地参与阅读推广活动。活动结束之后，活动管理系统还可根据统计信息进行复盘、分析、比对、总结，有效实施活动评估。

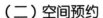

（二）空间预约

空间预约是空间管理最基础的功能。管理者可以根据实际的物理空间制定使用规则。读者或是活动组织者都可以通过自助终端、移动终端等多种方式完成空间预约，提交空间申请需求。

（三）设备自助服务

设备自助服务主要是对空间内已有的各种自助设备进行管理，包括自助打复印、自助借阅等。空间管理系统的建设能够提升实体空间的读者体验，扩大实体空间对阅读推广活动的影响。

五、服务管理系统建设

服务管理系统是阅读推广活动涉及的信息服务系统的集合，包括资源发现系统、读者荐购系统、资源远程访问系统等。

（一）资源发现系统

资源发现系统基于文献资源元数据仓储并对接已订购的资源数据库，直接为读者提供纸电融合的统一文献检索服务。资源发现系统的检索范围除了可覆盖军校图书馆已购买的纸本馆藏和电子资源外，还可通过文献传递、开放获取（OA）等方式获得更多的文献元数据及全文数据，并对检索结果去重后进行多种方式的排序、聚类和推荐，从检索结果可直达全文下载页面，实现快速定位和快速获取，提高读者获取文献的效率。

（二）读者荐购系统

读者荐购系统可通过门户对接资源发现系统。对于军校图书馆没有馆藏，同时符合图书馆定义的荐购规则的图书，读者可通过读者荐购系统提出荐购申请。馆员可通过个人门户，查看荐购的具体信息以及荐购的列表，以用户直接提出的荐购请求为依据，为优化馆藏资源、提升用户满意率提供入口。同时，读者荐购系统还可对接第三方的图书采购平台，如：京东、当当等电商平台，

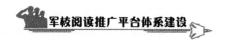

方便读者在线荐购，逐步实现以读者驱动军校图书馆的图书采购，保障军校读者的学习、阅读需求，提升读者满意度。

（三）资源远程访问系统

资源远程访问系统可以通过账户授权的方式将推介的资源推送给读者访问，读者不受限于时间、地点，通过浏览器就可以获取相关的文献资源。

六、数据仓储的建设

数据仓储主要包括文献元数据、用户日志数据、系统运行数据等，其中文献元数据最为重要。文献元数据包括本馆的印刷型文献资源元数据和海量的电子资源元数据。这些数据的质量决定了平台提供服务质量的高度，因此，文献元数据供应商的实力也是虚拟平台建设中一个非常重要的指标。其他元数据，包括用户日志数据、系统运行数据等都将整合汇至一个统一的数据仓储供平台调用分析，这些元数据会因部署系统的不同而各有不同。在实际建设部署过程中，建议考虑使用混合云的模式，这样既能保障机构私有数据的安全，又能发挥公有云的服务优势。

数据仓储是整个虚拟平台的服务基础，只有高质量的数据仓储建设，才能保证虚拟平台在后期不断地迭代时拥有足够的成长性，满足用户不断更新的需求，最终实现助力阅读推广的目的。

第三节　军校阅读推广虚拟平台运营

一、运行制度保障

军校阅读推广虚拟平台的建设和运行需要一套完善的管理制度规范。首先，要根据平台职能明确责任主体；其次，责任主体要制定出相关的保障制度，并协同其他主体完成阅读推广的任务。军校阅读推广虚拟平台管理制度的制定，要从管理和技术两条主线入手，构建管理、职责、技术一体的军校阅读推广虚拟平台制度体系，这样才能处理好军校阅读推广虚拟平台和实体平台之间的关系，从而形成互为支撑、互为保障的有机整体。

二、平台运维保障

平台运维保障是军校阅读推广虚拟平台运行过程中最重要的环节，也是确保军校阅读推广虚拟平台有效发挥作用的关键。军校阅读推广虚拟平台的运维保障主要是信息化平台的软硬件保障。随着军校阅读推广虚拟平台功能的日益强大，平台所涉及的软硬件系统也日趋复杂。这都会导致平台故障率的提升以及故障排除难度的增加。因此，必须要建立一套符合发展、响应及时、成本可控的运维保障体系。

军校阅读推广虚拟平台运维保障体系可以从以下三个方面着手建设。

（一）有效利用外包服务

常规性、技术含量不高，且需要占用大量时间、精力的维护工作可以考虑以外包服务的方式运行。有效利用外包服务主要有两层含义：首先，基础设施设备的维护和保养，包括计算机终端、普通网络设备、服务器硬件等，都可通过外包服务运维。其次，同各个相对核心的系统平台服务商之间要建立起良好的服务运维机制，与系统运营方签订运维合同，要详细注明服务期限、服务内容、服务要求等，保障软件系统服务质量。

（二）建设运维检测平台

建立一个软硬件一体的运维监测平台，对重要的系统、硬件进行实时监控，提升发现故障、处理故障的速度。

（三）提升维护人员能力

定期组织负责平台维护的技术人员开展专业技术培训和学习，提升技术维护人员的业务能力。

三、信息安全保障

在构建军校阅读推广虚拟平台的过程中，最大的挑战不是来自平台建设，而是来自平台运行。在军校阅读推广平台的长期运行过程中，必须确保数据的安全、稳定、可控。一方面，数据在运行过程中要建立科学合理的流通和备份机制，保障平台能提供稳定可靠的数据服务；另一方面，平台在运行过程中还会产生和存储大量的设备和用户使用日志，需要对这部分数据进行组织管理。同时，根据采集信息的重要性对其进行分级、归类，为下一步精准信息服务提供数据分析基础。军校图书馆应该与学校信息中心或网络安全部门通力协作，设计建设合理的安全域，以此来保障平台整体信息安全。

第四节　军校微信公众号的建设和管理
——以国防科技大学图书馆微信公众号为例

根据 2020 年 4 月中国互联网络信息中心（CNNIC）在京发布的第 45 次《中国互联网络发展状况统计报告》的数据显示：截至 2020 年 3 月，我国手机网民规模达 8.97 亿，网民通过手机接入互联网的比例高达 99.3%，其中学生占比 26.9%，超过 2 亿学生用户通过移动终端接入网络。移动端服务已经在互联网服务中占据了极其重要的地位[1]。

目前，线上的阅读推广活动大部分都会通过微信公众号来进行宣传，本节主要讲述军校图书馆应如何利用微信公众号开展阅读推广工作，并以国防科技大学图书馆的微信公众平台为例来说明军校阅读推广微信公众号的建设和管理。

---

[1] 中国互联网信息中心.中国互联网络发展状况统计报告.［EB /OL］.［2020–08–17］. http：// www.cac.gov.cn/2020–04/27/c_1589535470378587.htm.

一、微信公众平台与阅读推广

微信公众平台，简称公众号，是腾讯公司面向个人和企业推出的自媒体服务平台。曾命名为"官号平台""媒体平台""微信公众号"，最终命名为"公众平台"。目前，微信的全球总用户数已经超过 10 亿，高校读者绝大部分都是微信用户。微信公众号是图书馆开展阅读推广活动最理想的平台门户，能有效地拉近图书馆与读者之间的距离，加强活动实施主体与读者之间的交流和互动。如何高效地利用微信公众平台进行阅读推广工作已经成为阅读推广平台研究的热点内容。

图书馆可以通过微信公众平台向读者提供文献资源和文献保障服务，开展阅读推广活动以及深层次信息服务工作。如：图书在线预约续借、信息推送、活动报名、读者荐购等。同时，通过对读者访问数据的分析，还可以进一步改进推广活动，形成一种高效的线上线下互动营销的推广模式。

目前，微信公众平台可根据服务模式分成三种类型：订阅号、服务号、企业号。

（一）订阅号

微信公众平台订阅号旨在为用户传达资讯（类似报纸杂志）。每天（24 小时内）可以发送 1 次群发消息。发送给订阅用户（粉丝）的消息，将会显示在对方的"订阅号"文件夹中，双击可打开。在订阅用户（粉丝）的通讯录中，订阅号会被放入订阅号文件夹中。订阅号是微信公众号最常见的类型，大部分高校图书馆和公共图书馆都选择了使用订阅号作为公众号的平台类型。

（二）服务号

微信公众平台服务号，旨在为用户提供服务交互（类似 114 提供服务查询）。因此，服务号在 1 个月（自然月）内仅可发送 4 条群发消息。但是，通过服务号发送给订阅用户（粉丝）的消息，将会显示于对方的聊天列表中，与其他微信好友发送的消息位于同一目录层级。服务号位于订阅用户（粉丝）的通讯录中，微信用户的通讯录中都有一个公众号的文件夹，点开此文件夹即可查看所有服务号。服务号也可申请自定义菜单，同时拥有更多的后台高级接口功能，可以对接更多的业务系统。选择服务号则可以获得更多的功能，如：开通微信支付等。目前，很多图书馆为了提供更为多样化的服务，选择了同时开通服务号和订阅号，如南京大学图书馆、湖南大学图书馆、湖南师范大学图书馆等。

（三）企业号

微信公众平台企业号，旨在帮助企业、政府机关、学校、医院等事业单位和非政府组织建立与员工、上下游合作伙伴及内部 IT 系统间的连接，并能有效地简化管理流程、提高信息的沟通和协同效率、提升对一线员工的服务及管理能力。企业号需要先通过内部系统的认证之后才能关注。图书馆较少使用此类型的平台，但也有部分高校图书馆使用企业号对本校读者进行管理，并实现本地更多功能的开发和使用，如清华大学图书馆。

目前，这三种类型的微信公众号无法互相变更，一旦申请成功便不可更改，只能通过重新注册公众号的方式进行平台迁移。因此，申请公众号之前必须根据图书馆自身的需求、技术能力、服务对象等诸多因素进行综合考虑，选择合适的公众号类型。

二、军校图书馆微信公众号的申请

微信公众号的申请、注册、认证对于地方高校而言是一件相对容易的事情，一般情况下只需要按照腾讯公司在注册时提出的认证要求完成即可，但对于军队院校，难度就要高很多。军队院校的公众号需要按照军队的相关政策进行统一管理，申请过程也有特殊的审批流程。下面就以国防科技大学图书馆官方微信公众号的申请为例，将军校图书馆申请微信公众号的流程做一个简要说明，供其他兄弟院校参考借鉴。不同的军队院校也存在所属单位级别以及公众号宣传需求上的差异，因此微信公众号的申请流程也可能会存在差别。

（一）前期准备工作

军队院校不同于地方高校，军队院校的人事管理和信息管理都有一套独立的规章制度，对于互联网信息发布的审查也更加严格。因此，在准备申请公众号之前就需要对微信公众号运营的基本条件和基本思路有一定的规划，并根据申请微信公众号的目的和需求组织相关人员组建微信公众号运营团队，如技术维护人员、编辑人员、内容审核人员等。

（二）单位内部审批

根据军队对互联网等新媒体运营的相关规定，军队单位或个人申请微信公众号需向所在部队军以上机关的政治工作部门申请审批，待上级批准之后方可向腾讯公司申请。

（三）申请认证公众号

首先要根据前期的工作内容确定申请的公众号类型，一旦申请成功将无法更改。根据军队院校的实际情况，推荐首选订阅号。订阅号的申请需要提供注册邮箱并填写基本信息。除运营者个人的详细信息，还需填写单位的详细信息。在选择单位类型时，军校图书馆应选择的单位类型是"政府机关"，且主体机构为"学校"。例如，国防科技大学图书馆申请的官方微信公众号的账号主体为国防科技大学。腾讯公司对于微信公众号的认证较为严格，还需要提供相关单位的法人证书、组织机构代码证、对公账户等相关证件及单位出具的正式申请公函，并提供微信公众号运营者的身份证，缴纳相应的认证费用，才能认证成功。军校图书馆并不具有独立的法人资格，甚至无法提供组织机构代码等相关信息，因此在实际的认证过程中需要同腾讯公司委托的第三方认证机构进行反复多次的沟通与协商，提供额外的证明材料，才能获得正式的认证。

在通过腾讯公司的正式审核后，公众号的标识会由未认证变成已认证，表示微信公众号已认证成功。此时即可开始编辑素材发布公众号的第一篇文章。微信公众号在通过认证以后，还需要每年进行认证年审以确保认证账号的有效性。

三、军校微信公众平台的建设内容

微信认证公众号申请成功之后，就进入微信公众号的内容建设阶段。微信公众号的运营目标决定了栏目和内容的设置，例如，以阅读推广为主要目的的微信公众号应该以内容和交互为核心。因此，在栏目设置和内容管理上要有统筹规划，定期推出高品质的公众号推文，着力建设读者认可度高的阅读推广品牌，逐步积累粉丝用户，增强微信公众号的粉丝粘度，不断提升影响力。

（一）微信公众平台的基本设置

微信公众号是一个媒体平台，微信公众号的名称及统一标识是微信公众号最基础的设置。目前，高校图书馆的微信公众号，大部分是以"学校名＋图书馆"或者"校名简称＋图书馆"的模式命名。这种微信公众号的命名方式简单易懂，读者可直接通过名称搜索关注。如北京大学图书馆、湖南大学图书馆、浙大图书馆等。还有一种模式就是使用一些自定义的名称命名微信公众号。如华南理工大学图书馆的微信公众号起名为"华图小微"，军事科学院医学图书馆的微信公众号取名为"掌上军图"等。此类型的命名方式虽然当事人比较清楚，但是对于首次查询公众号的读者而言并不方便，容易造成名称模糊，产生容易混淆的不利影响。因此，一个官方认证的微信公众平台，建议使用简单清晰的命名方式，方便读者搜索以及公众号后续的推广。

除了微信公众号的名称之外，微信公众号的标识也至关重要。标识是读者接触微信公众号的第一个图形辨识物。在条件允许的情况下，军校图书馆的微信公众号建议使用军校图书馆独立设计的标识，要尽量避免与同一学校主体的其他微信公众号使用同款标识。部分高校图书馆根据自身的实际需求，同时开通了服务号和订阅号，这就需要投入更多的人力和物力用于微信公众号的运营和推广工作。目前，订阅号也可通过后台服务实现很多功能。因此，如果没有其他特殊要求，建议只使用一个微信公众号。一个微信公众号有利于统一入口，集中力量开展阅读推广服务。

（二）微信公众平台的栏目设置

主页和菜单栏目是读者进入公众号之后的第一印象。腾讯公司对菜单设置有一个最基本的限制，底部主菜单不可超过 3 个，每个子菜单不可超过 5 个，每个主菜单名称的文字数不可超过 5 个。因此，微信公众号的菜单设计要简单清晰。一般来说，图书馆微信公众号的菜单栏中主要展示资讯、资源、服务三个方面的内容。① 本馆资讯，主要包括：本馆概况、本馆新闻、资源通告、开放时间、馆藏布局、借阅制度、入馆须知、常见问题等；② 本馆服务，主要包括：馆藏书目查询、图书续借、读者借阅信息查询、借阅历史、图书荐购、空间预约、活动报名等；③ 资源供应，主要包含图书馆可提供的各类型的电子资源，如电子期刊、电子书、多媒体视频、网上公开课等可通过微信界面对接的文献资源数据库，读者可以通过微信公众平台门户直接进入数字阅读界面，非常方便。

国防科技大学图书馆微信公众号的三个一级菜单分别命名为："微服务""资源""读者天地"；湖南大学图书馆微信公众号的三个一级菜单分别命名为"微服务大厅""馆内动态""资源服务"；长沙图书馆微信公众号的三个一级菜单分别命名为"在线阅读""微服务大厅""服务与活动"。虽然这些图书馆微信公众号主菜单的命名略有不同，但内容大体一致。微信公众平台栏目设计的目标就是要让读者迅速地了解图书馆、便捷地获取资源、积极地参与图书馆的各项阅读推广活动。此外，图书馆的特色服务项目也应该展示于菜单栏的醒目位置，方便读者了解。如图书馆的大型阅读推广活动、主题阅读推广活动、品牌阅读推广活动等。

（三）微信公众平台的内容管理

微信公众平台的管理主要是内容管理。微信公众号的发文模式因公众号类型的不同而不同。订阅号以消息推送服务为主，每天可群发一次信息，每次最多可包含四条推文。服务号每个月可推送四次。因此，不同的服务模式决定了不同的服务内容。目前，绝大部分图书馆的微信公众号都是订阅号，推文次数的限制相对宽松。军校图书馆微信公众号的内容管理主要是把握时事热点、严守保密规定、保证推文质量、助力阅读推广。

微信公众号推文的内容来源有两种途径，一是转载网络上已有的新闻信息，另一种是自行编辑的原创内容。对于军校图书馆的微信公众号而言，两种途径都应采用。转载网络已有的新闻信息，其来源可以是各大门户网站、专业网站、其他网站、论坛、微博、微信公众号等。但是在转载之前应首先注意是否允许转载，是否需要与原作者联系。近年来，腾讯公司加大了保护原创的力度，对公众号推文的转载也加强了管理。系统一旦检测到公众号将要群发的某条信息与其他微信公众号已经群发的信息高度相似，会在群发信息前提示该条信息已被某公众号群发过。如果选择继续群发该条信息，系统将自动将此条信息标记为"转载"样式，并同时链接到某公众号已群发的信息上，信息来源将显示为已群发信息的某公众号。此时，用户通过该公众号发布的群发消息打开此条信息时，只能浏览到部分内容。用户在点击链接之后将会直接跳转到首发此条信息公众号上浏览全文。由于腾讯公司的此项限制，直接转载自其他微信公众号的文章阅读体验较差，建议尽量减少从其他微信公众号直接转载文章。如确实需要转载可联系原发文微信公众号，申请白名单授权。

原创文章是图书馆微信公众号发文的主要内容，也是图书馆服务质量的重要体现。拥有微信公众号的图书馆通常都会组建专门的内容生产团队和编辑团队，并根据图书馆的服务内容建设多个品牌小组，定期发布相关消息。例如，国防科技大学图书馆自微信公众号上线以来成立了专门的微信编辑小组，并在小组内设置了科图影院、《Nature、Science 快讯》等多个常规项目小组定期发布推文，有效保证了每周都有原创内容发布。在消息的发布过程中，官方微信公众平台的图文信息编辑功能相对简单。目前，市面上有许多免费的公众号信息编辑器可供选择，如：秀米、135 编辑器、i 排版、微小宝等。这些编辑器大大拓展了图文信息的编辑功能，提供了数千种信息编辑样式和发布模板，还有丰富的图片和表情包可供选择。除此之外，还有云端草稿、一键秒刷（排版）、文章导入等功能。公众号信息发布者使用这些编辑器编辑群发图文信息，可大大提升图文编辑的效率。

（四）微信公众号的扩展功能

除了微信公众号后台提供的素材管理、消息发布等功能，经过认证的公众号还可提供程序接口供第三方平台与小程序对接嵌入。只要遵循这些接口的标准，编写合适的外部程序，就可以实现丰富的应用。

第三方公司可以通过微信公众号的外部接口提供整体的内容发布管理平台，并将此平台嵌入微信公众号。这样既能大大充实微信公众号的内容，也能减少公众号维护人员的工作量，同时还能提供很多的界面模板，拓展原有微信主页的服务模式。因此，很多高校图书馆的微信公众号都会采用第三方的后台管理平台进行功能拓展。第三方平台可通过使用微信公众号的接口、授权令牌（Authorized token）、授权身份认证（Authorized ID）等认证协议互相关联，将第三方平台上的操作同步到微信公众平台，包括公众号菜单编辑、回复用户的短语的设置、字典管理、用户信息管理等。例如，在字典管理模块中可以将一些用户经常提问的关键词加入字典之中，再根据不同的关键词设置不同的自动回复短语。当读者对公众号的提问包括这些关键词时，即可得到实时回答。这些常用的关键词包括：开放、开馆、闭馆、时间、WiFi、密码、借书、查书、找书、馆藏、目录、续借、借书证、读者证、洗手间、卫生间、网上图书馆、移动图书馆等。这样的设置可以大大提高微信公众号的服务质量，满足读者多层次的需求。同时，微信公众号还可以通过挂接经过认证的图书馆服务链接地址的方式，配合主动式（H5）样式的页面设计，完成服务功能在 PC 端和移动端的统一入口。如研修空间预约、活动报名系统等。

微信公众号是一个扩展性非常强的平台，军校图书馆的大部分服务都可以通过微信公众号实现图书馆与读者之间的互动。但受限于显示界面较小，微信公众平台并不适合需要大幅内容展示的服务。因此，我们应该根据实际的需求将常用服务通过微信公众号推送给读者，通过微信公众号拉近军校图书馆与军校读者之间的距离，实现阅读推广的目标。

（五）微信小程序

2017 年 1 月 9 日，第一批微信小程序正式上线[①]。微信小程序区别于微信公众号其他的服务模式，可以更加自由地实现服务者的理念，且不需要下载安装即可使用。用户通过扫一扫或者搜一下即可打开应用，用完之后即可关闭，所有数据均在云端完成。小程序和公众号是并列的管理关系，微信小程序的使用与微信公众号内容阅读可同时进行。

图 3-3　微信小程序——数字阅读平台

微信小程序能通过更为开放的 API 实现多样化的功能，例如，国防科技大学微信小程序"科大数读"平台，整合了多家移动电子书阅读资源，读者

---

① 韩依民 . 微信小程序正式上线　我们给出了一份最全指南［EB/OL］.［2020–08–17］.https：//tech.qq.com/a/201701 09/000599.htm.

可以通过移动端更为便捷地查找电子书资源，提升数字阅读体验。

四、微信公众号的阅读推广数据分析

微信公众号具备基础的统计功能，如用户统计、图文分析等，这些统计数据能直接反映出微信公众号的关注度及用户使用情况。例如，用户统计人数中的累积关注人数、新关注人数，图文分析中的图文阅读人数都是反应微信公众号运营情况的重要指标。除此之外，还可以将行业中对微信影响力的评估指数——清博指数（WCI）作为参考依据。清博大数据（前称新媒体指数）是中国新媒体大数据的权威平台，现为国内最重要的舆情报告和软件供应商之一，其下有多个评价账号传播价值的指数和公式。微信传播指数 WCI 便是清博数据团队在综合考虑各维度数据之后，通过一系列复杂而严谨的公式推导出的具体指数。相比其他的指标，WCI 更能权威地反映出微信公众号的整体传播力和影响力。

微信传播指数 WCI 是通过微信公众号推送文章的传播度、覆盖度，账号的成熟度和影响力来反映微信整体热度和公众号的发展走势的。现已发布了 13.0 版本（2018 年）的测算指标和具体计算公式。在考虑各种指标权重的基础上将指标分为一级指标和二级指标：一级指标分为整体传播力、篇均传播力、头条传播力、峰值传播力，二级指标包括日均阅读数、日均好看数等。

阅读指数是反映微信公众号所有推文阅读情况的一个指标，也是评价微信公众号影响力的一个重要指数。阅读指数由日均阅读数、篇均阅读数和最高阅读数三个数据整理而成。日均阅读数（R/d），指统计周期内所有推文的阅读数按照周期天数的平均值；篇均阅读数（R/n），指统计周期内所有推文的阅读数按照篇数的平均值；最高阅读数（Rmax），指统计周期内所有推文中的单篇最高阅读数。点赞指数是反映微信公众号所有推文质量的一个重要指标。点赞指数由日均点赞数、篇均点赞数和最高点赞数三个数据整理而成。一般情况下，一篇文章的点赞数越多，说明这篇文章的质量较好或较受欢迎。点赞率是总点赞数除以总阅读数后得到的数值，点赞率越高，说明文章受欢迎的程度越高，文章击中读者痛点、痒点的概率越高，也就越能发现用户的需求点。活跃指数是衡量一个微信公众号读者关注程度的重要指标。例如，国防科技大学图书馆微信公众号 WCI 指数为 336.32（2019 年 1 月份），长沙图书馆为 503.96，北京大学图书馆为 334.32。通过这些具体的评价指标可以反映出微信公众号的真实影响率。阅读推广团队可以就阅读量高和读者感兴趣的话题进行深入分析研究，进一步指导阅读推广工作的有效开展，整体提升图书馆服务水平和服务效率。

第五节 军校阅读推广平台资源实例

军校阅读推广虚拟平台建设需要根据业务内容建立各种各样的应用系统，每个模块的应用系统都能根据实施主体的实际需求进行扩充和调整，以满足军校阅读推广工作的个性化的需求。面对这些应用系统，如何充分挖掘数据资源，为军校阅读推广工作提供便利，是军校阅读推广虚拟平台建设者需要思考的问题。

门户系统是近年来发展比较迅速的应用系统。门户系统通过将应用系统、数据资源、网络资源集成于统一的信息门户之下，实现"界面集成""服务集成""消息集成""应用集成"等，为军校读者提供统一的信息资源访问入口，并根据用户的实际需求，提供个性化服务。本节第一、第二部分主要介绍军校阅读推广门户系统的应用实例，第三部分主要介绍在军校阅读推广工作中可通过网络平台获取的相关技术支撑。

一、基于互联网的桌面门户

（一）国防科技大学图书馆主页

国防科技大学是唯一纳入国家"双一流"建设的军队院校。国防科技大学图书馆一直致力于军队院校阅读推广活动的开展，并于 2018 年荣获中国图书馆学会授予的"全民阅读先进单位"称号。国防科技大学图书馆网站平台设置有信息服务、数字资源、读者指南、教学培训、新闻通知、资源通告等栏目，是该馆面向校内、军内用户开展阅读推广活动的重要平台。国防科技大学图书馆不断发挥院校"信息中心、知识中心、学习中心、文化中心"的作用，积极开展体现军校特色、彰显阅读价值的阅读推广活动，为推动校园文化的内涵建设、打造书香校园发挥着积极持久的作用。

国防科技大学图书馆网站平台网址：http：//library.nudt.edu.cn/。

图 3-4　国防科技大学图书馆（民网）网站平台首页

（二）中国军网

中国军网由解放军报社主办，其前身是创办于 1999 年 10 月 1 日的解放军报网络版 [1]。中国军网主页设置有今日要闻、理论、文化、军校、视频、H5 等栏目，是军队重要的宣传及官兵交流学习的网站平台。

中国军网平台网址：http：//www.81.cn/。

---

① 胡继超.新媒体语境下红色文化在中国军网的传播研究［D］.西南大学，2018.

图3-5　中国军网网站平台首页

二、移动门户

移动门户主要指的是移动app。移动app（application）是移动应用的缩写，是针对手机、平板等移动终端连接到互联网的业务或者无线网卡业务而开发的应用程序。移动app主要有以下特点：① app用户增长速度快、经济能力强，思维活跃；② app可整合多种新技术，能够获得较好的用户体验；③ app基于手机、平板等移动终端，具有随身性、互动性的特点，容易通过微信、微博、SNS等方式分享和传播，实现裂变式的增长；④ 通过新技术以及数据分析，app可通过用户行为分析，实现精准定位目标用户，实现低成本高效益。进入新媒体时代，移动门户已成为军队院校阅读推广活动开展的重要平台与阵地。目前，按开发主体的不同，可将移动门户分为军内自建移动门户和业内商用移动门户两大类。

（一）军内自建移动门户——红客app平台

红客app，是国防科技大学自建的，具有学习、教育、服务、交流等功能的移动app平台。红客平台致力于打造学校思想教育新阵地、工作指导新平台、学习成才新课堂、信息服务新窗口。该app中设置的红讯、视听、悦读等栏目，已成为国防科技大学开展阅读推广活动的重要平台。

红客 app 网站：https：//mapp.nudt.edu.cn/。

图 3-6　国防科技大学红客 app 页面截图

（二）商用移动门户

在利用业内商用移动 app 平台开展军队院校阅读推广活动的应用中，常见的移动 app 主要有超星学习通、京东阅读、QQ 阅读、博看书苑（博看 app）等。

1. 超星学习通

超星学习通是国内一款基于神经系统原理打造的知识传播与管理分享平台，是面向智能手机、平板电脑等移动终端的移动学习专业平台。目前，超星学习通已在国内拥有较多的用户群体。该平台拥有图书、期刊、报纸、视频、原创等资源，集知识管理、课程学习、专题创作为一体，能够为读者提供一站式学习与工作环境。

用户可通过超星学习通，自助完成图书馆藏书借阅查询、电子资源搜索下载、图书馆资讯浏览、学校课程学习和小组讨论等，还可通过超星学习通查看本校通讯录。同时，超星学习通还拥有电子图书、报纸文章以及中外文献元数据，能够为用户提供方便快捷的移动学习服务，已成为助力阅读推广活动开展的重要的移动门户平台。

2. 京东阅读（校园版）

图 3-7　京东阅读（校园版）app 截图

京东阅读（校园版）拥有 20 多万种正版数字图书资源，涉及哲学、经济学、法学、文学、历史学、医学、管理学、艺术、工业科技等十多个学科，能满足读者的多种阅读需求。京东阅读 app 的新书更新速度快，每周都有新书上线，年更新量达 3~5 万个品种。目前，京东阅读（校园版）已成为国内各大高校重要的阅读学习平台。

京东阅读的主要特点有：

（1）支持多设备同时畅读，阅读记录可在手机、电纸书阅读器、电脑、平板等终端同步；

（2）支持本校同学阅读圈功能，可以线上线下畅聊读书心得，阅读交友两不误；

（3）校内校外都可阅读，不受 IP 限制，让读者随时随地享受精致的阅读体验。

3.QQ 阅读（易读书）

QQ 阅读是国内最受欢迎的移动阅读品牌之一。QQ 阅读将优秀的小说、文学、社会科学等多种类书籍汇聚在一起，通过与微信公众服务平台直接嵌入连接，拓宽了阅读方式。QQ 阅读在全球拥有超过 6 亿用户，有 1000 万部作品储备、400 万名创作者，覆盖 200 多种内容品类。

QQ 阅读具备以下优势及特点：

（1）资源丰富、优质。QQ 阅读拥有超 10 万种出版畅销图书，主要涉及小说、经济管理、励志、生活、影视文学、悬疑文学等 6 大门类，其中经济管理类 1 万种、励志类 1 万种、文学类 1.5 万种、小说类 2 万种。QQ 阅读可提供 10 多万种电子正版图书，全部为精排版和电子排版，杜绝扫描版，内容全面覆盖中国出版集团、中信、华章、清华大学出版社、北京大学出版社、中国人民大学出版社等众多权威出版机构的出版图书。

（2）阅读便捷，无需安装。QQ 阅读可无需安装 app，无缝连接微信公众服务平台，便可随时阅读电子资源。

（3）记忆保存，永久阅读。QQ 阅读可自动记录用户的阅读行为并存入云端，永久阅读，记忆保存。

4. 博看书苑（博看 app）

移动互联网时代，移动碎片化阅读已成为读者的主流需求，博看书苑可提供多终端渠道的阅读服务，让更多的人体验到更优质的资源阅读体验。为了更好地利用读者的碎片化阅读时间，博看书苑移动版将人文期刊、畅销图书、主流报纸内容进行专业化、数字化的加工处理之后，以精美的阅读形式呈现给读者，为读者打造永久性的移动网络书房。

博看书苑（博看 app）具有以下特点：

（1）海量优质资源，实时更新。其中，人文期刊 4000 多种，是全国最大最全的人文期刊数据库，收录了国内发行的 95% 以上的人文畅销期刊；收录上榜好书、畅销新书 10000 多册；主流报纸 200 多种，日更新达 120 种以上，基本与纸版同步面世。

（2）版权稳定。移动阅读平台与全国各大知名期刊社、出版社建立了长期稳定的版权合作。

（3）具有永久移动网络书房。支持个人手机号登录，可记录用户的阅读

图3-8 博看app主界面：左为期刊，右为图书

行为并存入云端，同时支持跨产品阅读数据同步（博看书苑移动版、博看人文期刊数据库、博看微书屋等）。

（4）阅读形式多样化：原貌版：保留刊物图片、文字全貌，按目录、篇章整刊呈现；文本版：提供复制粘贴功能；原貌版文本版支持一键切换。

（5）互动功能强，引导读者阅读：订阅推荐（首次登录可一键订阅热门优质资源）；支持订阅更新通知，用户订阅的资源系统更新后会自动通知读者，让用户第一时间浏览最新订阅资源；精彩内容，支持一键分享到微博、QQ空间、微信平台、微信朋友圈等主流社交平台。

（6）我的书架功能：可将读者喜爱的资源订阅至"书架"中，便于二次阅读。

使用方法：

用户注册登录：机构购买博看资源后将账号、密码授权给读者，读者可选择以下方式注册个人账号；第三方登录时隐藏个人账号体系，通过接口对接验证用户名（读者证）密码，类似机构账号登录。

我的订阅：读者首次登陆后，系统会推送优质资源期刊，读者可选择一键订阅（如图3-8左），也可进入期刊页面选择自己喜爱的期刊、报纸、图书进行订阅，方便下次阅读快速有效地找到自己的阅读目标，节省读者时间，为读者提供便捷、快速、准确的资源定位。点击底部菜单"书架"，即可查看自己订阅的内容。

我的下载：读者将自己喜爱的期刊、报纸、图书在阅读页中下载，当读者第二次打开博看app时默认首页可以看到"我的下载"资源阅读。阅读书刊时点击"下载"按钮下载原貌版或文本版到"我的下载"，同一本书刊的两种格式都下载则会出现两条下载记录。

三、技术支撑

进入移动互联网时代，新媒体技术得到了前所未有的发展。新媒体时代背景下的军校阅读推广工作也应该引入互联网思维，充分利用新技术创新活动形式，提升服务效率，实现军校阅读推广工作从阵地服务到网络服务再到移动服务的跨越式发展。随着移动技术的发展与普及，如何应用网络问卷调查、H5 页面等网络技术（平台）助力军校阅读推广活动，也是目前军校阅读推广工作面临的重要课题。

（一）问卷调查

在阅读推广活动中，通过网络问卷调查平台开展相应的问卷调查活动，能较好地掌握目标读者的阅读倾向和阅读行为，对促进阅读推广活动水平的提升具有重要意义。网络问卷调查主要有以下几个优点：① 调查结果容易量化；② 调查结果便于统计与分析；③ 能快速有效地收集数据；④ 对被调查者的干扰度低，可行性高。⑤ 如果量表的信度和效度高，样本数量大，研究者可以收集到高质量的研究数据。当前，用户可免费使用的网络问卷调查平台主要有以下几种：

1. 问卷星

问卷星是一个专业、无限制的在线问卷调查、测评、投票平台。该平台具有以下特点：

（1）问卷星专注于为用户提供功能强大、人性化的在线设计问卷；

（2）用户可免费使用，且不限题目数，不限答卷数；

（3）问卷星可支持分类统计与交叉分析，免费下载报告和原始答卷；

（4）问卷星能支持手机填写和微信群发。相比传统的问卷调查方式以及其他调查网站、调查系统，问卷星具有快捷、易用、低成本的明显优势。

图3-9　问卷星平台截图

2. 问卷网

问卷网是中国最大的免费的网络调查平台。问卷网由上海众言网络科技有限公司创办，能够提供问卷创建、发布、管理、收集及分析等多项服务。

问卷网具有以下几个特点：

（1）用户可在线设计调查问卷，并可自定义主题；

（2）拥有多种调查问卷模板，简单修改即能制作一份调查问卷；

（3）支持十余种常见题型，专业逻辑跳转功能保证用户快速完成调研流程；

（4）支持多渠道多方式推送发布，快速到达样本，便捷收获调研数据；

（5）提供图形分析界面，并支持导出为 Excel 文件。

问卷网能同时支持在 PC 网页端和手机 app 端进行编辑，其使用流程分为下面几个步骤：

（1）在线设计调查问卷：问卷网提供了在线设计问卷界面，支持多种题型以及信息栏和分页栏，可以设置跳转逻辑，同时还提供了数十种专业问卷模板供您选择。

（2）发送问卷：通过发送邀请邮件，或者用网页代码等方式嵌入公司网站或者通过 QQ、微博、邮件等方式将问卷链接发给好友填写。

（3）查看调查结果：可以通过柱状图和饼状图查看统计图表。

（4）导出调查数据：调查完成后，可以把数据导出到 Excel，也可以导入 SPSS 等调查分析软件做进一步的分析。

图 3-10 问卷网平台截图 1　　　　图 3-11　问卷网平台截图 2

3.腾讯问卷

腾讯问卷是腾讯公司推出的专业在线问卷调查平台。该平台的前身是腾讯公司内部进行用户、市场、产品研究的重要工具，因此，积累了大量的问卷题型和问卷模版。该平台可提供多种方式创建问卷。简单高效的编辑方式，强大的逻辑设置功能，专业的数据统计和样本甄别，可以让用户轻松地开启调研工作。腾讯问卷是撰写调研报告、写论文、市场调查、用户调查等的重要工具，也可为阅读推广活动的开展提供技术支撑。

腾讯问卷平台具有以下几点优势：

（1）免费使用，没有限制 。腾讯问卷是一个完全免费的在线调研平台。用 QQ 号就可以直接登录使用，无论是数十人的小型问卷调查，还是上万、十万的企业问卷调查，都可以通过该平台完成，没有使用人数和问卷回收数量的限制。

（2）界面简洁，容易上手。腾讯问卷最大的特色是界面设计简洁轻量，简单好用。无需复杂的操作，只要利用拖拉、点选等方式即可轻松创建、编辑一份完整的线上问卷，容易上手。

（3）模版专业，方式灵活。腾讯问卷根据用户使用习惯，提供了选择模板、文本导入和创建空白问卷三种问卷创建方式。其中腾讯问卷提供的模板均为行业专业问卷模板，文本导入只需使用规范的题目格式即可批量导入问卷，并可实现可视化效果。

（4）多终端自适应，投放灵活。腾讯问卷除在 PC 端使用，还可以在移动端（手机、平板等）自适应，只需将问卷链接或者二维码投放到目标地址，用户就可以随时随地填写问卷。

（5）数据实时统计，专业快速。腾讯问卷可以实时统计问卷回收数据，并以图表形式展示结果，还可以将结果导出 Excel 进行个性化分析。除此之外，腾讯问卷还能在线上进行交叉和筛选分析，只需选择相应的交叉或者筛选条件即可在线查看分析结果，功能强大。腾讯问卷平台链接网址：https：//wj.qq.com/。

图 3-12　腾讯问卷平台截图 1

图 3-13　腾讯问卷平台截图 2

（二）H5 页面

随着移动互联网的迅猛发展，移动社交媒体也进入了爆棚的时代。微博、微信等一大批社交媒体的出现让用户从单一的读者受众变成了读者兼信息传播者。阅读推广活动的性质与企业的营销活动具有一定的相似性，需要通过宣传、传播等手段扩大阅读推广活动的参与度和影响力，才能更好地实现阅读推广的目标。因此，军校阅读推广工作的开展也应该紧跟时代发展的步伐，不断创新宣传方式，扩大传播力度。

H5 页面可将图片、文字、视频、音频与交互等多种媒体形态实现完美融合，具有互动性强、容易传播、跨平台、可监测等诸多优势。因此，无论是网络媒体还是移动推广的从业者都对这种形式趋之若鹜。H5 的目标受众主要为"85 后"至"00 后"的成长型和潜力型用户群体，而这部分群体与军校阅读推广活动的受众主体基本吻合。根据微信的相关报告显示，60% 的微信用户是年轻人（19~29 岁），每个年轻人平均有 128 个好友。通过应用 H5 页面，吸引这部分读者的注意并让其产生主动传播的欲望，能有效扩大军校阅读推

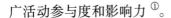

广活动参与度和影响力①。

1.H5 页面简介

H5 页面，是 HTML5 页面的简称。所谓"HTML5"，是指"HTML"的第 5 个版本，而"HTML"，则是指描述网页的标准语言。因此，HTML5，是第 5 个版本的"描述网页的标准语言"。H5 是唯一能够适应主流平台（如 PC、Mac、Android、移动电话等）的跨平台语言。开发者只需专注于开发一个版本的应用程序便可在多个浏览器中顺利运行。H5 的优势主要表现在以下几个方面：

（1）吸引用户主动分享，快速吸粉。H5 页面操作简单，用户方便参与，容易分享。

（2）增加用户的曝光率。相比传统的文字和图片，H5 的形式更加新颖，互动性更强，传播度更高。

（3）增强用户的活跃度和粘性。H5 宣传页面的链接可列入微信公众号的菜单栏，用户可通过微信公众号菜单，快速地浏览到 H5 宣传页面，增强用户的活跃度和粘连性。

2. 主要呈现形式

（1）幻灯片式。幻灯片式 H5 页面较为常见。幻灯片式 H5 页面没有花哨的特效，也没有非常绚丽的动态，仅仅通过精美的图片和文字排列而成。加上简单的翻页效果、文案设计，再配上合适的音效。因此，幻灯片式 H5 页面的应用要特别关注文案设计及图片的筛选。幻灯片式 H5 页面的特点是操作简单、节省时间。如阅读推广活动的邀请函、招募令、活动宣传等都可以用幻灯片式的 H5 页面。

（2）场景生成式。场景生成式 H5 页面有两种较为常见的呈现形式。一种是人脸融合式 H5 页面，另一种是海报生成式 H5 页面。

人脸融合式 H5 页面大多是基于移动 app 提供的体验功能服务，这种 H5

---

① 朝晖.腾讯公布微信典型用户的一天：晚上 10 点到高潮［EB/OL］.［2019–11–09］.http：//news.mydrivers.com/1/452/452980.htm.

页面类似于在线角色扮演游戏，可以根据时事热点提供不同的样式供用户选择。用户选择好自己喜欢的样式之后只需要上传一张自己的照片，便能得到专属于自己的相应的角色照片。

海报生成式 H5 页面通常可与小测试、小游戏等形式相结合，经用户选择之后，可以形成一张专属于自己的海报。

（3）场景视频。传统的 H5 页面对交互形式、文案创意、图像设计等方面都有较高的要求，并且对用户使用的手机软硬件配置也有一定的要求。如果 H5 页面内特效较多，配置较低的手机将无法享受完整的体验。场景视频 H5 就是借助人们手机浏览新闻、看视频等日常生活场景，将 H5 的交互场景与之融合，将需要传播的话题和内容转换成受众熟悉的生活场景，吸引用户转载、互动，从而产生"裂变式"的传播效应。

3. 常用 H5 页面制作平台

图 3-14　初页 H5 平台截图

（1）初页。初页是一种类似 PPT 的移动端设备（如手机、pad）展示与传播的 HTML5 页面，其发展历史就是 HTML5 的推进史。

初页作为制作动态海报的 app，门槛比较低，容易上手，可以直接在手机上编辑也可在 PC 端操作，制作极为便利，图文混排的模板也很丰富。可免费下载安卓版和苹果版初页 app，或通过电脑在线创建、编辑，轻松创作优雅、炫酷、利于微信传播的 H5 海报。初页的最大优势就是可以在网页上直接调试和修改。

链接网址：http：//www.ichuye.cn/。

（2）MAKA（码卡）。MAKA（码卡）是国内一种 H5 在线创作及创意平台，能够提供搭建社交媒体数字营销的服务。MAKA 上线至今，每月有超过 5 亿人次通过 MAKA 阅读 H5 图文交互信息。利用 MAKA 平台制作 H5 非常简单，MAKA 提供了静态模板和动态模板，模板样式丰富，有多种动态效果和交互效果可供选择。此外，MAKA 还能提供详细的访问报告，用户能从数据中发现针对性的问题并适时调整，从而实现更高效的传播。

链接网址：http：//maka.im/。

图 3-15　MAKA H5 平台截图

（3）易企秀。易企秀是一款针对移动互联网营销的手机幻灯片、H5 场景应用制作工具。易企秀将原来只能在 PC 端制作和展示的各类复杂方案转移到更为便携和展示的手机上，用户随时随地可根据自己的需要在 PC 端、手机端进行制作和展示。

易企秀提供了免费的平台，用户可零门槛使用，无需掌握复杂的编程技术，就能简单、轻松制作基于 HTML5 的精美手机幻灯片页面。同时，易企秀与主流社会化媒体互通，用户可通过社会化的媒体账号进行传播。易企秀的统计功能能让用户随时了解传播效果。

创意营销产品矩阵

图 3-16　易企秀 H5 平台截图

易企秀适用的地方包括：单位宣传、产品介绍、活动促销、预约报名、会议组织、收集反馈、微信增粉、网站导流、婚礼邀请、新年祝福等。

链接网址：http：//www.eqxiu.com/。

（4）秀堂H5。秀堂H5，是WPS倾力打造的一款面向普通用户的H5制作软件。秀堂提供了海量H5模板，用户通过简单的图文替换即可实现图文音乐的自由组合，快速生成具备丰富动画效果的在线HTML5页面，并一键分享到社交网络。同时，秀堂还可以帮助用户监测传播效果，满足用户的移动传播需求。

秀堂H5的优势在于上手便捷、模板丰富，且可以跨平台使用。过去用户想制作H5，需要程序员编代码开发一个月，然后经策划、设计、开发之后再修改。现在用户只需要在秀堂上选取任意模板进行编辑，在类似PPT的编辑界面中，轻松完成H5创意制作。

秀堂的另一大优势在于适用的行业非常广泛，可以通过种类丰富的精美模板库，满足不同类型用户的各种需求。除此之外，秀堂还可以支持跨平台操作，一个账号可以实现web站及PC客户端的同步使用，用户既可直接访问秀堂web站，也可以直接使用秀堂客户端。H5作品一经分享发布，立即同步到云服务器，用户在web站和PC客户端均可管理文档和数据，监控传播效果。

链接网址：https：//s.wps.cn/。

图3-17　秀堂H5平台截图1

图3-18　秀堂H5平台截图2

4.H5页面的应用案例

H5页面因操作简单、容易分享等特点，越来越受到用户的喜爱。中国军网等网站平台也在其官方网站上专门开辟了H5栏目。

图 3-19　中国军网官方网站首页
（ www.81.cn ）

图 3-20　中国军网 H5 栏目页面
（ www.81.cn/syjdt/node_76066.htm ）

　　进入 H5 栏目，里面有很多 H5 的推广案例，选择其中之一，点击进入"军报纪念改革开放 40 周年特刊" H5 页面，见图 3-21、图 3-22：

图 3-21　"军报纪念改革开放 40 周年
特刊" H5 页面

图 3-22　扫描阅读分享"军报纪念改革开
放 40 周年特刊" H5 页面

　　该 H5 页面采用"易企秀"平台设计制作，既可在 PC 端阅读分享，也可通过手机、平板等移动端扫描阅读分享。

第四讲

军校阅读推广团队、品牌和评估机制建设

军校阅读推广平台体系包含了"空间平台""资源平台""服务平台"和"虚拟平台"等平台模块的构建，以及军校阅读推广团队建设、品牌建设以及评估机制建设的具体操作。本讲将重点介绍如何通过军校阅读推广团队、品牌和评估机制的建设构建军校阅读推广平台体系。

军校阅读推广团队建设是支撑军校阅读推广平台体系有效运营的关键；品牌建设是阅读推广的助推器，而效果评估机制的构建能有效提升阅读推广工作的效率。将管理学中关于团队建设、品牌建设与评估机制的相关理论引入阅读推广工作，以团队建设为支撑，品牌建设为推手，评估机制建设为保障，打造高水平阅读推广团队，实施品牌化发展战略，构建完善有效的评估机制，有效地促进军校阅读推广工作的良性发展。

第一节　军校阅读推广团队建设

在全民阅读上升为国家重要发展战略的时代背景下，很多地方高校都已将阅读推广活动作为提升高校内涵建设水平和人才培养质量的重要工作之一，高校阅读推广活动也日益向着专业化、系统化、科学化的方向发展。军校的特殊性决定了军校阅读推广的对象相比公共图书馆和地方高校要更加单一，主要包

括本校教员、机关和学员队干部、学员。军校阅读推广的目标构成一方面具有普通高等院校特有的学科专业体系和行政体系编成特点，另一方面也具有明显的军队特征。学员按部队编制编成，按照部队方式管理，学校机关也基本按与部队相对应的机构设置，人员编制也是按部队统一编制设定。

军校阅读推广工作的开展，需要专业的、高水平的阅读推广人队伍，阅读推广人应该具备图书馆学、管理学、文史哲甚至其他多个专业的知识背景，而缺乏具备多种专业背景的复合型阅读推广人是军校阅读推广工作中难以回避的问题。因此，选取具有某一方面相关专业背景，或者是具有某一方面相关工作经验的人员，组建军校阅读推广团队，通过团队成员之间相互配合、协同工作形成合力，发挥团队工作的优势，是解决全能型阅读推广人匮乏的有效方法。管理学中关于团队建设有着非常成熟和完善的理论，认真学习这些相关理论，能很好地指导军校阅读推广团队建设工作。

一、团队的概述

近年来，"团队"已经成为各行各业中流行而热门的词汇，但是，并不是任意的群体、成员组合都可以称之为团队。团队是一个特定的群体，团队的存在有其必要的条件和元素，团队建设本身也是一个复杂的系统工程。因此，关于军校阅读推广团队的建设，首先要对团队的概念和特征有一个清楚的认识，其次要对团队建设的相关理论有必要的了解。

（一）团队的定义

管理学中关于团队的定义有许多，但基本观点是一致的。管理学家斯蒂芬·P. 罗宾斯认为，团队就是由两个或者两个以上相互作用，相互依赖的个体，为了特定目标而按照一定规则结合在一起的组织 [①]。

由以上定义可以看出，并不是所有的组织群体都可以称为团队，组织群体能称为团队要满足以下两点要求：① 团队成员之间应该相互依赖，团队中

---

① 斯蒂芬·P. 罗宾斯，蒂莫西·A. 贾奇. 组织行为学 [M]. 北京：中国人民大学出版社，2005.

个人的活动和行为必须与其他人密切配合，而团队成员之间相互依赖的程度决定了团队成员是否需要协同工作。② 团队工作必须要有目标，团队的目标要凌驾于单个团队成员的个人目标之上。简言之，就是个体无法独立完成工作目标，需要两个以上的个体通过相互配合、协同工作才能完成工作目标时所形成的群体组织就是团队①。

（二）团队的特征

团队应该是由不同背景、不同技能、不同知识的人所组成的一种特殊类型的群体，团队成员为了实现共同的目标而相互配合、协同工作②。从团队的定义中我们可以发现，关于团队有几个不可忽视的关键特征：

1. 共同的团队目标

每个团队都是为了实现某个目标而存在的，团队必须以目标为导向，而团队成员对于团队的目标也要有很强的认同感，要致力于通过团队成员的共同努力来实现团队的目标。

2. 相互配合，团结协作

团队是以团队成员的相互协作为基础的。团队成员需要为实现共同的目标而互相配合、团结协作。同时，团队成员的个人知识背景和专业技能要形成互补。

3. 共担责任，共享成果

团队需要有统一的工作规范和工作方法，而在日常的团队运作过程中，应该由团队成员共同承担、分摊团队的工作任务。在顺利完成团队的工作任务或工作目标后，也应该由团队成员共同分享团队成果，共同接受组织的奖励和认可。

4. 团队成员规模控制

团队一般由 5~30 名成员组成，7~13 名成员为最佳，团队规模不宜太大也

---

① 谯进华，深圳阅读推广人的实践及发展［J］. 特区实践及理论，2013（2）66–68.
② 傅永刚. 组织行为学［M］. 北京：清华大学出版社，2010.

不宜太小[①]。人员规模的控制是为了确保团队成员之间都能够充分了解，真正实现相互依赖、协作的工作关系，从而确保团队结构的简单化。

（三）团队的优势

团队是组织提高工作运行效率的可行性方法，通过组建团队和团队建设能更好地组织和利用好团队成员的才能。在多变的工作环境中，团队与传统的部门结构以及其他形式的稳定性群体相比，组织形式相对更为灵活，组织合力更加突出，更能充分发挥成员的个人优势，提高集体协同工作的实力。关于团队的优势，可以简单概括为以下几点：

1. 决策迅速

团队以有效地解决问题为导向，在确立了团队目标之后，就能在其运作过程中建立起一种实施决策和解决问题的工作模式，这样的工作模式一经确立便能极大地提高决策的速度、效率和准确性。

2. 分工明确

团队集结了各种不同专业背景、不同工作技能和不同工作经验的人员一起协同工作，为组织解决问题，团队成员也大多具备了能够综合互补的经验和技能。因此，团队领导者在进行工作安排的时候，能很清晰地根据工作的内容进行分工安排，为每一项工作找到最适合的执行者。

3. 有利于形成合作精神

团队成员在实际的工作中必须相互配合、协同工作。因此，团队成员在长期工作的交流配合中建立起来的相互依存的工作模式，有利于在团队成员之间建立起相互信任、相互帮助、相互支持的团队协作精神，创造出一种令人满意的工作氛围，从而形成良好的合作模式和工作方法，有利于提升工作效率。

4. 有利于促进工作绩效

团队工作通常都要有明确的分工，团队成员要清楚地了解自己对团队工

---

① 傅永刚. 组织行为学［M］. 北京：清华大学出版社，2010.

作的结果负有直接的责任，只有这样，团队成员才会对自己独立负责的工作内容或是工作环节保持高标准、严要求，从而提升整个团队的工作绩效。

二、军校阅读推广团队

（一）军校阅读推广人

军校图书馆馆员是在军校范围内直接从事阅读推广、信息推送等读者服务工作的人，是最主要的军校阅读推广人。军校阅读推广人还包括支持、鼓励并尽力引导学员阅读的教员、干部，组织开展读书活动相关社团的学员等。

（二）军校阅读推广团队

综合"阅读推广人"以及管理学中关于"团队"的定义和特征，本书试图将"军校阅读推广团队"定义为：由两位或者两位以上拥有不同知识背景，具备一定的专业知识和业务能力的军校阅读推广人为了共同的目标组合而成的，能相互配合、协同工作并且在行为上形成一定的共同规范和方法的军校阅读推广工作的实施群体。军校阅读推广团队的组建以军校阅读推广工作的开展为前提，以具体的工作目标为导向。

（三）军校阅读推广团队的类型

在管理学中，根据团队的目标、功能、特点以及团队成员的来源，可以将团队分为四种类型：问题解决型团队、自我管理型团队、多功能型团队和虚拟团队[1]。在军校阅读推广工作中可以根据工作目标、任务特性、成员构成以及所需团队规模的不同，组建不同类型的军校阅读推广团队。

1. 问题解决型团队

问题解决型团队是一种临时性团队，也是最早的团队类型。主要专注于其职责范围内的特殊问题，提出解决问题的方案。团队成员一般由来自某一

---

[1] 郁阳刚. 组织行为学（理论. 实务. 案例）（第2版）[M]. 北京：清华大学出版社，2014：207–209.

具体部门的员工组成，他们定期组织在一起，讨论如何开展某项具体工作，改善工作环境等，高校中的课题组就属于这种类型[1]。军校阅读推广工作初期，可以由从事阅读推广、信息推送等读者服务工作的军校图书馆馆员组成问题解决型阅读推广团队，团队成员可以就如何开展阅读推广工作和阅读推广开展的具体方法交换看法和意见，并针对军校阅读推广工作开展的现状相互探讨，最终提出一定的工作设想和规划意见。

2. 多功能团队

多功能团队是由来自不同部门、不同工作领域、具有不同职能和工作经验的成员组成的团队，团队成员走到一起的目的就是为了完成某项工作或是任务[2]。军校阅读推广工作的开展过程中通常会经历几个不同的阶段，在以阅读推广活动的成功举办为主要工作目标的阶段，可以组建多功能军校阅读推广团队。

多功能军校阅读推广团队通常采用跨越横向部门界限的形式，为了更好地完成活动或是项目工作，除了军校图书馆的专业馆员以外，组建多功能军校阅读推广团队还可以广泛吸纳专业、技能互补的学员、干部、教员在内的军校阅读推广人加入其中。多功能军校阅读推广团队的组建能够最大限度地扩展军校阅读推广团队的成员构成，丰富团队成员知识结构、身份背景以及专业技能，从而实现知识、技能互补，适用于策划组织开展大型阅读推广系列活动。

3. 虚拟团队

虚拟团队的形成主要是基于信息技术的发展，虚拟团队是指一群在不同地域的个人，通过一个或更多项目上的多元化信息技术进行合作[3]。现代信息通讯技术的飞速发展，突破了合作的时空限制，虚拟团队得到了广泛的发展和应用。从结构构成来看，虚拟团队是一个看似松散的组织，但是虚拟团队

① 傅永刚. 组织行为学［M］. 北京：清华大学出版社，2010.
② 傅永刚. 组织行为学［M］. 北京：清华大学出版社，2010.
③ 傅永刚. 组织行为学［M］. 北京：清华大学出版社，2010.

的存在为区域联合阅读推广工作的开展提供了必要基础。

虚拟团队在一定程度上可以缓解团队成员在时间、空间上的不便，团队成员可以来自一个或多个不同的单位和组织。军校阅读推广人，特别是学员、教员、干部与专业的图书馆馆员在共同实施阅读推广工作的过程中，因为工作、学习、训练等原因，经常会出现团队成员不方便进行面对面协商的情况，虚拟军校阅读推广团队为不同地域、不同单位、不同类别的军校阅读推广人协同工作，提供了一种有效的工作方式。但在虚拟阅读推广团队的组建过程中，要特别注意经纪人角色的选择和设定。经纪人角色是虚拟阅读推广团队的中心，要能与所有虚拟团队的参与者积极沟通，经纪人角色位于虚拟军校阅读推广团队的中心位置，经纪人角色的工作情况对虚拟团队的工作成效会产生直接影响，因此，军校阅读推广虚拟团队的经纪人角色最好是由军校图书馆专门从事阅读推广工作的馆员担任。在虚拟团队存在的期限内，担任经纪人角色的馆员不宜更换。同时，担任经纪人角色的图书馆馆员还必须具备较高的组织能力和沟通协调能力，要能够与虚拟团队的所有成员都建立起相互信任的关系，才能让虚拟团队发挥合力。在军校阅读推广工作中，可以根据实际的工作目标和工作情况组建虚拟军校阅读推广团队。

4. 自我管理型团队

自我管理型团队通常由 10~15 人组成，这些人还承担着以前部门工作所需要承担的责任，自我管理型团队不仅要探讨解决问题的方法，还要亲自制定解决问题的方案并负责组织实施解决问题[①]。自我管理团队的运行模式增加了自我管理、自我负责、自我领导的特征，团队成员要对团队工作承担全部的责任，每个团队成员对自己的工作业绩和工作成果负责，并需要对自己的工作情况和工作业绩进行管理和调整，每个成员都要积极寻求和探索更优的资源和方法，每个团队成员都要积极帮助他人改善业绩，以实现整体工作能力的提升。

军校图书馆是军校开展阅读推广工作的主要机构，当阅读推广工作成为

---

① 傅永刚. 组织行为学［M］. 北京：清华大学出版社，2010.

军校图书馆常规工作时，军校图书馆可以组建以图书馆馆员为团队主要构成的自我管理型团队。自我管理型军校阅读推广团队属于规模较大的团队类型，可以跨专业、跨部门吸纳具备互补的知识背景和专业技能的馆员和学员骨干加入，这些拥有不同知识背景和技能的馆员和学员可以协同工作，形成扁平化的组织结构，减少管理层次。这在一定程度上能够提升团队成员的工作积极性，提升军校阅读推广工作的效率。

三、军校阅读推广团队的设计

管理学中关于团队建设有着非常完善和丰富的理论基础，正确地运用管理学中关于团队建设的理论指导军校阅读推广团队的建设工作，能够在一定程度上少走弯路。建设军校阅读推广团队可以在管理学理论的基础上进行精心的团队设计。在设计军校阅读推广团队时，需要考虑三个关键的结构因素：团队的目标和任务、团队的建设规模和团队的主要构成。这几个设计的关键结构要素会对团队的工作绩效和工作能力产生直接的影响，因此在组建军校阅读推广团队的时候，要充分考虑这三个关键性的结构要素。

（一）团队目标和任务特性

团队的目标设定和任务安排是否合理，在一定程度上决定了团队的发展。当团队的任务完成要求合理，工作目标明确，并在团队成员集体知识和技能范围之内时，会大大提升团队成员的工作效率。因此，军校阅读推广团队的目标和任务要与团队本身的设计和构成相一致，这其中包含了两层含义：① 要根据团队的目标和任务来设计团队；② 要为军校阅读推广团队设定合适、合理的工作目标和任务。

（二）团队规模

团队规模对于团队效能的发挥有着至关重要的作用。管理学界有学者认为团队规模不应该超过 10 人，然而关于最佳团队规模的成员人数到目前为止并没有定论。总的规则是：团队要足够大，以至团队成员能合力完成团队的工作任务；同时，团队也需要足够小，以至团队的每一位成员都能有效地参与并相互协同配合完成工作。因此，军校阅读推广团队的规模也应该根据该团队的目标任务来确定，做到团队规模与团队目标任务相适应。当团队任务和团队工作量过大，需要的团队成员数量难以实现团队成员的相互参与和协同工作时，可以考虑根据工作的类别、性质将团队进行分组，组建工作小团队。

（三）团队的构成

军校阅读推广团队的构成对于团队的设计有着至关重要的影响，由不同的阅读推广人组成的军校阅读推广团队，其工作效能也会有很大的不同。具体的团队构成要素主要包括以下几个部分：

1. 工作动机

对任何一个团队来说，认真挑选具备必要的工作动机和一定工作能力的团队成员一起参与团队工作，都是非常重要的。军校阅读推广工作涉及面广，工作形式多样，具体的工作内容不固定。这与企业的营销团队具有一定的相似性，需要团队成员充分发挥个人能力和优势。在构建军校阅读推广团队的过程中，要认真选择那些对阅读推广工作充满热情同时又具备一定工作能力的人。每位成员都要有足够的动力在团队中认真工作，并且具备知识、专业技能互补的特征。这也决定了只有动力相当的团队成员才能在与其他团队成员的协同工作中，通过不断的交流配合，形成固定的工作默契。那些缺乏工作动力的团队成员加入其中，不但不能很好地完成自己的工作，还会影响其他团队成员的工作绩效。

2. 工作技能

军校阅读推广团队必须拥有完成团队目标所必须的技能和知识。不仅仅是每个团队成员需要一些必备的技能，还要求整个团队成员的知识背景和个人能力必须具备互补性和多样性，这样才能获得更多元化的创意，更广泛的信息，从而实现有利的互补，形成团队合力，确保整个团队的整体实力。同时，团队成员还需要具备能与他人协同工作、相互配合的能力。

3. 角色分工与性格互补

每一位团队成员都要在团队中扮演一定的角色，这些角色有的致力于帮助团队实现目标，有的维持着整个团队的存在。军校阅读推广团队和其他所有的团队一样，在团队组建和团队分工的过程中，必须确保有四种角色的存在，并要为这四种角色选择合适的团队成员出任：① 管理者的角色，管理者的角色主要负责发展规划与目标的制定、阅读推广团队的组织机构建设、任务分解和工作分配等，管理者的角色是阅读推广团队建立与顺利运行的重要保障。② 实施者的角色，实施者的角色主要包括军校阅读推广工作的策划者和执行者。③ 保障支持者的角色，保障支持者的角色主要包括技术专家、统计分析、文献资源的保障建设者等负责从技术层面提供保障支持的团队角色。④ 协调者的角色，协调者的角色在军校阅读推广工作中主要负责配合上述几种角色完成相应的工作，在团队中扮演着联系人的角色，协调者的角色可以是专人角色也可以兼任。但是协调者在军校阅读推广团队中不可或缺，团队中的协调者能够从根本上提高阅读推广人团队中的实力，真正产生"1 + 1 > 2"的效果。

20 世纪 20 年代，美国心理学家威廉·莫尔顿·马斯顿创建了一个理论DISC。DISC 是用来衡量人在做事时候的行为，该理论认为可以根据每个人的性格特征将行为简单地分成四种类型，即 Dominance—支配，Influence—影响，Steady—稳健，以及 Compliance—服从 [1]。而 DISC，正是代表了这四个英文单词的首字母。在一个固定的团队组合中，通常会形成四种不同类型的团队成员，分别是权力型、社交型、和平型、完美型。一个成功的团队也应该要配备这四种性格特征的团队成员。这四种性格类型也恰好与四种角色相对应。管理者——权力型、协调者——社交型、和平型——实施者、保障支持者——完美型。

四、如何建设高效率的军校阅读推广团队

军校阅读推广团队的效率对军校阅读推广工作的成效至关重要，因此，通过确定目标、制定规范、确定规模、选聘高素质成员、有计划分层次分类别

---

① 陈姗姗，吴华宇. 大学生职业生涯规划与就业指导 [M]. 重庆：重庆大学出版社，2014.

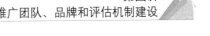

的团队培训等，构建一个目标明确、结构合理、合作默契、锐意创新的高素质综合性团队，从而促进工作的有效推进，是军校阅读推广题中应有之义。

（一）确立目标、规范、规模和团队结构

阅读推广工作具体内容宽泛，总体目标远大。总的来说，读者阅读兴趣的提升、阅读能力的增强、阅读行为的增加等阅读推广的总体目标都很难通过简单的局部统计获得精确的数据。但这并不能成为军校阅读推广人和军校阅读推广团队为了做活动而做活动，为了推广而推广的理由。

团队的存在要以明确的目标为基础，高效的军校阅读推广团队不仅要有总体的工作目标，还必须制定具体的、可以衡量的、现实可行的工作绩效目标。通过明确工作目标，让具体的工作目标与团队的整体目标建立联系，将团队凝结成一个强有力的整体。同时，还要建立以任务为核心的团队规范，把明确而具体的工作目标与工作任务、团队的规范相结合。在每一次的项目工作中，要就团队工作的成效问题进行总结，鼓励那些高效的工作行为，这样才能让团队成员在完成团队的任务的同时更好地实现团队目标。

（二）选聘高素质的团队成员

高效的军校阅读推广团队，离不开高素质团队成员，如何选择合适的人员，是组建团队的关键。人员素质和实际的工作能力，都会对团队的整体协作、沟通和工作能力产生至关重要的影响。只有团队成员能力、性格、角色合理搭配，才能实现个人能力的优化组合，达到团队系统功能和实力的最大化。相比地方高校的阅读推广人，军校阅读推广人还应该具备一些能适应军队工作环境的特殊素质。① 政治素养和思想意识。克劳塞维茨曾说过："政治是头脑。"军校阅读推广人要具有高度的政治觉悟和坚定的理想信念，要用科学的理论武装头脑，还要善于从全局思考、策划符合军队特色的阅读推广活动，要具备很强的政治敏感性。② 丰富的知识底蕴。军校阅读推广人还要具备比较全面的基础知识，特别是要具备一定军事知识，包括军事理论知识、军事历史知识，还要有丰富的人文知识。③ 良好的发现挖掘能力。军校的特

殊属性让军校阅读推广工作的开展面临诸多局限，军校阅读推广人要善于挖掘资源、整合资源、盘活资源，尽可能调动校内外的优势资源为阅读推广服务。

（三）培养团队成员的工作默契

信任是团队成员合作的基础，成员之间的信任和默契至关重要。团队成员之间信任感的培养需要有效的思路和方法，信任感的建立需要较长时间。因此，定期以讨论会的方式共同讨论计划团队工作，有利于促进军校阅读推广团队成员之间的信息交流和沟通。相对固定的成员构成也能让团队成员在长期的分工合作中建立起高效的合作模式，形成团队成员之间的工作默契。

（四）构建学习型团队共同成长

团队成员的专业素质和专业能力是影响团队整体实力的关键，军校阅读推广团队是支撑军校阅读推广平台体系运营的软实力。在实际工作过程中，军校阅读推广平台体系建设的完善与军校阅读推广团队的成长是同步的，每一个平台模块都需要有相应的团队成员作为支撑，才能让平台真正发挥作用，助力军校阅读推广工作。因此，军校阅读推广团队也必须是一个能够与平台共同成长的学习型的团队。

五、军校阅读推广人激励机制

激励是"激"和"励"的结合，要对军校的阅读推广人实施激励，首先要充分了解军校阅读推广人的特点和需求，建立起一个科学而完善的阅读推广人激励机制，不断激发他们的工作热情。

通常在构建激励机制时，物质激励都是最为重要的组成部分，但是对于军校而言，要想充分利用物质激励，限制多多、困难重重，在实际的操作过程中会遭遇各种各样的问题，实施困难。因此，军校阅读推广人激励机制的构建就是要针对以军校图书馆专业馆员、学员以及从事相关工作的教员、干部为代表的阅读推广人，建立起一个以精神激励和工作激励两大模块为核心的非物质激励机制。

表4-1　军校阅读推广人激励机制

激励类别	激励方式	主要适用的阅读推广人类别
精神激励	荣誉感激励	馆员、学员、教员、干部
	培训激励	馆员、学员
	潜能激励	馆员、学员
工作激励	工作目标激励	馆员、学员
	工作内容激励	馆员、学员、教员
	工作过程激励	馆员、学员
	个人发展激励	馆员、学员

（一）精神激励

根据马斯洛的需要层次理论，物质激励属于对低层次需求的满足，而精神激励则是对更高层次需求的一种满足。军校阅读推广人的文化水平普遍较高，这就给精神激励的有效实施提供了有利条件。但是，精神激励的实施通常要付出更多的努力。首先，精神激励的实施运用具有一定的艺术性，要想获得理想的激励效果必须经过精心的设计；其次，精神激励在短时期内的激励效果并不明显，需要一个长期的激励计划；第三，精神激励实施的有效性与被激励者本人有着更为密切的关系，更需要根据被激励者的个体差异运用不一样的激励方式。对军校阅读推广人实施精神激励可以从以下几方面入手：

1. 荣誉感激励

荣誉感激励是使用范围最广的激励手段之一，比如正面的表彰和表扬、口头的嘉奖和鼓励以及授予馆员、学员荣誉称号等。对于军校阅读推广人而言，荣誉感激励是最为受用的激励方式之一。例如，湖南省高等学校图书馆"一校一书"阅读推广活动，每年都特别设立了"优秀阅读推广人"奖，由高校（图书馆）推荐，再根据个人申报材料和学校阅读推广活动的开展综合评审；国防科技大学图书馆自2018年开始在全校范围内招募学生馆员参与阅读推广工作，特别举办了学生馆员首聘仪式，由馆长颁发聘书，旨在通过仪式感提升学员阅读推广人的工作积极性。这些特别针对"军校阅读推广人"实施的荣誉感激励都能较好地调动军校阅读推广人的工作积极性。

2. 培训学习激励

培训能够提高军校阅读推广人的专业素养和个人能力。但是，并不是所有的培训都能获得良好的培训效果，特别是要让培训成为一种福利甚至是激励，就需要付出更多的心血和努力。首先，做好培训需求分析是成功实施培训激励的前提，只有做好培训需求分析，才能更加精准地实施培训，避免培训资源的浪费；其次，每一次培训都应该有具体的培训目标，明确了培训目标才能提升培训的效果，只有让阅读推广人从培训中受益，培训才能真正成为一种激励的方式；第三，可以将阅读推广人参加培训情况以及培训考核情况作为职称评定、职位晋升、荣誉称号授予的重要指标。总的来说，培训激励比较适用于专业从事阅读推广工作的军校图书馆馆员。军校图书馆可通过安排馆员外出参加专业论坛、培训、调研等方式，对军校阅读推广人实施激励。中国图书馆学会于 2014 年在全民阅读推广峰会上启动了"阅读推广人"培养行动，上海图书馆学会于 2014 年 11 月成立"阅读推广人"工作组，专门开展阅读推广人培养工作，并建立阅读推广人制度[①]。这些专业机构的阅读推广人培训都采取了培训学习与资质认证相结合的方式，参与这些行业内的专业化培训学习，不仅能让军校阅读推广人开阔眼界、提升专业能力，还能获得"阅读推广人"称号或是"培训证书""聘书"等行业内标识度较高的认可证明，从而实现培训激励的效果。

3. 个性化的潜能激励

阅读推广人团队的构成需要团队成员之间的互补，个性化的潜能激励就是要根据阅读推广人的兴趣、爱好、专业、特长等要素，成功地激发出阅读推广人的潜能。总的来说，实施潜能激励需要注意以下几点：

（1）根据阅读推广人的性格特点及个人能力优势安排工作。

（2）要注意提升阅读推广人的自信心，这样才能让他们有饱满的工作热情、良好的工作效率和积极的创新意识。

（3）单一的激励方式对于激发阅读推广人个人潜能的作用是有限的，因

① 刘平，郭超. 近年国内阅读推广人研究综述［J］. 图书馆，2019（11）86–92.

此，可以综合运用各种激励方法，根据阅读推广人身份、年龄、性别、爱好的不同来选择有针对性、合适的激励方式，这样才能有效地调动他们的积极性。

（二）工作激励

所谓工作激励就是把工作本身作为激励的内容、手段，以提高组织成员工作的积极性和创造性[①]。工作激励就是要让军校阅读推广人在收获工作满足感的同时提升工作效率。

1. 工作目标激励

目标激励法要以学校和图书馆的目标为基础，制定出明确的工作目标。首先，要有详细、具体、可实现、可量化的工作目标；其次，将阅读推广人的个人目标与军校阅读推广工作的目标进行对接，为阅读推广人制定一个合适的、具体的工作目标，从而发挥出目标激励的作用。

2. 工作内容激励

工作内容激励就是在安排和分配工作任务时候，要充分地考虑阅读推广人性格的类型和能力的特点，尽可能地安排他们从事自己感兴趣和最擅长的工作，这样才能够更好地发挥自身的优势和潜能，高效率、高水准地完成工作。2018 年，国防科技大学图书馆首次面向全校招募学生馆员，并通过填写报名问卷的方式对所有的报名学员的兴趣爱好及相关特长进行了初步调查。在初选的基础上，再进行书面复试，并根据学员选择的复试内容，进行分工安排，目的就是根据阅读推广人的个人特点和兴趣爱好完成双向选择，实施个性化的潜能激励。

3. 工作过程激励

工作过程激励主要是通过工作内容的丰富化来实现：

（1）让阅读推广人拥有更多的自主权，比如在保证工作目标完成的基础上，让阅读推广人自己决定如何实现目标，以增加其工作责任感。

（2）把现有的几项工作合并到一起，或将过去一项工作的几个程序并在

---

① 孙丽姗. 组织行为学［M］.北京：化学工业出版社，2014：170.

一起，委托一个人来做，使得技术具有多样性、任务具有完整性。

（3）适时实施轮换组合，通过改变团队成员的方式，学习不同的工作技能，有利于培养骨干和第二梯队。

工作内容丰富化满足的是高层次的需要，因此，这种激励也有一定的局限性，它不能解决全部问题。一般来说，在阅读推广人感觉到在现有的工作环境中不能发挥自己的能力时，比较适合实施这种激励方式。

4. 工作发展激励

所谓工作发展激励，对于从事阅读推广工作的馆员来说，就是馆员的职业生涯规划，对于学员来说，更多的则是个人能力的锻炼。因此，可以根据馆员、学员的不同需求，为他们设定较为清晰的发展路径。

第二节　军校阅读推广品牌建设

全民阅读的大环境为军校阅读推广工作的开展提供了有利条件，但成功的阅读推广案例绝非偶然，而是科学规划和有效实施的必然结果。将管理学中关于品牌建设的理论引入军校阅读推广，借用市场营销学的相关理论指导军校阅读推广工作，能更好地助力军校阅读推广品牌建设。军校阅读推广活动品牌化就是要用市场营销学中关于品牌设计的相关理论，对军校阅读推广活动进行品牌化设计、运营并加以宣传推广。

一、军校阅读推广品牌概述

（一）品牌的含义和起源

"品牌"这个词来源于古斯堪的那维亚语 brandr，意思是"燃烧"，指的是生产者通过燃烧印章，给产品烙下印记。"品牌"最初的定义来源于人们要标记自己家饲养的家畜或是私有财产。品牌的概念发展到现在，早已不仅仅是打下烙印这么简单，在《牛津大辞典》里，brand 做名词解释为"品牌"的时候，表示为"用来证明所有权作为质量的标志或其他用途"，用来区别和证明品质。品牌最持久的含义和实质就是其价值、文化和个性。著名的市场营销学专家菲利普·科特勒在《市场营销管理》中对品牌给予了这样的定义：品牌是一种名称、术语、标记、符号或图案，或是他们相互组合，用以识别某个销售者或者某群销售者的产品或服务，并使之与竞争对手的产品和服务相区别。从这个定义可以看出，品牌不仅包括外显性视觉元素，还包括实实在在的产品及服务，他们都是人类社会活动的结晶[①]。1960 年，美国市场营销协会（AMA）在 1960 年出版的《营销术语词典》中对品牌给出了这样的定义：品牌是一个名称、术语、标记、符号或设计，或者是他们的组合，其目的就是识别某个销售者或者是某个群体销售者的产品或服务，并使之同竞争对手的产品和服务区分开来[②]。因此，品牌是通过长期的认知、体验之后建立起来的一种相互信任的关系和情感，也是一种无形的资产。

（二）什么是军校阅读推广品牌

上面我们介绍了有关品牌的概念和特征，那什么是军校阅读推广品牌？首先，我们要就"阅读推广品牌"做一个界定，学术界对"阅读推广品牌"并没有很明确的定义。笔者引用王辛培在《阅读推广活动机制创新研究》中提出的定义：阅读推广是图书馆、出版机构、媒体、网络、政府及相关部门等为培养读者阅读习惯、激发读者阅读兴趣、提升读者阅读水平、促进全民阅读所开展的有关活动和工作[③]。综合品牌的含义和特征，可以将军校阅读推广品牌理解为：以军校图书馆为代表的军校阅读推广单位和军校阅读推广人在长期的阅读推广服务工作中通过精心规划、设计、管理而建立起来的，能让军校读者形成普遍信任、普遍认同的阅读推广活动或服务的总称。

从品牌的定义可以得出结论，军校阅读推广品牌要包含实实在在的产品和服务。所谓产品，主要是指阅读推广的内容，而服务则是为了让阅读推广

① 李艳.用设计，做品牌［M］.北京：化学工业出版社，2013：2–7.

② 周鸥鹏.品牌文化研究评述［J］.商丘师范学院学报，2008（2）94–96.

③ 谯进华，深圳阅读推广人的实践及发展［J］.特区实践及理论，2013（2）66–68.

的目标读者接受推广的内容而必须提供的配套服务。因此，军校阅读推广品牌其实也是资源品牌和服务品牌综合而成的。

二、军校阅读推广品牌的建设

品牌建设（Brand Construction）是指品牌拥有者对品牌进行的规划、设计、宣传、管理的行为和努力 [1]。笔者认为，军校阅读推广品牌的建设就是军校阅读推广机构对自己的阅读推广品牌进行规划、设计、宣传、管理的行为和努力。

（一）军校阅读推广品牌的规划

1. 品牌定位

品牌定位是一个品牌所要努力实现的目标和成长的方向，也是军校阅读推广品牌规划中最重要的内容之一。对于阅读推广品牌来说，定位就是品牌创建者和规划者希望品牌在读者心目中所占据的位置。因此，军校阅读推广品牌的规划和定位需要具有一定的前瞻性，要留有发展和改进的空间。军校阅读推广品牌的定位要以军校阅读推广工作的需求与军校读者的需求为导向，建立与军校读者相关的阅读推广活动品牌形象。军校阅读推广品牌的规划也应该建立在读者群体细分、推广内容的选择和阅读推广品牌定位的基础之上。

空军航空大学的读书节，从活动的主题设计到品牌定位均突出空军兵种文化，始终坚持军校特色鲜明和与时俱进的原则，形成了极具军事飞行特色的阅读文化品牌 [2]。国防科技大学图书馆蕙风讲坛自活动策划之初就有相对明确的品牌定位和品牌规划。通过蕙风讲坛的活动，国防科技大学进一步增强了校园人文气息，塑造出一种全新的校园文化氛围。

军校阅读推广品牌在前期规划的过程中就要有一个清晰的品牌定位。这个定位在一定程度上决定了品牌的发展空间和发展方向。只有站位高远、定位明确才能通过精心的设计和长期的经营最终形成品牌效应。

---

[1] 王雪婷. 我国中小企业品牌建设存在的问题及对策［J］. 现代企业文化，2018（2）195–196.

[2] 翟东航，曹安阳，张继军，张娜. 知识传播视角下的军校阅读推广研究［J］. 新世纪图书馆，2016（5）33–37.

2. 军校阅读推广品牌的建设路径

军校阅读推广品牌建设的路径可分为两种。一是从阅读推广活动出发，在阅读推广活动的基础上，持续经营，扩大其影响力，从而形成品牌；另一种是从启动之初就做好品牌设计，从名称到活动策划再到宣传文案都进行精心设计，做好包装宣传工作，以打造阅读推广活动品牌为目标。相比之下，第二种能更快地树立品牌形象，但是对于基础条件的要求比较高。首先，必须要有一定的平台基础；其次，要有一定的阅读推广活动经验的积累；第三，还要具备高素质的阅读推广团队，能够从前期开始就做好品牌设计和品牌包装等相关工作。

（二）军校阅读推广品牌的设计

通常来说，以军校图书馆为代表的军校阅读推广机构都会经历三个阶段：一是有阅读推广活动无品牌阶段；二是阅读推广活动与阅读推广品牌共同发展阶段；三是拥有阅读推广品牌，从一个阅读推广品牌向多个阅读品牌辐射、延伸阶段。目前，大部分的军校都处于第一阶段或第二阶段，即有阅读推广活动，但尚未确立品牌；或者是已经有了品牌建设的意识，阅读推广活动开展与阅读推广品牌建设同步进行。

严格地说，第一阶段和第二阶段之间并没有非常明确的界限，创立品牌的标志是让目标读者能够对品牌形象有一定的认知。军校阅读推广机构通过宣传推广、包装设计、活动强化等方式，让品牌项目的内容、名称、LOGO在目标读者的心中留下一定的"印象"，并得到一定程度的认可，就可以说品牌已经初步确立。

军校阅读推广品牌建设的实质是扩大阅读推广活动的知名度和影响力，这种影响力直接决定了读者的关注度、参与度、传播度以及阅读推广活动能否持续开展的生命力。没有经过系统性规划设计的阅读推广活动很容易走入杂乱无章的困境，也会让阅读推广人陷入"为了做活动而做活动"的尴尬境地和各种纷繁复杂的琐碎工作之中，难以形成影响力，也难以产生较好的阅读推广效果。因此，阅读推广品牌的设计是决定能否创造品牌影响力的关键环

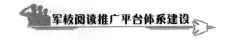

节之一。在军校范围内开展阅读推广活动，更需要注重品牌设计。

1. 品牌项目内容设计

品牌项目内容设计就是我们通常所说的策划方案，是品牌设计的核心，阅读推广活动内容的设计相当于选择阅读推广的产品。阅读推广项目的内容是塑造品牌的前提和基础，品牌则是项目内容的一种延续和保障，如果没有明确二者之间的关系，阅读推广的品牌建设无异于空中楼阁。普通的策划方案和项目内容难以吸引读者参与活动，也会让阅读推广机构和阅读推广人陷入吃力不讨好的境地，优秀的策划方案和项目内容可以为读者提供优质的参与体验，让他们产生巨大的惊喜，从而实现品牌形象和品牌认知的持续性。

2. 品牌名称设计

品牌名称是品牌的核心内容之一，能迅速反映出项目活动的中心内容。对于阅读推广项目来说，也要特别讲究"主题""名称"的艺术，名称设计得好，有利于体现活动特色，也容易被广大读者所接受，有利于实现活动的延续性和品牌化[①]。

在确定军校阅读推广品牌名称时要注意以下几点：① 突出军队特色。相比地方高校，军校阅读推广工作开展起步较晚，因此，军校阅读推广品牌的设定要充分体现军校特色。② 区别于其他活动名称且方便记忆。品牌名称要能够准确清晰地传达阅读推广活动所要表达的基本信息。③ 能让读者产生一定的联想。别致新颖的活动名称能够获得更多关注，也能让阅读推广活动更容易被读者所接受。

3. 品牌标志设计

标志也称为LOGO，是一种具有象征性的大众传播符号。品牌标志和品牌名称一样具有重要的意义。品牌标志是指品牌中容易被记忆但又不方便用言语表示的部分，包括符号、图案等[②]。适当地使用品牌标志可以帮助固化读者的品牌印象，更容易传达推广阅读的理念。品牌标志还可以引发读者对于

---

① 李艳. 用设计，做品牌［M］. 北京：化学工业出版社，2013：22–23，43+89.
② 李艳. 用设计，做品牌［M］. 北京：化学工业出版社，2013：22–23，43+89.

品牌的相关联想，引起读者的兴趣，在一定程度增加读者对于阅读推广品牌持有者持续运营品牌项目的信心。

图 4-1　国防科技大学图书馆 LOGO 设计图

4. 品牌文化与品牌周期

现代营销学之父菲利普·科特勒认为，品牌最持久的吸引力来自于品牌所包含的文化，这是知名品牌能深入人心的魅力所在。市场营销学的概念和理论也同样适用于军校阅读推广工作。品牌文化是通过赋予品牌深刻而丰富的文化内涵，建立鲜明的品牌定位，并充分利用各种强而有效的内部和外部的传播途径使消费者在精神上形成对品牌的高度认同，创造品牌信仰，最终形成强烈的品牌忠诚，以此赢得顾客忠诚，获得稳定的市场，增强企业的市场竞争力，为成功实施品牌战略提供强有力的保障[1]。同样的道理，阅读推广品牌要想保持长久的吸引力，也需要有特定的文化支撑。军校阅读推广品牌文化必须要与强军文化保持高度一致，并与时俱进，才能焕发出持久的吸引力和生命力。

军校阅读推广品牌跟企业的品牌有一定的差别。大部分阅读推广品牌的确立都经历了一个从阅读推广活动开始，不断丰富、完善、积累，并最终确立的过程。品牌的周期一方面取决于军校阅读推广机构持续投入的情况，另

一方面也取决于品牌自身的质量。当然，其中也有很多"阅读推广品牌"一经确立，就持续推进品牌建设，最终成为固定的品牌，并成为阅读推广项目的经典案例。

（三）军校阅读推广品牌宣传

军校阅读推广品牌宣传的重点在于强化品牌认知和品牌形象，品牌宣传应该注意以下几点：

1. 官方认定确立品牌地位

中国图书馆学会自2005年开始建立评选表彰机制，从2005年设立"全民阅读活动先进单位"和"全民阅读优秀组织"评选以来，截止到2015年，一共有97家单位获得"全民阅读优秀组织"称号，433家单位获得"全民阅读活动先进单位"称号①，其中，解放军信息工程大学图书馆、空军航空大学图书馆于2012年荣获中国图书馆学会授予的"全民阅读活动先进单位"光荣称号，也是第一批获得此称号的军队院校图书馆。之后，军械工程学院图书馆、军事科学院图书馆、国防科技大学图书馆也先后被中国图书馆学会授予"全民阅读活动先进单位"光荣称号。

2. 整合渠道资源，强化品牌形象

军校环境下，阅读推广工作可利用的媒体平台相对较少。因此，须整合包括传统渠道在内的多渠道媒体平台资源，进行全方位的宣传和差异化传播，以获得全面的推广效果。首先，相比地方高校，相对封闭的军校校园环境为传统的宣传方式保留了一席之地，展板、海报、宣传单页、实体展览等传统宣传方式虽然受众面相对较小，但依然具有一定的冲击力，读者体验感强。但如果频繁更新活动宣传也会造成资源上的巨大浪费。其次，时下流行的社交网络等新媒体具有传播范围广泛、互动性强等诸多优势，但是军校的特殊情况也让军校范围内各种媒体平台宣传效果和传播速度在本校读者群体中表现出巨大的差异。

---

① 吴晞. 十年种木长风烟——纪念中国图书馆学会阅读推广委员会成立十周年［J］. 高校图书馆工作，2016，36（1）：5–6.

因此，要根据本校的实际情况，在不违反相关保密规定的前提下，整合本校可利用的多渠道的媒体平台资源。第三，读者口碑相传，自发式传播分享。军校阅读推广工作的受众主要是本校读者，优秀的阅读推广品牌活动能够带给读者良好的阅读体验和收获，能够在小范围内实现自发式传播分享。

3. 强化目标读者的品牌忠诚度

阅读推广品牌的宣传需要持续不断的品牌经营，在实践中不断丰富和完善品牌内容，深化品牌内涵和品牌形象。如空军航空大学的"读书节"、国防科技大学的"文献资源宣传活动周"都持续经营了多年，在多年的实践经营中积累了一定的受众基础，强化了读者的品牌忠诚度。

（四）军校阅读推广品牌管理

阅读推广品牌的确立需要得到各方认可。从品牌规划、品牌设计都需要付出很多努力，阅读推广品牌是一个包含了产品和服务的综合性品牌，品牌管理是指品牌所有者要通过在计划、组织、管理与品牌发展相关的各种活动中开展的相关工作。

1. 树立全面的品牌意识

阅读推广品牌的实质就是树立读者心中的影响力和获得目标读者的认可。以军校图书馆为代表的品牌建设者要有大视野、大智慧，树立全面的品牌意识和前瞻性的品牌建设理念，集中建设具有自身特色的品牌。另外，在持续经营和发展已有品牌的基础上，还要继续建设其他品牌，但是要注意品牌定位的区别化，以满足不同军校读者群体的实际需求，从而形成品牌繁荣的景象。

2. 注重品牌个性化与差异化

调整改革后的 43 所军队院校包括了军委直属院校 2 所、军兵种院校 35 所和武警部队院校 6 所，基本形成了以联合作战院校为核心，以兵种专业院校为基础、以军民融合培养为补充的院校格局①。每一所军校都有自己的特色

---

① 刘上靖.国防部公布调整改革后军队院校名称［DB/OL］.［2019-11-09］.http：//www.mod.
gov.cn/topnews/2017-06/29/content_4783973.htm.

和优势学科，也会形成特定的区域优势，而品牌本身也是一种比较优势。军校阅读推广品牌要充分考虑军队院校自身的办学思想和办学特色，突出个性化优势和特色，合理地定位，做到发现特色、突出特色、建设特色。

3. 以创新为品牌发展的动力

品牌管理是创建品牌的保证，也是品牌创新的生命线。品牌管理就是确保品牌持续产生影响力，而品牌创新也是确保品牌影响力持续发展的关键 ①。军校阅读推广品牌一经确立就应该在一定时期内保持品牌名称、品牌标志等关键要素的稳定性，同时品牌的内容可以根据实际情况进行一定程度的更新，让品牌内涵更加丰富，品牌形象更加深入人心。

4. 建设高水平的军校阅读推广人团队

对军校阅读推广品牌起支撑作用的是品牌的设计者、经营者和管理者。因此，军校阅读推广人以及军校阅读推广团队的建设也都是军校阅读推广品牌管理的重要内容。关于阅读推广人团队建设，本书已在本讲第一节详细讲述。

军校阅读推广品牌的建设是一个长期而持久的过程，既需要精心的品牌规划和设计，更需要时间的长久沉淀。军校阅读推广品牌建设要求以军校图书馆为核心的军校阅读推广机构不断提高自身服务保障的实力，并在此基础上加强推广宣传，提升阅读推广品牌的知名度和读者认知度，培养军校读者的忠诚度。通过资源建设和服务保障，不断提升军校读者对军校阅读推广活动的情感体验，不断巩固和加强军校图书馆与军校读者之间的联系，强化品牌形象，这也是军校阅读推广品牌获得持久成功的保证。

三、阅读推广品牌建设对军校图书馆的意义

军校图书馆是军校范围内开展阅读推广工作的专门机构，军校阅读推广品牌的建设对于军校图书馆本身也有着非常重要的意义。

---

① 周军. 电子商务环境下中小企业品牌建设对策研究［J］. 现代商业. 2012（17）53–54.

（一）有利于提升校园文化中心的地位

目前，阅读推广工作已经成为提升高校内涵建设水平和人才培养质量的重要工作之一，军校图书馆既是学校图书情报中心，也是教学和科研服务的学术性机构。阅读推广品牌建设有利于丰富校园文化，营造良好的文化氛围，提升军校图书馆校园文化中心的地位。

（二）有利于提升资源的利用率

军校图书馆在馆舍建设、数据库采购、纸本图书采购以及人员上的投入都是非常巨大的，但在实际的资源利用过程中，也确实存在因为读者对图书馆的服务了解不全面，导致图书馆空间、资源利用率低的情况。例如，数据库的大量采购，却因宣传不足导致读者使用率低，有的读者甚至不知道学校已经购买，自行重复购买，导致了资源的浪费。阅读推广品牌的建设有利于军校读者更好地了解和利用图书馆的资源和服务。同时，还能促进军校图书馆不断挖掘自身优势，使得图书馆现有的资源优势、空间优势、人员优势、服务优势等得到更充分的利用，从而提升军校图书馆的资源利用率。

（三）有利于完善服务机制

阅读推广品牌的建设需要拉近读者与图书馆之间的距离，并为读者提供高品质的品牌服务。军校图书馆不仅需要提供高品质的基础服务保障，还要前瞻性地开展各种各样的创新服务，才能向军校读者展示阅读推广的品牌形象，固化品牌认知。这些都有利于提升军校图书馆整体的服务水平，完善军校图书馆的读者服务机制。

（四）有利于强化军校图书馆的文化意识

倾心打造军校阅读推广品牌，深入挖掘军校文化底蕴，有利于强化以军校图书馆为代表的阅读推广单位的文化意识、加强军校阅读文化建设。建设军校阅读推广品牌，需要充分挖掘馆藏资源中信息含量高、文化价值高、读者感兴趣的有效资源，通过加工提炼最终以品牌活动的形式呈现给读者，有

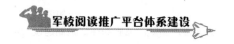

利于强化军校图书馆的文化意识。

（五）有利于增强军校图书馆馆员的凝聚力

阅读推广品牌的建设有利于增强军校图书馆团队的凝聚力，这种凝聚力不仅能让馆员产生自豪感，增强馆员的认同感和归属感，还有利于提升馆员的自身素质、服务意识、创新能力，更好地以主人翁的姿态努力工作。

第三节　军校阅读推广活动评估机制

一、概念概述

（一）"评估"与"评价"的概念

日常生活中，"评估"与"评价"经常被交替使用。不论是"评价"还是"评估"，都是对某一对象的价值进行评判。从字面上看，"评价"是评判价值的缩略语，而"评估"在判定之外还有估计之意。

评估在百度词条中的解释是：指依据某种目标、标准、技术或手段，对收到的信息，按照一定的程序进行分析、研究，判断其效果和价值的一种活动，评估报告则是在此基础上形成的相对完整全面的书面材料，对方案进行评估和论证，以决定是否采纳[①]。

评价是指通过评价者对评价对象的各个方面，根据评价标准进行量化和非量化的测量过程，最终得出一个可靠的并且符合逻辑的结论[②]。

---

① 余思昆. 评估与评价的区别［DB/OL］.［2019–11–09］. http：//www.docin.com/p–52443 9165. html?qq–pf–to=pcqq.c2c.

② 余思昆. 评估与评价的区别［DB/OL］.［2019–11–09］. http：//www.docin.com/p–52443 9165. html?qq–pf–to=pcqq.c2c.

（二）"评估"与"评价"的区别与联系

一般情况下，人们通常认为判定是确定性比较强的，而估计则是确定性比较弱的。但事实上，评价与评估从确定性的程度上看并没有什么实质性的区别。

评价是在评估的基础上做出的，评价与评估相互交融，二者的区别主要表现为：第一，程度不同，评价需要量化，评估则不需要；第二，主体不同，评价必须由特定的主体来承担评价工作，评估不需要；第三，责任不同，评价要承担相应的责任，包括法律的、经济的等，评估只需要承担道义上的责任；第四，本质属性不同，评估的本质是事实的判断，评价的本质是价值判断①。

综合考虑阅读推广活动的性质、特征，笔者认为，将"评估"环节嵌入军校阅读推广活动流程，以"评估"的方式全面记录、收集、分析阅读推广活动的相关信息，能够让军校阅读推广活动的主体掌握第一手信息资料，进一步指导工作实践。这比单纯设计一套阅读推广活动评价指标体系，对军校阅读推广工作实施价值判断，更具实践意义。

二、军校阅读推广活动评估

（一）国外阅读推广活动评估

国外的阅读推广活动普遍都非常注重评估。例如，美国"一城一书"活动就十分注重活动评估，美国图书馆协会的"一城一书"活动指南书中，就明确指出活动评估是活动的最后一个步骤；英国阅读社的"阅读六本书挑战赛"，在活动开始之前就要求参赛人员填写一个网络问卷，其中就包括了个人对阅读的看法，喜欢看什么方面的书等，在挑战赛结束之后，同样也要求参加人员填写问卷，包括对自己阅读能力的评估、未来的阅读计划等。这些评估活动通过收集第一手的活动信息，让阅读推广机构对阅读推广活动的开展情况和读者相关需求有了更深入的了解，有效保证了阅读推广活动的良性化

---

① 余思昆．评估与评价的区别［DB/OL］．［2019–11–09］．http：//www.docin.com/p–5244 39165. html?qq–pf–to=pcqq.c2c.

发展[①]。

（二）国内阅读推广活动评估研究现状

近年来，国家对"全民阅读"的大力倡导让阅读推广进入了空前繁荣时期。与"全民阅读""阅读推广"如火如荼的局面形成鲜明对比的是，阅读推广项目评估研究的相对滞后。

笔者以 CNKI 的学术期刊数据库作为数据源，以"阅读推广"作为题名检索词进行检索，可检索到的相关论文为 4336 篇，而以"阅读推广""评估"作为题名检索词进行检索，一共检索到的相关论文仅 21 篇，其中核心期刊 7 篇，笔者又以"阅读推广""评价"作为题名检索词进行检索，检索到的相关论文仅 45 篇，其中核心期刊 12 篇。

关于阅读推广活动评估，王波认为"转换研究视角，从读者的角度，用实证方法来评估和重新设计阅读推广活动的研究几乎没有"[②]。他认为应该要从基于图书馆的阅读推广活动评价指标和基于读者的阅读推广活动评价指标这两个方面来设计阅读推广活动的指标体系。蒙媛从循证图书馆学的视角出发，探讨了 EBL 和阅读推广研究共通之处。借鉴美国两项循证阅读推广实践的经验，从四个方面阐述了国外循证实践对我国阅读推广效果评估的启示[③]。朱园园等以西南科技大学图书馆为研究对象，从读者、图书馆、馆藏资源三方面构建了高校图书馆阅读推广活动效果评价指标体系[④]。杨莉以医学类图书馆阅读推广效果为研究对象，在现有阅读推广评价指标的基础上增加了医学类信息指标，构建了基于组织者和读者的阅读推广活动评价指标体系[⑤]。徐雪明在

---

① 赵俊玲，郭腊梅，杨绍志. 阅读推广：理念·方法·案例［M］. 北京：国家图书馆出版社，2013：27–32.

② 王波. 阅读推广、图书馆阅读推广的定义——兼论如何认识和学习图书馆时尚阅读推广案例［J］. 图书馆论坛，2015（10）1–7.

③ 蒙媛. EBL 视角的阅读推广效果评估研究——以美国实践为例［J］. 山东图书馆学刊，2018（4）86–89.

④ 朱园园，胡翠红，唐婷，王舒可. 基于动态模糊综合评价的高校图书馆阅读推广效果评价研究［J］. 图书研究与工作，2018（8）50–54.

⑤ 杨莉. 基于 AHP 法的阅读推广效果评价指标初探［J］. 图书情报导刊，2016（9）58–60+148.

对阅读推广效果评价研究的基础上，对构建我国手机图书馆阅读推广效果评价体系进行了阐述[①]。秦疏影以北京农学院图书馆为例，针对如何充分调查读者的阅读状况、明确读者的阅读需求点和兴趣点、策划阅读推广活动主题和形式、开展阅读推广活动、收集读者反馈意见、进行阅读推广效果评价等环节逐一进行分析，并指出了关键注意事项[②]。

表 4-2　年度载文量统计

年度 ＼ 题名检索词	"阅读推广""评估"	"阅读推广""评价"
2012 年		1 篇
2013 年	2 篇	3 篇
2014 年	1 篇	7 篇
2015 年	5 篇	6 篇
2016 年	2 篇	6 篇
2017 年	3 篇	10 篇
2018 年	8 篇	12 篇

从表 4-2 中可以看出，国内关于"阅读推广""评估""评价"的相关研究是从 2012 年左右开始的，研究文献的数量呈整体上升趋势，但是整体研究情况并不乐观，这也从一个侧面反应出在"阅读推广"蓬勃发展的今天，关于阅读推广的"评估""评价"的研究和实践还有待进一步发展。

（三）军校阅读推广活动评估的原则

军校阅读推广是一个系统性的工作，军校阅读推广活动评估机制的构建也应该要坚持以下几个基本原则。

1. 系统性原则

军校阅读推广活动评估机制的构建要坚持系统性原则，从阅读推广主体、客体两个角度，分阶段综合考虑。阅读推广主体与客体是相互影响、相互补充

---

① 徐雪明. 手机图书馆在阅读推广中的效果评价分析［J］. 江苏科技信息，2015（24）14-16.

② 秦疏影. 高校图书馆精细化阅读推广模式研究与效果评价——以北京农学院图书馆阅读推广活动为例［J］. 图书情报工作，2015，59（16）：45-49+89.

的关系。主体与客体也会保持相对的一致性。科学的评估就要坚持主体、客体相结合。此外，军校阅读推广活动的评估必须嵌入阅读推广活动的流程中，成为军校阅读推广活动的固定环节，只有这样才能更好地指导军校阅读推广工作，并不断引导军校阅读推广工作往更高效的方向前进，最大限度地发挥评估的作用。

2. 可操作性原则

军校阅读推广活动评估机制的构建要充分考虑可操作性原则。笔者认为，可操作性原则是最重要的原则，缺乏可操作性的评估永远只能停留在理论层面，缺乏实践的可能性，也难以发挥评估的作用。对军校阅读推广活动进行评估是为了更好地指导和开展工作，需要将其列入军校阅读推广活动的流程中。军校阅读推广工作的实施者不是专业的数据分析人员，因此，为了确保可操作性，军校阅读推广项目评估环节的设计不宜太过复杂。复杂的设计不仅会增加原始数据收集的难度，也会增加后期统计分析、归纳总结的工作量和工作难度，数据的可获得性和数据获取的便利性是体现可操作性的重要因素。坚持可操作性原则必须要做到以下几点：① 资料数据容易获取；② 指标设定容易量化；③ 结果容易进行纵向、横向数据比对，便于分析总结。

3. 目标一致原则

军校阅读推广项目的总体目标大致相同，但是具体到每一个活动，则略有差别，坚持动态性与开放性相结合的原则就是要在总体目标一致的前提下，对每一个阅读推广活动、项目设定预期的目标。在进行军校阅读推广项目评估的时候可以将实际实施的数据和事前评估的预期数据进行比对，从而得到更具价值的信息。

4. 动态性与开放性结合的原则

军校阅读推广活动评估机制作为一个系统模型，要保持其客观性，就必须具备动态调节的功能，并具有开放性，这样才能随着实际工作的开展情况和环境的变化进行适度的调整和相应的变化。

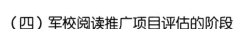

（四）军校阅读推广项目评估的阶段

阅读推广项目评估通常包含事前评估和事后评估两部分，因此，构建军校阅读推广项目评估机制也包括了预期评估和总结评估两大模块。预期评估主要是指在活动的策划和准备实施阶段对活动的效果进行预测。阅读推广活动、项目需要耗费一定的人力、物力，活动、项目实施前的预期评估是整个评估机制的基础，也是非常关键的一步。预期评估是对活动实施之后所达到的结果进行预测。总结评估是在活动结束之后，对阅读推广活动的最终成效进行总体评价，并通过问卷调查、数据分析、表彰认定等方式形成最终的活动、项目报告。总结评估的时候，需要将各项数据进行横向、纵向的比对，并对预期评估的结果进行认定，以方便进一步地指导预期评估工作，效果评估的指标应该包含以下三个阶段的内容：

1. 设计规划阶段

在某一项阅读推广活动、项目的设计和规划阶段，应该首先对该活动、项目实施的必要性和可行性进行一定的预估，明确该活动、项目要实现的目标，并从活动规模、活动参与人数、活动影响力等多个方面列出预期数据及预期效果。

2. 操作实施阶段

在阅读推广工作的操作实施阶段，要对工作开展的情况与效果进行如实记录。活动过程中的效果和读者对于活动、项目的实时反馈非常具有参考价值，可以根据现有数据，及时掌握活动的实施情况，甚至可以根据现场情况对后期的工作进行及时调整和改进。

读者的满意程度是阅读推广工作成效最直观的体现。操作实施阶段的评估就是基于读者满意程度和阅读推广工作、服务开展质量进行的评估，并依此进行后期的调整。操作实施阶段的效果评价指标一般包括活动传播度、活动参与度、活动现场气氛等。

3. 后期总结阶段

当阅读推广活动、项目运营一段时间后，或是某个阅读推广活动进入后期阶段，就需要对活动的情况进行报道和持续跟进。单项的阅读推广活动，如读书分享会和仪式类、展览类等活动应该在活动结束之后进行总结，而对于常规性开展的项目活动，最好以年度为单位进行阶段性总结。

三、军校阅读推广活动评估工作开展

国外的阅读推广活动普遍注重活动的效果评估。在充分借鉴美国图书馆协会"一城一书"活动的成功经验基础上发展起来的湖南省普通高校图书馆"一校一书"阅读推广活动也将活动评估作为阅读推广活动的重要环节，成为激励湖南省内各大高校积极参与、不断扩大活动规模的重要手段。

湖南省普通高校图书馆"一校一书"阅读推广活动由湖南省教育厅高等教育处主办，中国图书馆学会阅读推广委员会指导，湖南省高等学校图书情报工作委员会组织实施。自 2013 年开始，截止到 2019 年已连续举办了 7 年。活动范围覆盖了湖南省 37 所普通高等学校的近 70 万师生[①]。"一校一书"阅读推广活动举办 7 年来取得的辉煌成绩和影响力与该活动评估环节的设定是密不可分的。湖南省教育厅在每年 4 月下发"一校一书"阅读推广活动通知和活动方案，并公布相关奖项的评奖条件和活动要求，年末由各高校图书馆提交本校当年阅读推广活动的相关材料参与申报"优秀组织奖""创新案例奖"等奖项，然后由湖南省高校图工委在综合考虑各高校活动组织、推广成效、条件建设等情况后进行评选。湖南省高校图工委每年都会下发当年"优秀组织奖"和"创新案例奖"等奖项申报的通知要求，并制定了明确的评分标准，其中包含了创新性、推广价值、组织性等多个指标。各大高校图书馆在提交奖项申报材料的同时还需要提交一份阅读推广活动的绩效信息收集表，这些都是作为高校阅读推广活动的评估环节而存在的。它不仅能客观反映各大高校阅读推广活动的开展情况，还能有效地指导各大高校在开展阅读推广活动的过程中扩展阅读推广主体、丰富阅读推广活动形式、扩大阅读推广活动的影响力等。

---

① 陈有志，赵研科. 协同背景下的阅读推广体系实证研究——以湖南省高校"一校一书"活动为例 [J]. 高校图书馆工作，2014（2）6–9.

表4-3　2018年"一校一书"阅读推广活动创新案例奖评分标准 ①

材料完备性（70分）			
申请表	案例总结	照片5张	活动PPT
10分	20分	2分 *5张	20分
创新性与推广价值（30分）			
创新性（10分）		明确性（10分）	影响力（10分）
每个创新点5分，最高不超过10分；创新性在申请表上分点列出。		案例紧扣修身立德这一主题。活动前有方案，活动过程有体现。	通过各种渠道宣传，每个报道加2分，最高不超过10分。

表4-4　2018年"一校一书"阅读推广活动优秀组织奖评分标准 ②

材料完备性（70分）				
活动方案	绩效收集表	照片10张	活动总结	活动PPT
10分	10分	1分 *10张	20分	20分
组织优秀（30分）				
影响力（10分）	丰富性（10分）		组织性（10分）	
通过各种渠道宣传，每个报道加2分，最高不超过10分。	内容丰富，形式多样。每增加1项子活动加2分，最高10分。		组织主体多元，每增加1个组织主体加2分，最高10分。	

表4-5　湖南省普通高校"一校一书"阅读推广活动绩效信息收集表 ③

学校		
活动组织单位（　）	A.图书馆 B.学工处 C.宣传部 D.教务处 E.团委 F.其他	
活动参与单位（　）	A.图书馆 B.学工处 C.宣传部 D.教务处 E.团委 F.其他	
精读图书产生方式（　）	A.校长推荐 B.馆长推荐 C.教授推荐 D.读者投票 E.其他	
读者总量	学生	教职员工
阅读推广措施（线下）		
类别	参与人数	项目
仪式类（　）		A.阅读推广启动仪式 B.读书月启动仪式 C.文化节启动仪式 D.闭幕仪式或颁奖仪式 E.其他

---

① "一校一书——经典、精读、经世" 2018年湖南省普通高等学校阅读推广实施方案.

② "一校一书——经典、精读、经世" 2018年湖南省普通高等学校阅读推广实施方案.

③ "一校一书——经典、精读、经世" 2018年湖南省普通高等学校阅读推广实施方案.

续表

阅读推广措施（线下）		
类别	参与人数	项目
讲座类（　）		A.学术类 B.论坛类 C.名人类 D.文化类 E.热点类 F.其他
竞赛类（　）		A.主题演讲比赛 B.图书知识趣味竞赛 C.征文比赛 D.微电影竞赛 E.其他
参与类（　）		A.读书心得 B.图书评论 C.学生馆长（馆员）选拔 D.读者留言 E.读者献策 F.读者图书采选 G.其他
展览类（　）		A.摄影作品展览 B.书画作品展览 C.新书展览 D.经典名著展览 E.损毁图书展览 F.推荐书目图展 G.经典电影展
活动类（　）		A.灯谜活动 B.馆读读书联谊活动 C.对联活动 D.志愿者主题活动 E.其他
组织类（　）		A.读书会 B.读者协会 C.读者微信群 D.QQ群 E.其他
总计		注意：总计参与人数必填。
阅读推广措施（线上）		
上传阅读推广网站材料（　）		A.学生读书心得 B.教职员工读书心得 C.活动策划方案 D.活动项目方案 E.活动图片 F.媒体报道
读书心得参与面		撰写读书心得总量（篇）　　　　上传网站数量（篇）
推广与媒体宣传		
宣传推广（　）		1. 2. 3. 4. 5. 6.

　　湖南省普通高校"一校一书"阅读推广活动评估是针对湖南37所普通高校全年阅读推广活动进行整体评估。例如，优秀组织奖的申报和评选，其评估点包括了组织情况、参与情况、活动类型、活动影响力等；也有针对单个案例的评估，例如创新案例奖的申报和评选。总的来说，评估的内容虽未细化到每一个阅读推广活动项目，但也要求阅读推广单位对每一个阅读推广活动项目的实施情况进行真实记录。

　　国防科技大学图书馆自2014年开始参与湖南省普通高校图书馆"一校一书"阅读推广活动，通过利用湖南省高校图工委提供的评估方法对全校阅读推广活动项目进行整体评估和有针对性的指导，有效地促进了阅读推广工作的发展。在与地方高校同场竞技的同时，也切实体会到军校阅读推广工作的任重道远。军校没有学校层面的阅读推广组织机构，在一定程度上制约了阅读推广组织工作的进展和效率，也限制了阅读推广活动的影响力。军队院校与地方院校在学校机构设置上的差异和军校读者的实际情况，也让"一校一书"阅读推广活动部分指标数据无法全面反映出军校阅读推广活动项目的开展情况。因此，有必要立足军校自身的实际情况进行阅读推广活动项目的评估。

军校阅读推广活动项目评估，可以充分借鉴"一校一书"阅读推广活动的成功经验，将活动评估作为每一个阅读推广活动的最后环节而具体到某一个阅读推广活动项目中，我们可以更为细致地从主体、客体两个角度，分事前评估和事后评估两个阶段对阅读推广活动项目进行评估。笔者从军校开展阅读推广活动的实际评估需求出发，从主体、客体两个角度设计了军校阅读推广活动的绩效反馈表和军校阅读推广活动读者反馈表，分别从主办方和读者两个角度对军校阅读推广活动项目进行评估。

军校阅读推广活动绩效信息收集表包含事前评估和事后评估两个部分，具体的评估内容包括：主办方的认可程度、活动组织情况、读者参与情况、宣传推广情况、馆藏资源支持程度和经验总结六个部分。

（一）主办方认可程度

阅读推广活动的主办方对于活动的认定是一个非常重要的指标，主办方的重视程度将决定活动的投入情况。在对阅读推广活动项目进行评估的时候，应该把主办方对阅读推广活动的认定作为一个重要的指标。通常情况下，阅读推广活动的参与度和影响力同主办方的重视程度大致呈正比，在实际操作过程中，也可能出现活动的实际效果与主办方预期产生出入的情况。如果出现主办方非常重视而读者实际的参与度和反馈却并不理想的情况，就需要综合考虑多方面因素，多维度地进行总结与反思。

（二）活动组织情况

活动组织情况主要是对活动的组织单位、参与活动组织的团队构成和人员分工情况进行评估，重点是通过对活动组织环节评估的方式，找出活动组织过程中值得推广借鉴的经验或是日后需要改进避免的问题。

（三）读者参与情况

读者参与情况主要是对读者参与模式和实际的参与读者数量进行评估。军校教育的特点决定了军校范围内大部分的活动都是通过集体组织参与的方式开展的，集体组织参与的方式能确保军校阅读推广活动的规模和读者参与度，但也不是所有的阅读推广活动都适合通过集体组织的方式开展。将集体组织和自发参加的读者进行分类统计，有利于充分了解该阅读推广活动项目的实际需求情况，能够对之后的活动策划产生指导和借鉴的作用，而将读者实际的参与情况和主办方的预期进行比对，也能对军校阅读推广活动项目的组织情况进行真实反馈。

（四）宣传推广情况

宣传推广情况包括宣传渠道、宣传方式、宣传范围等多项指标。宣传推广是阅读推广活动一个非常重要的方面，直接决定活动的成功与否。宣传是否到位，宣传的时机掌控是否合适，都将对活动的效果产生重大影响，因此，宣传推广情况是影响活动参与度的主要因素之一。

宣传推广情况可以对前期宣传阶段和结束后的报道阶段分别加以统计，因为活动前期的宣传对阅读推广活动的结果会产生重要影响，而活动后的报道情况也是充分反映活动影响力的重要因素之一。

（五）资源的支持程度

资源的支持程度包含两层含义，一是阅读推广活动推广的客体，也就是"推广内容"的资源支持情况。读者是否能够方便获取，阅读资源对阅读推广活动的支撑是阅读推广活动、项目开展的基础。二是军校阅读推广活动、项目对读者阅读行为的促进程度。这个指标可以被称为阅读推广活动的最终结果，但是该指标数据并不能完全反映阅读推广活动的情况。阅读推广活动会对部分的馆藏资源的利用率的提升产生积极的促进作用，但是整体流通量、借阅量等数据的变化除了会受到阅读推广活动的影响之外，还会受到读者规模、时间以及互联网时代借还量常规下滑等诸多因素的影响。因此，不能把大数据的变化作为反映阅读推广活动成效的最终标准。

（六）经验总结

经验总结主要从可借鉴的成功经验和需要改进的不足之处两个方面进行总结，主要是为以后的阅读推广活动、项目的开展提供参考改进的依据。

表 4-6　军校阅读推广活动绩效信息收集表

		活动主题	
事前评估填写		活动内容	
		核心参与人	
	主办方认可程度	重要程度	1. 全年重大活动　2. 学期重点活动　3. 系列常规活动　4. 一般普通活动
		活动周期（从筹备到结束）	1. 6个月及以上；　2. 3–6个月；　3. 1–2个月；　4. 2–4周
		预计参与人数	
		总体结果评价	1. 非常满意　2. 比较满意　3. 基本满意　4. 不太满意
	组织情况	组织单位数量（　）	1. 图书馆　2. 机关单位　3. 学院、学员队　4. 学生社团　5. 其他
		工作人员参与情况	1. 参与工作人员的数量　2. 工作人员的团队构成　3. 分工情况
事后评估填写	读者参与情况	读者参与模式	1. 单位组织参与　2. 读者自发参与　3. 两者都有
		实际参与人数	1. 单位组织参与（　）2. 读者自发参与（　）
	宣传推广	宣传渠道	1. 5个以上　2. 3–5个　3. 1–2个　4. 无
		宣传方式	1. 5种以上　2. 3–4种　3. 1–2种　4. 无
		军内影响力（媒体报道）	1. 5篇以上　2. 3–4篇　3. 1–2篇　4. 无

续表

事后评估填写	馆藏资源支持程度	文献流通量	
		文献数量	
		文献浏览量	
	经验总结	可借鉴的成功经验（创新点）	1. 2. 3.
		需改进的不足之处	1. 2. 3.

军校阅读推广工作基本都是以活动的形式呈现的，有的是系列活动的方式，有的是主题活动的方式，也有单个活动，通过军校阅读推广活动绩效信息收集表对阅读推广活动进行评估，能够有效地简化阅读推广活动的评估流程，确保数据记录的完整性，为形成阶段性总结评估报告和项目整体评估提供数据和依据。

四、构建军校阅读推广活动评估机制的意义

阅读推广活动形式多种多样，内容丰富多彩，但具体到每一个阅读推广活动、项目中，不管是何种形式、何种类型，都应该对阅读推广的效果进行评估。这个评估的环节也应该列入各项阅读推广活动、项目的实施流程。这样做一方面能发现存在的问题和差距，另一方面能探索解决问题的途径和方法，从整体上把握军校阅读推广工作现有的水平和发展的状态，发现自身的优势与不足，并根据评估结果调整工作重心和工作倾向，让军校阅读推广工作朝着理想的方向发展。

（一）有利于促进军校阅读推广工作的发展

缺乏科学评估的实践活动容易导致低水平的重复。当前，"全民阅读"和"阅读推广"的理念已经深入人心，公共图书馆、高校图书馆等阅读推广机构多年的阅读推广实践也积累了一定的理论和丰富的实践经验。相比很多公共图书馆、地方高校图书馆在阅读推广领域中的高奏凯歌，以军校图书馆为代表

的军校阅读推广机构在阅读推广领域的表现并不乐观，从实践经验到理论研究都处于相对滞后的阶段，构建科学的军校阅读推广项目评估机制有利于清楚地了解军校阅读推广工作开展的现状，促进军校阅读推广工作的快速发展。

（二）有利于合理规划军校阅读推广工作

构建军校阅读推广活动评估机制能科学评定阅读推广活动的成果，合理规划军校阅读推广工作。阅读推广活动评估机制的构建，是确保阅读推广平台体系能够有效促进阅读推广工作开展的最重要一环。军校阅读推广是一个长期的工作过程，只有对阅读推广活动效果给予科学评估，才能清楚地了解阅读推广工作开展的成效，从而推动阅读推广工作持续开展。

（三）有利于科学指导军校阅读推广工作

构建军校阅读推广活动评估机制，将评估列入军校阅读推广活动流程可以为阅读推广活动的整体评价提供依据，还可以通过横向、纵向的数据对比，对之后的阅读推广工作的开展，产生极大的指导作用。而每一次活动数据的统计分析与经验总结都能为下一次活动提供借鉴，从而不断提升阅读推广工作开展的效率和质量。

军校阅读推广项目建设案例

　　文化是一个民族强盛的根基，更是一支军队强大的灵魂。习近平主席在党的十九大报告中指出，没有高度的文化自信，没有文化的繁荣兴盛，就没有中华民族的伟大复兴。阅读是文化自信的基石，在军校范围内广泛开展以"强军文化"为主题的阅读推广活动是深入学习贯彻习近平强军思想和关于先进军事文化建设重要论述的具体举措。

　　本讲挑选了军队科研院所、军校、军校图书馆、军校学员社团等不同军队主体开展阅读推广活动的案例文本，包含军校特色精品案例、军校图书馆主题活动案例、常态化阅读推广项目案例、阅读推广类社团项目案例四个部分。通过对军事科学院、国防科技大学、空军航空大学开展的一系列阅读推广活动案例进行分析，以期为其他军校阅读推广工作的有效开展提供参考借鉴。

第一节　军校特色精品案例

一、"诗颂强军新时代"全军诗歌笔会

（一）活动宗旨

军校承担着传承、创新、引领先进强军文化的光荣使命，更肩负着以文化人、

立德树人的神圣使命。习主席对文化的高度重视，为军队院校加强文化建设，大力开展军校特色阅读推广活动提供了根本遵循。

2018 年 6 月，由国防科技大学政治工作处和《解放军文艺》编辑部联合举办的"诗颂强军新时代"全军诗歌笔会在国防科技大学拉开帷幕。此次诗歌笔会是党的十九大以来首次举办的全军诗歌创作研讨活动，旨在通过开展研讨交流、创作点评、诗歌朗诵、主题讲座、军旅诗集展等一系列阅读推广活动，让新时代军校学员从诗歌阅读走向诗歌创作，以此培养更多的青年文学骨干，推出更多反映改革强军、聚焦备战打仗的优秀作品。

此次诗歌笔会通过以"诗颂强军新时代"为主题的阅读推广活动，教育引导广大官兵感悟诗歌魅力、丰富人文底蕴，以此催生自主创新，实现文化兴盛，助推科技兴军。

（二）活动概况

"诗颂强军新时代"全军诗歌笔会围绕"传承红色基因，担当强军重任""继承发扬军旅诗歌优良传统"等主题，组织了一系列军事题材的阅读推广活动，包括军事题材诗歌主题论坛、诗歌朗诵会、作品研讨会、创作改稿会以及面向军校学员的文学讲座等。

1. 活动准备

（1）成立筹备委员会。"诗颂强军新时代"全军诗歌笔会由国防科技大学政治工作处和《解放军文艺》编辑部联合主办，同时联合了国防科技大学文理学院、军事基础教育学院、各大职能部门，自上而下，全校联动，有效确保了此次活动的有序推进。

表 5-1 "诗颂强军新时代"筹备组详细事务表

职能部门	负责事项
校办公室	协调保障校领导参加活动有关事宜；协调接送站贵宾通道
教务处、研究生院	协调学员参加朗诵会及文化讲座
科研学术处	协调保障参观学校部分科研成果

续表

职能部门	负责事项
政治工作处	为活动牵头单位，制定活动方案，负责会务保障；协调组织开幕式、朗诵会、讲座等有关活动；邀请军地新闻媒体进行宣传报道；负责军地嘉宾接送站、食宿安排等事宜
安全管理处	活动期间，派遣轿车 3 台、考斯特 1 台、大巴车 1 台全程保障
供应保障处	协调保障天河苑食宿事宜；协调医护人员全程保障、每日巡诊
文理学院	协助做好活动保障事宜
军事基础教育学院	协调人员、车辆进出相关事宜；组织特色军事课目演示；协助组织诗歌朗诵会；安排学员参加诗歌朗诵
图书馆	组织三场文化讲座，举办诗集展，组织参会诗人与学校文学爱好者座谈交流会
新闻文化室	负责活动全程录像和校内外宣传报道

（2）嘉宾确定。《解放军文艺》编辑部组织全军老、中、青三代军旅诗人代表齐聚长沙，同时邀请了中国作协相关领导、当代中国诗坛代表人物、军事文学创作委员会领导和《人民文学》《诗刊》两大杂志相关人员参加，近50名军内顶级诗人代表出席的嘉宾阵容为此次盛会的成功举办奠定了基础。

（3）活动策划。"诗颂强军新时代"策划了包括全军诗歌笔会开幕式、军事题材诗歌主题论坛、诗歌朗诵会、作品研讨及座谈会、强军文化讲座、校园采风和文学爱好者交流座谈会等一系列阅读推广活动，规模盛大、形式多样、内容丰富。

2. 活动内容

（1）开幕式。2018 年 6 月 8 日，"诗颂强军新时代"诗歌笔会开幕式盛大举行，国防科技大学政委刘念光出席开幕式并致辞，副政委史衍良主持开幕式。中国作协副主席吉狄马加，中国作协副主席、军事文学委员会主任徐贵祥，参会诗人代表李庆文发表讲话。当代中国诗坛代表人物、军事文学创作委员会领导、军地诗人嘉宾代表和学校有关人员均受邀参加开幕式。

（2）军事题材诗歌主题论坛。军事题材诗歌主题论坛以"在新时代背景下，军旅诗人何为？"为主题，参会诗人从"信息化战争与高科技军事的诗歌表达""军民融合战略""对军旅诗歌创作的影响和触发""克服军旅诗歌创作的同质化倾向"发现、扶持创作人才和促进军事诗歌创作的设想与建议"等六个方面进行了集中探讨和阐述,将军旅诗歌创作与改革强军伟大实践紧密结合,充分展现了军校阅读推广活动的军队特色。

（3）诗歌朗诵会。"诗颂强军新时代"诗歌朗诵会以"强军"为主旋律,策划了"强军魂""强军策""强军志"三个篇章。湖南省内外知名朗诵者和学员代表共同朗诵表演了包括毛主席诗词、古典军旅诗、现代军旅诗、与会嘉宾作品和国防科技大学诗人作品在内的数十首诗歌作品,全校近千名师生到场观看。此次诗歌朗诵会也成为国防科技大学"打造强军文化,建设书香校园"的精彩亮点。

图 5-1　"诗颂强军新时代"诗歌朗诵会现场

（4）文化讲座。"诗颂强军新时代"文化讲座由国防科技大学图书馆蕙风讲坛承办,旨在引导国防科技大学读者将"阅读"与"强军"有效结合。著名作家徐贵祥、著名诗人刘立云、《解放军文艺》主编姜念光,分别带来了题为《军营生活的诗意》《生命中最美的部分》《营造自己的星空》三场强军文化讲座,近两千名师生参与。为配合此次文化讲座,国防科技大学图书馆还特别推出了以"诗和远方"为主题的诗集展，并集中展出了《解放军文艺》"诗颂强军新时代"诗歌专号，让学校师生用阅读的方式更好地了解军旅诗歌、了解诗歌创作，礼赞英雄、讴歌时代。

图 5-2 "诗颂强军新时代"文化讲座现场

（三）活动成效

"诗颂强军新时代"全军诗歌笔会是党的十九大以来首次举办的全军诗歌创作研讨活动，也是军校范围内规模空前的一次阅读推广活动，军内外近 50 名顶尖军旅诗人出席，近万名军校学员参与，盛况空前。

此次盛会围绕"诗歌"和"强军"的主题，紧跟军队建设实际需求和"文化强军"的理念，强化了军校学员的"阅读意识""创作意识"和"文化强军意识"。

活动期间，中国军网、光明网、国防科技大学微信公众号等官方媒体相继发布了全军诗歌笔会开幕式、军事题材诗歌主题论坛、诗歌朗诵会、强军文化讲座等各项活动的通知及相关报道，搜狐网、新浪网等主流网络媒体相继转载，社会影响力空前。

（四）活动启示

1. 立足军队特色，紧贴时代主旋律

"诗颂强军新时代"全军诗歌笔会以"诗歌"为出发点，以"强军"为着力点，立足军校特色，紧密贴合时代主旋律，实现了军校阅读文化培育与强军文化建设的完美结合。此次活动是深入学习贯彻习近平强军思想和关于先进军事文化建设重要论述的重要举措，也为进一步繁荣发展军校阅读推广事业提供了样板借鉴。

2. 强强合作，统一部署

"诗颂强军新时代"全军诗歌笔会由国防科技大学政治工作处与《解放军文艺》出版社联合主办。《解放军文艺》出版社是中国国内唯一以出版军事题材文学艺术类图书、期刊为主的出版社，主办了《解放军文艺》和《军营文化天地》月刊，在军队文艺界具有极强的号召力。老、中、青三代顶尖军旅诗人的受邀出席为此次大型阅读推广活动的社会号召力和社会影响力奠定了基础。国防科技大学是唯一列入"双一流"建设的军队院校，学校层面的统一部署和校内各承办单位的全力配合确保了此次大型活动各个流程、各个环节的有效实施。

3. 形式多样，目标明确

"诗颂强军新时代"全军诗歌笔会通过军事题材诗歌主题论坛、诗歌朗诵会、作品研讨及座谈会、强军文化讲座、校园采风和文学爱好者交流座谈会等多种形式的阅读推广活动，让一线军旅诗人与军校学员面对面交流探讨，从诗歌阅读到诗歌创作，从学习写作到文化强军，为军校阅读推广工作的发展指明了方向。

二、空军航空大学"读书节"

（一）活动背景

空军航空大学是以培养飞行人才为主体、航空飞行指挥与航空工程技术

专业兼容的综合性军事大学。在校园文化建设中，始终自觉地将"文化强军""战训一致"和"战略军种"作为开展文化活动的基调，始终着眼对学员文化强军主体意识的培养，激发学员官兵献身强军、矢志打赢的热忱。"读书节"阅读推广活动的开展就是在"文化强军"的大背景进行的，体现了活动组织者敏锐的政治性和前瞻性，通过开展学用一体、训战一致的读书活动，将校园阅读推广活动打造成弘扬强军文化的宣传窗口、投身强军实践的隐性课堂、引领强军目标的教育平台[①]。

图 5-3　空军航空大学"读书节"活动开幕式现场

（二）活动概况

1. 组织设计

截至 2019 年，"读书节"已经连续举办了 13 年，活动由学校图书馆承办，联合教务处、教保处、政治部宣传处、校务部卫生处、学员管理总队、飞行基础训练基地、飞行训练基地等多家单位，自上而下严密组织，广泛动员。

---

① 翟东航，曹安阳，张继军，张娜. 知识传播视角下的军校阅读推广研究［J］. 新世界图书馆，2016（5）33-37.

活动邀请学校首长出席"读书节"的开幕式及闭幕式，动员讲话、表彰先进、鼓舞士气；邀请校内外专家教授担任活动的评委指导阅读活动；整合优质教育资源、依托飞研所名师力量，充分发挥大学门户网站、图书馆网站、校园广播站、校报《飞行人才培养理论研究动态》、宣传海报等多种媒体的宣传功能和引导作用[1]，使"读书节"活动形成了领导队伍、专家队伍、政工队伍、教员队伍、学员队干部队伍、学员骨干队伍自上而下的阅读推广活动组织体系。

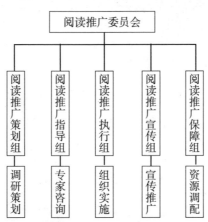

图5-4 空军航空大学"读书节"阅读推广委员会组织结构图

2. 主题设计

空军航空大学的"读书节"将阅读推广活动上升到军队战略的高度，活动主题设计注重空军兵种文化的历史传承性、与时俱进性、创新性和整体性[2]。历年来的"读书节"主题在张扬浓厚的文化底蕴中，紧密彰显时代主旋律，突出"战训一致"和"战略军种"特色，形成了具有军事飞行特色的阅读文化。

---

① 翟东航，曹安阳，张继军，张娜.知识传播视角下的军校阅读推广研究［J］.新世界图书馆，2016（5）33-37.

② 翟东航，曹安阳，张继军，张娜.知识传播视角下的军校阅读推广研究［J］.新世界图书馆，2016（5）33-37.

表 5-2　空军航空大学历届"读书节"主题

活动时间	活动主题
2011 年	"文化阅读 砥剑空天"
2012 年	"剑气书香 经略空天"
2013 年	"书卷涵泳 志博云天"
2014 年	"以战促学 学以致用"
2015 年	"铁马秋风 海空淬剑"

3. 活动设计

"读书节"活动围绕阅读主题，策划、设计了与主题一脉相承的系列活动，活动的设计首先注重的是"站位高远"和"与时俱进"，将活动的设计放在"文化强军"的背景下以及军队战略的高度下，使学员官兵通过参与活动进一步明确强军目标和坚定强军信念。其次是"精细划分"和"军学平衡"，根据学员类型、资源需求设计合适的阅读推广活动，在活动中贯彻好实战化教学训练的要求[1]。

（三）活动内容

1. 仪式类

图 5-5　空军航空大学"读书节"总结表彰大会

---

[1] 翟东航，曹安阳，张继军，张娜. 知识传播视角下的军校阅读推广研究 [J] . 新世界图书馆，2016（5）33-37.

空军航空大学历届"读书节"都会举行隆重的开幕式和闭幕式，邀请学校首长做动员讲话和总结讲话，鼓舞士气。同时注重挖掘活动中突出的典型代表和先进事迹，并在仪式上对优秀读者和优秀组织进行表彰，颁发证书、奖品和锦旗。

2. 竞赛类

"读书节"开展了精彩纷呈的各类型竞赛活动："手擎科学"求索杯航空航天综合知识竞赛、"传承人文"当代军校大学生主题辩论赛、"履行使命——空天安全，我的责任"主题演讲比赛、"矢志空天报国，献身强军实践"即兴演将比赛、"空中力量现代化与我的使命"征文比赛等。

图 5-6　空军航空大学"读书节"演讲比赛现场

3. 讲座类

飞行人才职业生涯规划讲座，依托飞研所名师资源，诸如红鹰飞行表演队队长等，从飞行人才职业生涯规划层面，为在校学员树立标杆、指引方向，

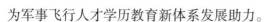

为军事飞行人才学历教育新体系发展助力。

图 5-7　空军航空大学"读书节"讲座现场

4. 征集类

治学感言征集，借鉴古代鸿儒及导师在课堂上为学生开书目之风，向高职教员和特级飞行员征集治学感言，为学员和官兵推荐影响人生的书籍。中国卡通军机形象设计征集，借鉴学员喜闻乐见的"兵小萌"卡通漫画形式，以教练机、歼击机、轰炸机等军机机型为创作元素，进行卡通形象艺术化设计。

（四）活动成效

空军航空大学以"读书节"为代表的阅读推广活动具有持续性、常态性和创新性，不仅在学校内产生了广泛的影响，同时也取得了良好的推广效果和社会评价。中国军网、新华网、空军政工网、《空军报》《空军航空大学报》等多次对活动进行宣传报道。空军航空大学图书馆被中国图书馆学会授予"2012年全民阅读先进单位"称号。

（五）活动启示

1. 注重顶层设计，健全组织体系

空军航空大学"读书节"阅读推广活动是在"文化强军"的大背景下进行的，活动由图书馆承办，多家单位联合协作。经过多年的发展，图书馆已经建立起了较完善的阅读推广组织体系，打造了较合理的全民阅读协调机制，使得阅读推广活动能自上而下、井然有序地执行推广。

2. 创新活动思路，探索多元实践

通过开展"'以人为书、多元阅读'living Library"和"2015 年阅兵真人读书馆"阅读推广活动，形成了新型的教学组织模式；将飞行人才职业生涯规划理念引入阅读推广活动，在助力军事飞行人才学历教育体系发展的同时提升了阅读推广活动的参与度。

3. 军校特色鲜明，主题号召力强

空军航空大学"读书节"将阅读推广活动上升到军队战略的高度，"读书节"主题设计站位高远、别具一格，既凸显了军事文化底蕴又紧贴时代主旋律，将"围绕实战搞教学，着眼打赢与人才"的理念融入阅读推广活动，具有极强的号召力和感染力。

第二节　军校图书馆主题阅读推广案例

图书馆具有丰富的信息资源，是传播知识的重地。而现代图书馆学的核心研究领域之一是社会阅读与阅读推广，并把促进社会公众的阅读定为图书馆的核心价值[①]。军队院校图书馆是军队阅读推广的主力军。图书馆通过举办多元化的阅读推广活动，持续性建设阅读推广品牌，既能切实提高馆藏文献资源的利用率，充分体现自身的核心价值，亦能多元化地助力"全民阅读"，

---

① 初景利，易飞，杜杏叶，王传清，王善军，刘远颖，徐健.持续推动图书情报理论创新与实践探索——《图书情报工作》2014 年发文评述［J］.图书情报工作，2015，59（1）：5–16.

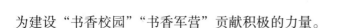

为建设"书香校园""书香军营"贡献积极的力量。

一、国防科技大学"文献资源宣传活动周"

（一）活动宗旨

国防科技大学图书馆自 2005 年开始，每一到两年举办一次"文献资源宣传活动周"，截至 2020 年，已举办 12 届。国防科技大学图书馆"文献资源宣传活动周"以图书馆海量的纸本文献资源和电子文献资源的宣传为核心内容，以推广图书馆文献资源服务、提升文献资源利用率为主要目标，旨在通过一系列内容丰富、形式多样的阅读推广活动，集中展示军校图书馆文献资源体系的建设成果，宣传文献资源及服务，同时加强图书馆与读者之间的交流和互动，提升军校学员的阅读热情，活跃校园文化氛围，建设书香校园。

图 5-8　国防科技大学第十一届文献资源宣传活动周开幕式现场

（二）活动概况

每一届的"文献资源宣传活动周"都会设定不同的活动主题，如：第八届活动周的主题为"青春岁月伴随文墨书香，军旅时光徜徉图书殿堂"，第十一届活动周的主题为"泛舟书海，逐梦强军"。每一届"文献资源宣传活动周"

都得到了学校领导和机关的高度重视，都举办了隆重的开幕式。图书馆都会成立6~10人筹备工作组，由馆长牵头，副馆长负责具体工作，将责任层层落实、任务分解到人，保证各项活动的有序开展和实施。国防科技大学图书馆"文献资源宣传活动周"规模盛大、形式多样、内容丰富，多年来举办过的活动几乎涵盖了所有常见的阅读推广活动类型。

1. 展览类

（1）成果展。活动周以展现、宣传图书馆文献资源为核心。第五届活动周期间，举办了"回眸与展望——图书情报资源重点建设成果展"，此次展览主要展示了"十一五"期间图书馆的资源建设成果，并对"十二五"期间图书馆的发展进行展望。第八届活动周期间，举办了"跨越与梦想"成果展，总结展示"十二五"期间图书馆资源建设成果。文献资源建设成果展系统地展现了国防科技大学图书馆的文献建设成果，达到了良好的宣传效果，读者反响强烈。

（2）图书展。图书展是每一届"文献资源宣传活动周"的固定栏目，每一届活动周都会根据特定的主题举办图书展，如：第九届活动周举办了"红色经典图书展"；第十届、第十一届活动周举办了"豆瓣高分图书排行榜"系列图书展。

图5-9 "豆瓣高分图书排行榜"系列图书展活动现场

（3）书画图片展。陈赓大将是哈军工首任院长。第六届活动周期间，图书馆特别举办了"纪念陈赓大将逝世五十周年图片展"。此次图片展精选了130多张照片，展现了陈赓大将光辉的一生。第七届活动周期间，为迎接国防科技大学建校60周年，图书馆联合八院在一号院图书馆举办了"笔墨铸军魂"书画展。第八届活动周期间，在三号院分馆举办了"丹青征程"师生绘画作品展。

（4）文献展。高校图书馆的阅读推广工作要充分体现为教学科研服务的功能。第十届、第十一届活动周期间，举办了国防科技大学 ESI 前 1% 第一作者文章展，旨在营造校园"学术"阅读氛围，强化高校图书馆学术性服务机构的专业形象[①]。

（5）电影展。第十届"文献资源宣传活动周"期间举办了"光影伴书香，有梦自少年——科图影院电影展"。

2. 讲座类

讲座活动作为一种文化传播方式，能从不同的角度满足不同读者的需求，丰富图书馆服务的手段和内容，提高图书馆服务的层次[②]。历年来，国防科技大学图书馆"文献资源宣传活动周"期间举办的讲座主要包括以下三种：

（1）文献资源系列讲座。国防科技大学图书馆"文献资源宣传活动周"以文献资源为核心宣传内容，旨在通过大规模的集中宣传让读者更好地了解图书馆的文献资源建设情况，帮助读者提升获取、利用文献资源的能力。因此，每一届活动周都将文献资源系列讲座列为固定栏目。

表5-3　第十届"文献资源宣传活动周"文献资源讲座列表

探索引文脉络 激励科研创新—Web of Science 帮您面对科研创新生命周期中每个阶段的挑战	4月23日 15：00–16：00	一号院图书馆一楼文献检索室
雅思听说读写四科备考策略及规划（袁晨）	4月25日 15：00–16：00	一号院二楼会议室

① 邱冠华.图书馆讲坛工作［M］.北京：朝华出版社，2017：6.
② 邱冠华.图书馆讲坛工作［M］.北京：朝华出版社，2017：6.

续表

上业百科视频（上业百科）	4月26日 9：30–10：30	一号院图书馆一楼 文献检索室
EBSCO Host 学术资源检索方法的应用（唐义收）	4月26日 15：00–16：00	一号院图书馆一楼 文献检索室

（2）文化讲座。根据军校读者需求开展文化讲座，增加读者阅读兴趣，推进"书香校园"建设是军校图书馆义不容辞的责任。第七届活动周期间，图书馆特别邀请北京大学王余光教授来馆举办了"通识教育与经典阅读"专题讲座；邀请时任湖南省文化厅社会文化处副处长的金铁龙来馆为本科学员举办《站在战士的行列——我写〈大学毕业当兵去〉》讲座。第十届活动周期间，邀请了湖南省作协副主席余艳做《以文学初心追寻英雄初心》主题讲座，第十一届活动周期间，邀请北京大学王波教授来馆举办《如何感受阅读魅力》专题讲座。这些高品质的文化讲座已成为国防科技大学图书馆"文献资源宣传活动周"的一张名片。

（3）"创客空间"主题沙龙。为调动读者的创客意识和创新热情，第八届活动周期间，国防科技大学图书馆举办了"创客空间"主题沙龙，邀请该校多位教员就机器人（无人机）、电子技术与应用、多媒体与虚拟现实技术、计算机应用等主题与学员展开探讨。

3. 作品征集类

（1）征文类。2011年，国防科技大学图书馆与校报编辑部、研委会联合举办了"闪闪的红星"建党九十周年主题读书征文活动，自2014年开始，在活动周期间同期举办"一校一书——经典、精读、经世"阅读推广活动的启动仪式。

（2）摄影作品征集。2010年举办"阅读人生"主题摄影作品征集，并举办获奖摄影作品展。第八届、第九届活动周期间举办了"书脸图书摄影作品征集活动"，"书脸图书摄影作品征集活动"是通过人书嫁接的摄影方式，营造出妙趣横生的视觉效果。活动期间，图书馆在一号院和三号院馆厅都提供了打印机，读者可以将"书脸"作品现场打印出来，深受军校学员喜爱。第十届活动周期间举办了"书海泛舟，留影科图——摄影作品有奖征集"，并通过图书馆微信公众平台进行网络票选，并在一号院、三号院馆厅举办了获奖作品展。

图5-10 "我眼中的图书馆"摄影作品展

（3）视频作品征集。第七届活动周期间，举办了"遇见·我们的图书馆"原创小视频征集活动。面向全校师生征集小视频，以介绍和宣传图书馆使用及服务，要求内容积极向上，征集到的优秀作品通过馆内电子屏幕展示。

（4）音乐作品征集。第十届活动周期间，举办了"书香乐韵，阅动你我——馆厅音乐有奖征集"活动。近50名读者提交了上百首音乐作品，学员们提交的音乐作品中还包含了学员的原创音乐作品。活动结束后，图书馆将馆厅音乐更换为学员们推荐的音乐，并于每年6月"毕业季"时，通过馆厅音乐举办"毕业季NUDT原创毕业歌曲展播"，深受读者喜欢。

（5）3D打印作品征集。2014年，国防科技大学图书馆购置了第一台3D

打印机，面向全校读者提供 3D 打印服务，读者可通过预约使用图书馆的 3D 打印机。第八届活动周期间，举办了 3D 打印作品征集活动，此次活动在宣传、推广图书馆 3D 打印服务的同时也调动了学员的创客意识。

（6）设计作品征集。第六届活动周期间，举办了"国防科技大学图书馆馆徽征集大赛"，此次大赛共收到馆徽设计方案 20 余份。其中由国防科技大学缩写"NUDT"组成的图书形状的标志设计作品荣获大赛一等奖，并成为国防科技大学图书馆馆徽。第八届活动周期间，举办了手绘书签大赛，读者可到图书馆前台免费领取空白书签，用五彩的线条，在书签上绘出文墨情怀。

图 5-11　国防科技大学图书馆馆徽征集大赛一等奖作品

4. 趣味竞赛类

（1）书名有奖竞猜。第十届活动周期间，图书馆举办了"书香漫漫，签言万语——图书书名有奖竞猜活动"。在图书馆大厅悬挂印有名著摘录的书签，读者可自行挑选书签作答，每猜中一张书签上书摘对应的书名及作者可获得一份奖品。此次活动累计发放书签近 800 张，400 余人次参与了活动，特别设计的精美书签也成为活动的一大亮点。

图 5-12 "书香漫漫，签言万语"——图书书名有奖竞猜活动

（2）寻宝答题。第八届活动周期间，举办了"寻宝答题"活动，读者可在图书馆大厅、书架、阅览座位等馆厅范围内在规定时间内找到题目宝藏，答对题目的读者即可获得相应的奖品。

（3）图书馆知识有奖竞猜。第七届活动周期间，举办了"转动大脑，领悟新知"有奖竞猜活动；第八届活动周期间，举办了"图书馆使用和服务有奖知识问答"；第九届活动周期间，举办了"读书知识"有奖问答。这些图书馆知识有奖竞猜活动，旨在加深读者对图书馆基础借阅常识及读者服务的了解，加强读者与图书馆之间的互动。

（4）信息检索竞赛。加强军校学员的信息素养教育，提升军校学员的信息检索能力是军校图书馆义不容辞的责任。第八届活动周期间通过军训网平台举办了信息搜索达人竞赛，第十一届活动周期间，通过图书馆微信公众平台举办了信息检索大赛。

5. 读者互动类

（1）读者座谈会。读者座谈会是"文献资源宣传活动周"的固定模块，通过召开图情顾问座谈会和读者座谈会，广泛听取读者对图书馆资源建设和读者服务的相关意见和建议。

图情顾问座谈会主要邀请与会专家就图书馆的资源订购、信息服务、读者服务等方面提出建设性意见和建议，读者代表座谈会主要是邀请读者从军校学员的文献资源需求、阅读习惯培养和个人阅读体会等方面展开座谈。

（2）图书漂流活动。图书漂流是深受读者喜爱的阅读推广活动，也是"文献资源宣传活动周"的固定活动，每次活动周期间，都会通过现场摆点的方式开展图书漂流活动。

图 5-13　文献资源宣传活动周主题海报 1　　　图 5-14　文献资源宣传活动周主题海报 2

图 5-15　文献资源宣传活动周主题海报 3

（3）图书修补活动。第六届、第七届活动周期间，举办了"伸出双手，装扮殿堂"图书修补活动。馆员指导读者对缺失索书号标签的破损图书进行修补。

读者首先需要通过检索系统查到正确的索书号，在标签上写好并贴上，之后再对其余破损部分进行修补。馆员在读者查找索书号、修补图书的过程中为读者讲解中图法索书号的相关知识，每位读者完成三本图书修补即可收到一份小礼物。

（4）"你选书，我买单"活动。第七届、第八届、第十届、第十一届活动周期间都举办了"你选书，我买单"活动，邀请书商携最新热门图书来馆开展"你选书，我买单"活动，或是组织部分学员赴书店进行现场选购图书活动。

（5）签名活动。第七届活动周期间，举办了"珍爱图书，阅过无痕——承诺文明阅读大型签名活动"，以签名的形式倡导读者树立文明阅读新风尚，文明利用图书馆，争做文明读者，共有 800 余名读者响应号召。

（三）活动启示

军校图书馆是军校阅读推广工作的核心力量，也是军校范围内实施阅读推广服务的专业机构。国防科技大学图书馆自 2005 年开始举办首届"文献资源宣传活动周"，平均每 1~2 年举办一届，现已举办十一届。每一届的活动周都有特定的主题，包含多个活动模块，数十项分类活动。多年来，"文献资源宣传活动周"举办过的阅读推广活动几乎涵盖了所有阅读推广活动的类型。通过集中宣传图书馆的文献资源及服务，加强图书馆与读者的互动，使图书馆的资源与服务发挥更大的效益。活动周以文献资源为宣传点，将"重建设与促利用""倡阅读与精服务""铸品牌与展风采"有效结合，在建设书香校园、推广经典阅读、引领文化风尚方面，取得了显著成效。

1. 领导重视，团队合作

学校领导和馆领导的高度重视，是确保大型阅读推广活动顺利开展的前提和基础。每一届的"文献资源宣传活动周"，图书馆都会特别成立由馆长牵头，由副馆长任组长的工作小组，并从各部门抽调骨干馆员加入。团队成员献计献策、共同努力，集全馆之力全力保障，有效确保了活动周的顺利完成。

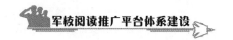

2. 学院参与，全校联动

"文献资源宣传活动周"已举办 11 届，活动规模逐年扩大，内容不断推陈出新，已经积累了一定的品牌效应。自 2018 年开始，文理学院、军事基础教育学院、研究生院等多个学院都加入到活动主办单位的行列，活动参与面显著扩大，在全校范围内形成了规模性的联动效应。

3. 精心设计，深度总结

每一届的活动周都是精心设计，从文献资源建设、文献资源利用到文献资源服务，都充分体现了阅读推广的大思路、大格局。通过高标准提供阅读资源，高质量服务军校读者，促进阅读活动的长效发展。每一届活动周后都进行深度总结，通过发展报告、总结报告、活动画册等方式，全面总结"活动周"的经验与不足，促进"文献资源宣传活动周"的长效发展。

二、军事科学院"世界读书日"阅读推广活动

（一）活动概况

军事科学院图书馆"世界读书日"系列活动自 2012 年始，截至 2019 年已经连续举办了 8 届，军事科学院图书馆的"世界读书日"系列活动，始终坚持高起点筹划、高标准组织、高质量落实。每一年的"世界读书日"活动都在延续前一届活动风格的基础上发展创新，打造了"阅读之星""诵读寄语""你选书，我买单"等深受读者欢迎的品牌活动项目，充分展示了军事科学院图书馆在弘扬时代文化特色、引领行业领域特色、发挥馆藏资源特色、为军服务特色等方面的积极探索。

表 5-4　军事科学院历年"世界读书日"活动列表

活动时间	活动主题	活动内容
2013 年	快乐阅读，幸福人生	评选"读书之星"，开展"图书漂流""名家谈读书""珍贵医学文献展"等活动
2014 年	书韵留香，成就梦想	评选"读书之星"，开展"资源推广""文献传递""优秀书评""绿书架行动""名家讲座""院士寄语"等活动

续表

活动时间	活动主题	活动内容
2016 年	阅读涵养创新 博学成就卓越	评选"阅读之星",开展"相约图书馆""名家讲座"等活动
2017 年	阅享时光,此智不愚	评选"阅读之星",开展"军事医学资源推广""诵读寄语""你选书,我买单""名家讲座""微型图书馆展示""智能服务机器人展示"等活动
2018 年	书香军营,成就梦想	评选"阅读之星",开展"阅读马拉松比赛""馆藏文献资源推广""诵读寄语""你选书,我买单""名家讲座""图书展销"等活动
2019 年	阅读·创新·强军	评选"阅读之星",开展"重温经典书迷会""寻找最美声音诵读寄语""信息获取培训""你选书,我买单""名家讲座""图书展销"等活动

（二）活动内容

1. 阅读之星

评选全年借书总量名列前茅的读者,并举行隆重的表彰仪式,授予"阅读之星"的荣誉称号,各院受表彰的"阅读之星"均为来自科研单位的一线工作者,人均年借书百余本。"阅读之星"评选作为历年来最受读者关注的活动之一,注重用榜样的力量感染、引领读者加入阅读的行列,鼓励读者多读书、读好书,让阅读蔚然成风。

2. 诵读寄语

"诵读寄语"活动是用声音展现文字的美好、释放心灵深处的激情。活动现场设置了大屏幕和"朗读亭",读者面对镜头和观众进行朗读,用最平实的情感展现生命之美、文字之美和阅读之美,用最真实的声音分享阅读体验的快乐。大屏幕上会同时播放军事医学科学院院士、专家们的朗读视频及读书寄语。他们通过镜头分享自己的阅读经历,表达对年轻科研人员的鼓励。在"朗读亭"里,读者面对镜头朗读出自己最喜欢的文字,用心去体味阅读的魅力。

3.你选书，我买单

在读书日活动启动之前，图书馆会通过微信公众号"掌上军图"发布一份荐购书单，邀请参加荐购书单活动的前300名读者选出心仪图书并前来活动现场领取。此外，还在各个现场预留名额，让读者通过扫描二维码参与到活动中来。

图5-16 "你选书，我买单"火爆的活动现场

4.智能机器人服务展示

作为信息技术和人工智能领域的最新技术成果，智能服务机器人的展示引人入胜，吸引现场读者纷纷驻足观看、参与体验。读者通过与现场展示的智能服务机器人对话提出需求，智能服务机器人对读者做出引导。新奇的体验让读者倍感新鲜、有趣，对信息时代和数字化条件下图书馆不断改革创新的服务模式充满期待。

图 5-17　读者在现场参与体验

（三）活动成效

截至 2019 年，军事科学院图书馆的"世界读书日"系列阅读推广活动已连续举办了 8 届。图书馆以改革创新为核心理念，以快乐读书为载体媒介，以益智增知为目标使命，对接前沿知识，融合时代元素，追踪最新技术，充分展示了该馆在弘扬时代文化特色、引领行业领域特色、发挥馆藏资源特色、拓展为军服务特色等方面的重要价值和卓越品牌。

中国网、中国军网、中国科技网、科学网、中国图书馆学会医院图书馆委员会、全军政工网、军事科学院政工网、军事科学院图书馆网站、《中华医学图书情报杂志》等多家新闻媒体都对军事科学院"世界读书日"系列阅读推广活动的盛况进行了报道。军事科学院图书馆也荣获了中国图书馆学会授予的 2017 年"全民阅读先进单位"称号。

（四）活动启示

1. 高度重视，广泛动员

军事科学院党委、首长和机关对图书馆的"世界读书日"活动高度重视。活动现场，军事科学院常委亲自为"阅读之星"颁奖，并亲切地同官兵交流读书体会，激励年轻一代科技人员始终牢记强军目标，积极献身强军实践，努力为推进军事科技创新而发奋努力。军校学生和少年儿童等千余人参加了活动。

2. 主题鲜明，打造精品

每一年都在确保活动延续性的基础上发展创新，"阅读之星""诵读寄语""你选书，我买单"等活动经过多年持续经营，成为深受读者喜爱的精品活动项目。

3. 紧贴时代，内容新颖

结合时下新兴科技手段，组织新技术产品体验，开展智能服务机器人、微型图书馆系统、便携式智能扫描笔、电子书的展示等体验活动，充分体现出大数据时代下图书馆紧跟科技潮流的脚步，积极奋进的精神。邀请军事科学院知名专家学者，通过镜头诵读经典，分享自己的读书体会，并制作成宣传片，充分发挥榜样和典型的影响力和号召力，与读者在情感上实现共鸣。

第三节　军校常态化阅读推广项目案例

一、"蕙风知学、汇智厚德"——蕙风讲坛

（一）活动宗旨

图书馆讲坛是阅读推广活动的主要载体[1]，定期举办讲座有利于提升军校

---

[1] 邱冠华.图书馆讲坛工作［M］.北京：朝华出版社，2017.

图书馆校园文化中心和交流中心的地位，提高军校图书馆的读者利用率，丰富军校学员的校园文化生活，塑造军校阅读文化品牌。

国防科技大学图书馆"蕙风讲坛"依托全军优秀专家资源库，定期邀请院士、知名教授、军内外文化艺术名家、杰出青年等优秀人物为读者分享个人阅读经历、学习经历或是科研经历，以此激励军校学员用阅读改变人生。"蕙风"一词出自左思《魏都赋》中的"珍树猗猗，奇卉萋萋，蕙风如薰，甘露如醴"。意为"和暖的风"。创办"蕙风讲坛"是希望借由"蕙风"的寓意，在科大校园内营造出浓厚的书香氛围，让学员在繁重的学习和训练之余，能够感受到阅读带来的温暖和美好，提升军校学员的个人文化素养。

图5-18　中国作协副主席徐贵祥讲座现场

（二）项目筹备

1. 团队组建

稳定、高效的阅读推广团队是维系阅读推广品牌运营的基本保障。在项目的前期筹备阶段，首先明确了团队成员的构成，组建了一支策划组织能力强、创新思维活跃、擅长与读者交流沟通、精于文字工作、熟悉新媒体运营的阅读推广团队；其次，根据团队成员的实际工作特长就活动策划、邀请主讲嘉宾、宣传报道、信息采集、设备维护、后勤服务等具体工作进行了分工安排；第三，招募学生馆员，作为团队构成的后备力量。

2. 标识设计

图 5-19　蕙风讲坛项目 LOGO

独特鲜明的品牌标志是阅读推广项目品牌不可或缺的要素。好的品牌标志能够在第一时间吸引用户的注意，彰显品牌价值和品牌文化，有利于增强品牌认知与品牌联想，影响品牌偏好，提高品牌忠诚度，扩大品牌传播范围 [1]。"蕙风讲坛"的品牌标志采用的是图文标志，半翻开的书的形象，以"蕙风"两字拼音首字母"H"和"F"做变形处理，整体用橙色，颜色亮丽、醒目，辨识度高。

3. 周边产品设计

为完善品牌标识，提升品牌形象，蕙风讲坛还特别设计、订制了专用的邀请函、台签、书签、宣传横幅、礼品等一系列周边产品。

图 5-20　国防科技大学图书馆蕙风讲坛邀请函

---

[1] 朱伟伟．高校阅读文化活动品牌建设研究——以南京大学图书馆读书节活动为例 [J].高校图书馆工作，2016（1）25-29.

4.调查问卷设计

满意度调查是用来测评读者对阅读推广活动满意度方面所达到的程度，是阅读推广活动绩效评价量化的标准之一。做好满意度问卷调查工作，有利于及时获取读者的反馈信息，进而改进、加强后续的阅读推广活动。蕙风讲坛在项目筹备阶段就设计了读者满意度调查问卷，以便在后续的项目运行过程中发现问题，解决问题。

表 5-5　蕙风讲坛满意度调查表

1.请问您的在校身份	本科生 / 硕士研究生 / 博士研究生 / 教员 / 其他
2.请问您从何种渠道了解到本次讲座信息	图书馆微信公众号 / 校内张贴海报 / 读者间消息传递 / 其他
3.请问您参加本场讲座是因为兴趣爱好吗	同意 / 一般 / 不同意
4.请问您认为本场讲座对自己有实用价值吗	同意 / 一般 / 不同意
5.您认为本场讲座最吸引你的地方有哪些	可以了解学科前沿知识 / 主讲人的精彩演讲 / 可以解决现阶段困惑 / 其他
6.请问您对本次讲座总体感觉如何	非常满意 / 满意 / 一般 / 不满意
7.您认为本次讲座有什么需要改进的地方	宣传方面 / 现场氛围 / 会场布置 / 工作人员安排 / 其他
8.如果下次举办同类型的讲座，您是否愿意再次参加或推荐您的朋友参加	愿意 / 一般 / 不愿意
9.如果下次举办讲座，您所倾向的讲座主讲人是	在相应领域有突出成就的 / 社会实务行业名流、精英 / 学术领域的优秀学长 / 其他
10.对于"蕙风讲坛"系列讲座，您有什么意见或建议	

（三）活动成效

截至 2019 年 5 月，"蕙风讲坛"举办讲座共计 12 场，累计参与读者数达 5000 余人次。中国军网、《解放军报》《文艺报》、搜狐网、学校校报、电视台、国防科大微信公众号都对相关的活动进行了报道。

"蕙风讲坛"依托全军优势专家资源库，让读者能近距离接触到一大批军内名师、学科顶级专家。专家们学习、工作、科研经历的分享都让前来聆听讲座的读者感到受益匪浅。读者纷纷称赞图书馆提供的学习、交流的平台，"蕙风讲坛"也收获了大批学员成为忠实读者。

图 5-21　北京大学王波教授讲座现场　　　　图 5-22　蕙风讲坛嘉宾与读者交流场景

（四）活动启示

"蕙风讲坛"项目最大的亮点在于主讲嘉宾的选择及讲座内容的定位。首先，"蕙风讲坛"项目立足本校读者的实际需求选择合适的嘉宾主讲人。长期邀请军事科学院陈薇院士等明星级嘉宾担任主讲人，为学员创造了与一线专家近距离接触的机会。其次，"蕙风讲坛"的讲座以嘉宾的个人学习、工作及科研经历作为讲座的主要内容，有效避免了"专家上专业课"式的讲座尴尬。第三，每次讲座前，通过馆内电子屏发布内容提要（在保密要求允许的范围之内），有效提升了读者的关注度和参与度。

二、"光影书香，修身立德"——科图影院

（一）项目宗旨

图书馆阅读空间是读者进行阅览、学习、交流、研讨等活动的场所，功能齐全、环境优越的空间能带给读者愉悦的阅读体验。国防科技大学三号院图书馆五楼设有科图影院、创客空间、多功能组合型学术交流空间、培训室、音响视听室、屋顶阅读花园等个性化阅览空间。军校特殊的管理模式，让学员对文化生活有更强烈的需求。

为充分利用图书馆的优质空间资源和设备资源，国防科技大学图书馆以"科图影院"为基础，策划了融合视听阅读和空间利用的阅读推广项目"光影

书香——爱上图书馆的每一寸阅读空间"，将阅读嵌入电影之中，让现实的经典读本在光影时空里得以延伸、解读。让读者在接受人文、美育熏陶的同时，提升阅读的趣味性和可读性，让更多的读者成为阅读活动的参与者、实践者和推广者。

图 5-23　国防科技大学图书馆三号院分馆个性化阅览空间

（二）项目筹备

1.基本思路

"科图影院"的主要思路是"由点及面"，"点"是"科图影院——主题影展"，以欣赏经典读本改编的影视作品为主体；"面"设置了四个配套的阅读环节：①"寻书觅影——电影推荐人招募"，电影推荐人通过自己的解

图 5-24 科图影院案例思路

读给读者分享书与影之间千丝万缕的联系，从而引发更多的共鸣；②"书影随行——主题书展"，经典读本及其相关作品、相关影视评论等主题展览，引导读者阅读原著；③"高谈阔论——讲座与分享"，邀请相关领域专家举办讲座，组织读书分享会；④"爱乐之声——音乐赏析"，影片的魅力远远不止来自文学作品的经典改编，更有来自音乐的渲染，音乐的赏析，延伸了阅读的视角，读者不仅仅能看、还能享受听。

2. 主题策划

每个季度选取一个主题，以周播电影的方式，每周五、周六播放。围绕本季度的主题，配合开展原著导读、主题书展、影片讨论、相关讲座、读书分享会、音乐赏析等多形式、广辐射的阅读推广活动，进一步深化活动主题。

（1）电影播放的主题策划，一般会根据特殊节日、纪念日安排经典电影播放。例如，教师节安排放映《百鸟朝凤》《放牛班的春天》；国庆节安排放映《红海行动》《厉害了，我的国》；南京大屠杀死难者国家公祭日安排放映《金陵十三钗》《南京1937》。

（2）根据时事热点排片，这类排片往往具有突发性、时效性强的特点，要求策划人员具备高度新闻敏感度。例如，金庸先生逝世，安排放映金庸名著改编的影视作品；开学季安排放映《地心引力》《歌舞青春》等；毕业季安排放映《致我们终将逝去的青春》《芳华》等。

3. 电影推荐人招募

每部放映的电影，都会招募电影推荐人推荐电影并录制推荐片头。全校读者都可通过电影推荐人的招募活动参与影片推荐，以领读者的身份为大家解读电影、解析原著。让读者从阅读推广的客体转变为阅读推广的主体。

4. 图书推荐

在图书馆大厅设置"书影相随——科图影院"专架，根据播放的影片，在馆藏资源中找出原著小说或者相关主题的图书、影评资料

图 5-25　电影推荐人在创客空间录制电影推荐

等进行展示，引导读者在观赏电影的同时，阅读原著，了解电影背后的故事。

图 5-26　电影原著图书展

（三）项目推广路径

1. 常规推广渠道

① 每月在馆厅展架上公布当月影讯；② 每周通过图书馆微信公众平台、馆内电子屏幕发布本周影讯，并通过微信公众平台提供原著小说电子书。

图 5-27　科图影院电影宣传海报

2. 新媒体推广渠道

① 微信公众号，图书馆的微信公众号设有"科图影院"栏目进行电影预告宣传，以及线上电影讨论，读者可通过微信公众号留言申请成为电影推荐人。② 建立"科图影院"讨论微信群组，利用微信群与读者互动，收集读者意见，不断改进、完善、提升。

（四）项目组织实施

1. 常态化阅读推广

"寻书觅影——电影推荐人招募"：通过电影推荐人招募活动，选拔读者通过创客空间录音棚录制电影的导读音频和视频推荐；组织读者观影，并邀请观影读者撰写"一句话影评"；"书影随行——主题书展"：在图书馆大厅、电梯旁、科图影院入口的专架上展出相关主题的图书、期刊、影视评论。

2. 策划性阅读推广

（1）在播放电影《战狼2》的时候，邀请到电影中 Dr.Chen 原型，被誉为"埃博拉终结者"的陈薇院士前来举办讲座。陈薇院士以"落其实者思其树"为题，结合个人的成长历程、科研经历为大家献上了一场精彩的讲座。

（2）在播放电影《无问西东》时，围绕清华大学校歌中的"立德立言，无问西东"开展了"一句话影评"讨论活动，并联合京东读书推出了一系列与西南联大相关的经典著作，如《西南联大行思录》《南渡北归》等。

国防科技大学图书馆

9、电影中沈光耀加入的那支空军名叫中国空军美国志愿华航空队，也就是大名鼎鼎的"飞虎队"。而出现在电影中的那位霸气侧漏的美国军官，其原型正是"飞虎队"指挥官陈纳德。

划重点！！！
给你一个高谈阔论的机会！

1：请你用一句话评论该部电影。

2：人为什么要读书？

每位留言的读者都有上墙的机会，截止到10月15日22:00，留言区点赞数最多者，可以得到我们送出的小米移动电源。

如果你想了解那个时代更多的哲人前辈故事，以下列出的书籍不妨一看。

国防科技大学图书馆

精选留言　　　　　　　　写留言

77 is Ai Ku Gui 　👍 61
如鲁迅言：愿中国青年都摆脱冷气，能做事的做事，能发声的发声。如海子言：活在这珍贵的人间，太阳强烈，水波温柔。
这是一个"残檐漏壁静听雨，国破家亡志勿泯"的时代。但内心若是笃定，又何惧未知风雨，所以爱你所爱，行你所行，听从你心，无问西东。

小灰灰 　👍 18
愿你在被打击时 记起你的珍贵 抵抗恶意
愿你在迷茫时 坚信你的珍贵
爱你所爱 行你所行 听从你心 无问西东

大圣小胖 　👍 11
时至今日，都还记得，坐在图书馆二楼南侧阅览室靠北窗旁的书桌旁（南院大礼堂西南侧的老图书馆），在静谧的氛围里，或认真阅读，或奋笔演算，或苦思冥想。窗外是图书馆中堂一节节青翠欲滴的竹。偶尔抬起头，瞥见那个她，并不认识，相互羞涩抿嘴一笑。那是我最难忘青春回忆……

作者 　👍 10
很荣幸我们图书馆"住"进了您的难忘记忆！

红藕香残玉簟秋 　👍 11
读书以明志

图 5-28　"一句话影评"活动微信公众号截图

国防科技大学图书馆 ＞

如果你想了解那个时代更多的哲人前辈故事，以下列出的书籍不妨一看。

1、《南渡北归》作者：岳南

索书号：K825.4=6/Y597/v.2
所在馆藏：一号院二楼人文社科
　　　　　三号院二楼人文社科

2、《西南联大行思录》作者：张曼菱

国防科技大学图书馆 ＞

3、《西潮》作者：蒋梦麟

索书号：H319.4/J381-4
所在馆藏：一号院二楼人文社科
　　　　　三号院二楼人文社科

4、《余音：学术史随笔选1992—2015》作者：葛兆光

5、《上学记》作者：何兆武

图 5-29　联合京东读书微信公众号推出的主题图书

（3）在播放电影《地心引力》时，邀请到国防科技大学杨乐平教授，带着他的新书《纵论太空》，围绕太空安全、太空科技和太空军事方面的战略与前沿热点问题，为读者带来了一场精彩的读书分享会。

（4）寒假期间，通过超星学习通组建"科图影院"专题，选取部分经典原著改编的影视作品供读者在线观看。

（5）在播放《流浪地球》时，联合 QQ 阅读举办了中外科幻文学电子书展等。

图 5-30 《纵论太空》分享会现场

（五）活动成效

截至 2019 年 6 月底，共放映电影 86 场，开展配套主题阅读活动两百多场次，读者参与达一万多人次。相关主题阅读推广活动在中国军网、《解放军报》《文艺报》、搜狐网、学校校报、电视台、微信公众号相继进行了宣传报道。京东读书"汇云书社"公众号还全文转载了《〈无问西东〉：阅读经典，修身立德》的微信推文。图书馆每周五、周六电影放映点，总会人头攒动。"科图影院"阅读推广项目还荣获湖南省教育厅"2018 年全省普通高校'一校一书'阅读推广活动创新案例奖"。

（六）活动启示

"科图影院"周电影项目自运行以来，活动开展有序，读者反馈良好，已经成为科大学员校园文化生活的一部分。该项目品牌定位清晰、活动形式多样、流程设计完善、组织实施有效，在充分利用已有的空间资源优势和设备资源优势的基础上，丰富了阅读推广的形式、拓展了空间服务的功能，实现了军校图书馆阅读推广与空间服务的完美结合，具有较强的可操作性和可借鉴性。

三、"唤醒睡美人"主题书展

（一）项目宗旨

国防科技大学图书馆现有印刷型文献 370 余万册（件），每年订购中外文现刊 3500 余种。军校读者在面对海的资源时，经常会有"乱花渐欲迷人眼"的困惑。通过常态化举办"主题书展"，在图书馆一楼大厅人流集中的地方，设置"主题书展"专用书架，分主题展示，把经典读本放在读者触手可及的位置推荐导读，能有效节省军校读者在书架中寻觅的时间，让他们能便捷精准地获取经典读本。常态化的"主题书展"不仅能有效提升读者到馆率与文献资源的利用率，还能培养读者的阅读习惯，更具有推广阅读和传递文化思想的作用。

（二）项目筹备

1. 主题策划

主题设计要坚持针对性、经典性、时效性、前瞻性原则。首先，要针对本校读者的学科类别和阅读兴趣，充分考虑展出图书的水准及内容，着重体现文献的经典阅读价值；其次，要提前了解、预判最新的图书出版动态，保证展出主题和展出图书内容新颖、与时俱进；第三，根据重大节日、纪念日、学科专业、读者兴趣和需求、时事热点、馆藏图书资源等因素来确定书展主题和展出图书。

（1）思想教育类。思想教育类主题的书展旨在打造军校校园的强军文化，增强军校学员的"文化自信"，紧跟爱党、爱国的时代主旋律。例如，在国庆期间举办了"厉害了，我的国"主题书展，图书内容包括新中国的发展理念、发展历程等方面，充分展示了新中国的光辉发展历程以及在经济、文化等社会主义建设方面所取得的巨大成就。

国防科技大学图书馆 >

《毛泽东与共和国元帅》

邸延生，邸江枫 著

索书号：A752/D251-10

馆藏地址：一号院图书馆二楼
三号院图书馆二楼

北京的金秋阳光明媚，万里晴空，清风送爽。1955年9月27日，正值中华人民共和国国庆6周年前夕，北京天安门城楼上红灯高悬，红旗招展。在庄严肃穆的怀仁堂，全国人民代表大会常务委员会典礼局局长余心清健步走向主席台前的麦克风，庄严宣布中国人民解放军元帅军衔授衔仪式开始。

2018年第10期推荐书单——厉害了，我的国（国庆专辑）

国防科技大学图书馆　2018-09-30

临近国庆节，图书馆为大家整理了一批优秀著作，包括人文传记、科技、历史等图书；部分图书已在一、三号院图书馆一楼大厅的书架上展出，欢迎广大读者来馆借阅。

图5-31　"厉害了，我的国"主题图书推荐书单（部分）

（2）国学经典类。军校图书馆是学术交流中心、知识加工中心和文化传承中心，承担着培养军校读者人文素质的重任。推广国学经典、文学经典、哲学经典等文化经典著作，能启迪读者智慧，滋养浩然之气。例如，推出"阅读经典·修身立德"主题书展，引导读者通过精读经典读本修身立德。

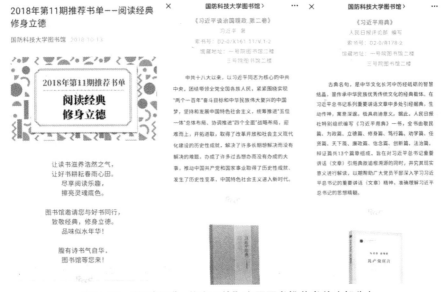

图5-32　"阅读经典·修身立德"主题图书推荐书单（部分）

（3）学科专业类。学科专业类主题书展是结合学院的特色和专业学科，通过向各个学院的教授、老师征集推荐书单，将契合各学科的专业图书通过主题书展的形式有指向性地推送给读者。如：考研期间举办的"考研书展""航空航天书展""大数据之美"等主题书展，旨在为培养创新型、复合型技术人才提供文献支持。

图5-33 "大数据之美"主题图书推荐书单（部分）

（4）特定活动日类。特定活动日类的主题书展，主要是在节日、纪念日或某个特定的时间段进行主题书展推广。例如，教师节推出了"吾爱吾师——国防科技大学教员2016—2017年著作展"，向读者展示了本校教员的研究成果和学术著作；针对学校毕业季，推出了"读书，永不毕业"和"游走天下"等主题书展。

图5-34 "吾爱吾师"主题图书推荐书单（部分）

（5）时事热点类。时事热点类主题主要是根据社会热点新闻和热搜排行，筛选跟图书馆相契合的主题。例如，金庸先生逝世引发广泛社会关注，当天恰逢钱学森先生逝世纪念日，迅速推出"江湖已远·科学永存"的主题，将两位名人的著作进行陈列展示；林清玄先生逝世当天推出"林清玄纪念书展"等。根据时事热点举办主题书展充分展现了军校阅读推广人把握时事动态的主动性和敏锐度。

图 5-35 "江湖已远 科学永存"主题图书推荐书单（部分）

2. 书展布置

推介书架是传统的图书书架之外的特色书架，是促进图书走近读者的重要渠道之一，在阅读推广中能起到良好的媒介作用[①]。主题书展要传递的一个很重要的信息是"与其他摆在图书馆书架上的书是要有所突出的"，所以书架的选择尽可能避免与图书馆的陈列书架相同款式，可以选择颜色鲜亮、材质轻巧一些的书架，给读者带来一种明快的视觉体验。书架摆放的位置也很关键，既要醒目，也要方便读者取阅，一般摆放在读者进出集中的空间是比较理想的。例如，图书馆一楼大厅的位置。另外，还要离借还书台近，或者在展架旁边摆放自助借还机，方便读者办理借阅手续。

---

① 阮莉萍，朱春艳.阅读推广理论与实践［M］.武汉：武汉大学出版社，2018.

图 5-36　图书馆大厅醒目位置的主题书展展架

3. 书评与导读

对于精挑细选出来用于展出的图书，要让其更具吸引力，往往需要进行更深层次的包装和推介。图书简介和书评是非常理想的推介方式，能让读者在短时间内对图书轮廓达到认识的程度，进而给出合理的判断——自己是否对此书感兴趣或者此书对自己是否有帮助。因此，搭配图书简介和书评的主题书展往往更能引起读者的阅读兴趣，从而产生锦上添花的效果。

（三）项目推广路径

1. 常规推广渠道

① 通过图书馆主页、宣传栏等放置活动海报；② 图书馆电子屏循环播放放映信息；③ 在图书馆大厅主题书展架旁放置宣传展架，读者可扫描海报上的推荐图书二维码，获取其电子图书。

图 5-37　主题书展宣传展架

2. 新媒体推广渠道

寒假阅读计划推荐书单

国防科技大学图书馆　2019-01-21

以下图书，皆有馆藏实体书，您也可以通过扫描学习通二维码来阅读电子版图书！

《半小时漫画中国史》

索书号：K209/E153

馆藏地址：一号院图书馆二楼
　　　　　三号院图书馆二楼

看半小时漫画，通三千年历史，脉络无比清晰，看完就能倒背。

仅仅通过手绘和段子，二混子就捋出清晰的历史大脉络：春秋战国像个班级、大秦过把瘾就死、三国就三大战役、魏晋乱世多奇葩、南北朝盛产败家子、大唐最炫民族风……撇开装模作样的正史表象，略去无关紧要的细枝末节，每一页都有历史段子，每三秒让你笑翻一次，而二混子手绘的帝王将相则是又贱又蠢

图 5-38　国防科技大学图书馆微信公众号推荐书单

依托图书馆的微信公众号、超星移动图书馆 app、京东读书 app 等阅读平台，将推荐图书的简介以及馆藏信息或者该图书电子版的二维码信息在新媒体平台上进行发布推荐。

（四）组织实施

1. 常规性图书陈列展示

每两个星期更换一个主题。每一期主题图书会在一号院、三号院图书馆大厅设置的专用书架上展出两周时间，供读者浏览、借阅。其主要步骤如下：

首先，确定书展主题，并根据相应的主题确定书单。之后查询书单图书的在库情况，对已有图书进行查找、收集、整理，对无馆藏的图书列出荐购书单，由文献资源建设部进行采购加工。

其次，搜集整理图书的简介及书评资料，打印书展主题架标，张贴在图书馆一楼大厅书展专架上，将挑选出的馆藏图书陈列在书架上进行展出，供读者浏览借阅。

最后，在主题图书展出两周后回收书架上剩余的图书进行统计，整理借阅数据。

2. 创意活动策划

图 5-39　书名有奖竞猜活动

根据主题策划有奖竞赛、趣味性的图书推荐活动，不仅能吸引读者对"主题书展"的关注度，更能激发读者阅读兴趣、寓读于乐。在举办"豆瓣高分

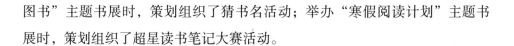

图书"主题书展时，策划组织了猜书名活动；举办"寒假阅读计划"主题书展时，策划组织了超星读书笔记大赛活动。

（五）活动成效

2018 年，国防科技大学图书馆举办"主题书展"共计 22 期，每期书展推荐图书 150 种以上，一号院、三号院图书馆合计每次上架图书 350 至 400 本，全年共计推荐并展出图书 3000 余种，6000 余册，展出图书的平均借阅率达 43.6%，单期推荐图书借阅率最高达 91%，远远超出馆藏图书的平均借阅率。该项目也于 2018 年荣获湖南省教育厅"一校一书"阅读推广活动创新案例奖。

表 5-6　主题书展图书借阅统计表

期数	推荐书目主题	上架册数	借阅册数	借阅率
1	豆瓣高分图书	522 册	475 册	91.00%
2	读书，永不毕业	463 册	334 册	72.14%
3	诗和远方	485 册	265 册	54.64%
4	推理小说	484 册	381 册	78.72%
5	七一建党	423 册	117 册	27.66%
6	游走天下	461 册	257 册	55.75%
7	八一建军	456 册	84 册	18.42%
8	考研参考书	462 册	222 册	48.05%
9	吾爱吾师	424 册	214 册	50.47%
10	厉害了，我的国	526 册	164 册	31.18%
11	阅读经典 修身立德	356 册	229 册	64.33%
12	大数据之美	321 册	128 册	39.88%
13	江湖已远 科学永存	151 册	55 册	36.42%
14	青春飞扬 励志笃行	329 册	103 册	31.31%
15	艺术鉴赏	336 册	121 册	36.01%
16	改革开放 40 年	290 册	115 册	39.66%
17	2018 年度各大类图书借阅前 10	344 册	230 册	66.86%
18	重温经典 书影相随	374 册	123 册	32.89%
19	林清玄专辑	55 册	22 册	40.00%
20	科大教员 2014—2015 年度著作展（部分）	315 册	65 册	20.63%
21	女神的榜样	360 册	176 册	48.89%
22	运动与健身	328 册	220 册	67.07%

（六）活动启示

军校图书馆除了要满足学员学习所需的专业文献，还要满足学员课外阅读的需求。军校学员课外阅读时间有限，如何将有限的课外阅读时间尽可能地用于经典读物的阅读是军校阅读推广工作亟待解决的问题。

该项目以深度挖掘现有馆藏资源为基础，以常态化举办"主题书展"的方式，通过精心地策划和设计，结合图书推介、图书导读等活动形式，将藏匿于书库中的经典读物主题化地呈现于军校读者触目可及的地方。该项目并未大张旗鼓寻求新资源，而是通过改进服务模式，延伸服务深度，变被动为主动，将"沉睡"的馆藏资源"唤醒"，再加以包装、设计、展出。"主题书展"的长期举办和定期更新，也让该项目拥有了一大批忠实读者，有效提升了馆藏资源利用率。

第四节　军校阅读推广类社团项目案例

一、"漂流屋"阅读推广活动

（一）"漂流屋"概况

2012 年 4 月 23 日，国防科技大学图书馆"漂流屋"正式对外开放。来自三院、四院、五院、八院、九院等多个学院的 20 余位学员志愿者自愿承担"漂流屋"的管理工作，并成立了学生社团"漂流屋"，常态化开展图书漂流活动。

图书漂流活动源于 20 世纪 60 年代的欧洲，该活动是指书友将自己不再阅读的书贴上特定的标签投放到公共场所，如：公园的长凳上，无偿地提供给拾取到的人阅读。拾取的人阅读之后，根据标签提示，再以相同的方式将该书投放到公共环境中去。"漂流屋"用于举办图书漂流活动的图书主要来自图书馆的过刊和部分学员捐赠的图书。作为一个以阅读推广为宗旨的学生社团，"漂流屋"的常规活动包括图书漂流、读书分享、电影展播、图书推荐、音乐分享等，并针对军校特色，特别策划了毕业季的"时光慢递"活动。

图 5-40　图书漂流区

（二）"漂流屋"的推广路径

"漂流屋"申请开通了微信公众号"nudt漂流屋"，由学生社团组织运营，发布"漂流屋"的各类活动资讯。"nudt漂流屋"公众号设置了3个栏目：书屋介绍栏目，包括图书推荐、电影推荐、音乐分享、书屋简介4个内容；精彩活动栏目，包括电影展播、诗歌小曲、散文随笔、摄影艺术、读书交流5个内容；更多精彩栏目，包括原创征稿、捐书方式等内容。

（三）主要活动

1. 读书会

读书会是"漂流屋"经常开展的一项阅读

图 5-41　微信公众号"nudt漂流屋"页面截图

活动，固定的场所便于读者分享阅读从"漂流屋"中借走图书的感悟，让图书漂流不再流于形式，而是以面对面交流分享的方式变成真正有意义的阅读。

图 5-42　漂流屋读书会活动

2. 时光慢递

图 5-43　时光慢递的红色邮筒

每年的 6 月毕业季，"漂流屋"社团组织者会在漂流屋放置国防科技大学的明信片，供读者留言纪念。与一般的明信片投递时间不同的是，"漂流屋"会按照读者指定的时间，一年后、两年后、四年后或者十年后再寄出。时光慢递是图书漂流的另一种方式的演绎，在漂流屋读者不仅能分享到一本好书，还能通过写给未来自己的信来留住一些情愫，让这样一封书信通过"漂流屋"的邮筒在时间的长河中漂流给未来的自己，是一种很有意义的体验。

（四）活动成效

"漂流屋"深受读者青睐，在架图书保持在 500 册左右，年接待读者约 6000 余人次。"漂流屋"组织的活动，如：3 月 5 日学雷锋活动日当天会把漂流的图书和期刊摆放到食堂和宿舍学员集中的地方进行现场图书漂流，读者参与非常踊跃，漂流的图书、期刊都非常受欢迎。

图 5-44　学雷锋活动日图书漂流现场

（五）活动启示

1. 跳出固定模式，创新延伸活动内涵

漂流屋将图书漂流这种常见的阅读推广形式用创新的方式呈现给读者，

拒绝流于形式的图书漂流，通过设计多元的活动将漂流的图书进行深度的阅读；通过图书漂流的阅读方式延伸出时光慢递的活动，将在阅读中收获的感悟以书信的形式漂流给未来的自己，不但体现了阅读推广的创新性，还增加了阅读的趣味性。

2. 注重学员参与，满足读者个性化需求

漂流屋是学生创立的一个阅读推广社团，学员自己做阅读推广，更能贴近读者的个性化需求，读者参与的主动性和积极性高，推广的宣传面和影响力有效地辐射到学员中间，学员自身的引领和示范作用本身就是阅读推广的最有力的推动。

二、"松鼠会"阅读推广案例

（一）"松鼠会"概况

图 5-45 "松鼠会"组织的读书会活动留影

"松鼠会"成立于 2015 年，是由国防科技大学一群爱科普、爱阅读、爱分享的学生自发组织的一个学生社团。"松鼠会"的含义是"剥开智慧的坚果，发现科学的乐趣"，通过组织 iTED 技能分享、松鼠沙龙和科普活动等激发青年学员的"奇思妙想"，同时它也是一个通过阅读、分享致力于让科学变得生动有趣、让灵感和思想激发碰撞的平台。

1. 组织架构

"松鼠会"社团组织分设三个部门，分别是：活动部、网络部、宣传部。活动部负责策划组织各类型活动；网络部负责"科大松鼠会"微信公众号运营；宣传部负责活动的宣传、报道。"松鼠会"开展的推广活动不仅有效地、灵活地协调校内外资源，同时还吸引了湖南各高校学生参与进来。

2. 活动策划

"松鼠会"通过策划开展 iTED 技能分享、松鼠沙龙、科普活动、专家讲座、沙龙交流、影视文化等活动丰富学员的文化生活。

表 5-7　"松鼠会"主题活动列表

推广活动	详细内容
iTED 技能分享	每次活动征集 6 名左右的讲者，让他们各自用 7 分钟的时间向参加活动的学员展示自己的一技之长，向学员分享其知识、经验。
松鼠沙龙	邀请各个专业领域的大咖、青年才俊以分享会的形式跟学员分享自己的科研、成长经历，包括读书分享、经验交流等丰富内容。
科普活动	以"让科学更有趣"为宗旨和追求，设置了天文夜和 X 讲坛两个系列，用讲座和实践相结合的方式，为天文爱好者和科技爱好者提供一个学习、交流、实践的平台。

（二）主要活动

1. 国学读书会

本期读书会以"宋明新儒家"为主题，邀请到湖南大学岳麓书院副教授、硕士生导师殷慧老师，国防科技大学人文与社会科学学院讲师、博士王勉老师，湖南师范大学历史文化学院讲师、博士段炼老师，跟读者一起分享新儒家的心性之学。三位老师独到的见解，让在场的读者听得津津有味，师生们一起

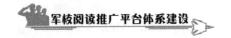

探讨、交流，读书会的气氛非常热烈。

2. 科普 X 讲坛

第一期科普 X 讲坛邀请到文理学院副教授、硕士生导师钟鸣老师给读者做题为"双节棍——希格斯粒子和引力波发现的故事"的科普讲座。钟鸣老师用讲故事的方式，风趣而透彻地向读者解释了 Higgs 粒子和引力波的发现过程和原理。到场的读者中有很多物理爱好者，他们现场请教和探讨，让平时晦涩的物理知识也变得生动有趣起来。

3.iTED 分享会

iTED 分享会在松鼠会的微信公众号"科大松鼠会"发布活动信息，招募志愿者和观众。其中一期的 iTED 技能分享，有 5 位有趣又有料的分享者大方地给读者分享了"费城人在长沙""智与勇的较量""papi 酱走红现象""可恶的悖论""那些年，我和星空的故事"。分享者献上了各自精彩的讲演，参与的读者也听得兴趣盎然、收获颇丰，这样一种轻松、自由的氛围，更适合青年学员求知、探索，也更容易碰撞出思想的火花。

图 5-46　分享会活动现场

（三）活动启示

1. 军地融合，高校强强联合推广

"松鼠会"联盟由国防科技大学学生发起，经过发展壮大，推广活动已经吸引了长沙其他高校如中南大学、湖南大学、湖南师范大学等学生社团的加入，军校的学生与地方大学的学生在活动中充分地交流、融合，对推动校园文化建设起到了积极作用。高校联合推广，辐射到的在校大学生人数更加广泛，活动的影响力也更加深远。

2. 跨界融合，阅读与科普的完美交融

"松鼠会"充分发挥了综合性理工科大学的学科优势，将文学、美学引入晦涩单调的学科中；用阅读引导、分享的形式，打破埋头苦读的枯燥；提供交流、探索的平台，供学员来一场思想碰撞。

军校区域联合阅读推广

第一节　军校区域联合阅读推广概述

任何独立的机构或个人的资源都是有限的，联合阅读推广为进一步扩大阅读推广活动的辐射面和影响力提供了发展方向。区域联合阅读推广是通过多种类型阅读推广主体之间的合作，以多样化的阅读活动形式，实现资源共享和协同服务，以扩大阅读推广活动的影响力。

一、国外区域联合阅读推广的现状

国外阅读学、阅读史的研究起步较早，阅读推广活动的开展也远远领先于国内，虽然关于区域联合阅读推广的理论总结也并不完善，但在阅读推广实践中已经十分成熟。

（一）美国的区域联合阅读推广

美国国会图书馆于 1977 年就成立了图书中心（The Center for the Book in the Library of Congress），其核心任务就是以国会图书馆的威望与资源来激发民众的阅读兴趣。1997 年克林顿政府提出"美国阅读挑战运动"，2001 年由第一夫人劳拉·布什倡议设立了国家读书节，同年布什政府正式颁布了《不让一个孩子落后》（No Child Left Behind，NCLB）的教育改革法案，提出阅读先行计划，由此阅读推广通过法律得以确认。

美国最具代表性的区域联合阅读推广活动有"一城一书"活动（One City，One Book）和美国高校的"共同阅读计划"。"一城一书"最早起源于1998年图书中心在西雅图举办的"共读一本书"活动，之后美国各地开始纷纷仿效，二十年来已发展至全美国。之后，又以此为灵感发展出美国高校的"共同阅读计划"，学校或学院为学生指定能体现学校价值观的书籍，并开展阅读之后的内容讨论、论文写作等活动。自2013年开始的湖南省普通高校"一校一书"阅读推广活动也是借鉴于此。

（二）英国的区域联合阅读推广

英国的阅读推广活动相较于美国更具有广泛性、针对性和系统性。1992年开始的"阅读起跑线"计划，是第一个专为学龄前儿童提供阅读指导服务的全球性计划。目前，该计划的参与国包括日本、韩国、泰国、澳大利亚、美国、智利、意大利、墨西哥、波兰、南非和印度等国家。1995年，英国实施了"读者发展"活动，其宗旨是以读者为中心，促进读者自身的发展。1998年，英国又推出"阅读年"概念，并将1998年和2008年分别定为全国"阅读年"，其口号是"打造一个举国皆是读书人的国度"，最重要的活动之一是"送书到学校"。自2000年起开启的"夏季阅读挑战"活动，旨在鼓励儿童每年夏天读6本书。2006年开始的"快阅读"活动，旨在关注相对偏远地区的人群阅读，帮助缺乏阅读能力的人更多、更好地阅读。

这些活动联合了学校、家庭、图书馆、企业、媒体，使其共同推动阅读运动，并重点关注了学龄前儿童、青少年、偏远地区人群等特殊群体的阅读。

（三）其他国家的区域联合阅读推广

1988年德国成立了促进阅读基金会；1998年德国图书商会与著名作家合作，举办"我赠你一个故事"活动，免费向儿童赠送图书；2008年推出"阅读起航——为了德国的阅读创意"活动；2009 年制定了阅读促进标准评估系统；2012 年启动实施"起点阅读——阅读的三个里程碑"项目等。俄罗斯有"全俄书籍爱好者志愿协会"，并于 1994 年推出"全国家庭阅读年"活动，大力提倡家庭阅读；2006 年发布了《国家支持与发展阅读纲要》。法国自 1989 年就有了读书节活动，并于 2007 年创办文学读书节，每年一届，发动作家、译者、出版社、书商、图书管理机构和读书协会等众多机构，组织了数千场盛大的活动用以推广国民阅读。韩国于 2007 年通过了《读书文化振兴法》，成立读书振兴委员会，每五年制定一份读书文化振兴基本计划。日本 1959 年就由日本书籍出版协会、杂志协会、教科书协会、出版经销协会、书店商业公会联合会、图书馆协会和全国学校图书馆协议会共同组成了读书推广运动协会，1971 年读书推广运动协会设立了"读书推广奖"，2005 年实施《文字、活字和文化振兴法》，2007 年制定《新学校图书馆配备五年计划》，这些法律条文的颁布为出版产业的发展和阅读活动的推广提供了必要的制度和政策上的保障[1]。

综上所述，我们可以看到发达国家的阅读推广活动早已经发展为全社会的共识，在区域联合上从一国的社会各阶层联合，到国与国的联合，甚至扩展至全球，这固然有以相同价值观为基础的前提，也与全社会对阅读推广活动的认可与积极行动密不可分。

二、国内区域联合阅读推广的现状与模式

（一）国内区域联合阅读推广现状

我国的阅读推广虽然起步晚，发展却十分迅速。1972 年，联合国教科文组织向全世界发出"走向阅读社会"的号召，我国的全民阅读活动逐步兴起，阅读推广理论逐步形成，阅读推广活动渐趋活跃。尤其是 2005 年中国图书馆学会"科普与阅读指导委员会"的成立，使得国内的阅读推广活动有了明确的引领者。近十年来，在各方助力和图书馆行业自身的努力下，我国的阅读推广也呈现出蓬勃发展的态势，而区域联合阅读推广活动因其参与群体更为

① 龙叶，刘彦庆，雷英杰. 各国国民阅读推广对我国的启示 [J]. 现代情报，2014（6）18–22.

多样、活动范围更为广泛、活动影响力更为显著等特点，在图书馆乃至社会各界都获得了高度关注。2017年以来，国内关于区域联合阅读推广活动的研究出现了爆发式增长，详见图6-1。

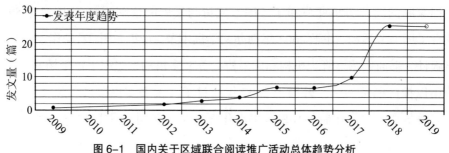

图6-1　国内关于区域联合阅读推广活动总体趋势分析

注：以"关键词＝阅读推广 and 摘要＝区域"在中国知网期刊数据库中的检索结果总计65篇。

1. 法律法规的制定为阅读推广提供了法律保障

（1）《全民阅读促进条例》。2016年2月15日，国家新闻出版广电总局发布了《全民阅读促进条例》（征求意见稿），共6章37条，其中明确出现了"阅读推广"，并涉及阅读推广管理、阅读推广团队的建立及成员培训、阅读推广的指定活动及公益服务、特殊群体阅读推广服务等内容。

（2）《全民阅读"十三五"时期发展规划》。2016年12月27日，国家新闻出版广电总局发布《全民阅读"十三五"时期发展规划》，共12章（含序言）。第一次提出了国家级的全民阅读规划，明确了全民阅读的指导思想、基本原则和主要目标，为全民阅读提供了方向性指导。

（3）《公共图书馆法》。2017年11月4日，第十二届全国人民代表大会常务委员会第三十次会议通过了《公共图书馆法》，并于2018年1月1日起正式施行。这是中国图书馆史上的里程碑，是第一部图书馆专门法，法规中明确规定了公共图书馆在全民阅读推广中的职能，对保障全民阅读权利、进一步推动阅读推广有着重要的意义。

2. 阅读推广的特征促使各方走向联合

（1）阅读推广主体的多元性。阅读推广主体是特定阅读推广项目的策划者、组织者、实施者和管理者 [①]，与社会文化事业相关的机构、企业、团体虽然职能、资源、角色不同，但都负有提高国民素质的责任，也就具备了开展阅读推广活动的职能。因此，国际组织、各国政府、图书馆界、出版界、非营利机构、教育机构、医疗机构、大众传媒等纷纷参与到阅读推广项目中来。这些组织或机构都是阅读推广主体，并且各有所长且对阅读个体的引导效果也各具特色，但缺乏增长点及可持续性，因此，多元化的阅读推广主体从单打独斗走向合作共赢是必然趋势。

（2）阅读推广客体的丰富性。阅读推广的客体是指阅读推广内容，不仅是阅读读物的选择，还包括阅读能力的提升、阅读兴趣的培养、阅读习惯的养成和阅读氛围的营造。阅读读物的类型多样，除图书、报纸、期刊等传统出版物，电影、音乐、游戏、网页等也属于推广的范畴。提升阅读能力是开展阅读推广的主要目标，阅读能力的高低决定了阅读质量。目前，我国提倡建设学习型社会的目标也对阅读能力提出了要求，阅读能力是学习能力的重要体现。阅读兴趣培养、阅读习惯养成和阅读氛围营造都是长期过程，不能一蹴而就。正是这些不确定性造就了阅读推广客体的丰富性，在阅读推广过程中既可以有重点地推广某一客体，也可多客体联合推广。

（3）阅读推广对象的差异性。阅读推广对象是指阅读推广项目的目标群体。阅读推广的目标是全民阅读，因此阅读推广的对象应该是每一个社会个体，而每一个个体由于年龄、受教育程度、生活环境、人生经历的不同，在阅读兴趣、阅读能力、阅读目的上存在各种差异，这就要求阅读推广项目具有针对性，即对阅读推广进行市场细分。按地理位置分，大的可分为东南沿海经济发达地区、中部地区、西部地区等，小的可分为西城区、朝阳区、海淀区等；按年龄分，可分为学龄前儿童、青少年、中青年、中老年等；按职业分，可分为工人、农民、大学生、教师等。当阅读推广对象按不同标准划分时必然会存在部分类型读者的融合与交叉。

（4）阅读推广服务的活动性。阅读推广是一项社会文化服务，项目的开

① 赵俊玲,郭腊梅,杨绍志.阅读推广：理念·方法·案例［M］.北京：国家图书馆出版社,2013：3.

展以各种文化活动为依托。每一个阅读推广项目都离不开阅读活动的开展，越是涉及范围广的活动，其项目规模也越大。如 2012 年澳大利亚国家阅读年就邀请了 43 位宣传大使，与 20 多家企业合作，面向全国和不同年龄段开展了 4000 多项活动，这几乎是澳大利亚举文化行业全国之力来开展的一次影响深远的阅读推广项目，这也充分证明了阅读推广需要各方力量的合作。

3. 区域联合阅读推广方兴未艾

近年来，随着"联合阅读推广"观念逐步深入人心，部分图书机构开始尝试区域联合阅读推广，但是推广地域大部分仅限于市内、省内或者近距离区域，推广模式更多的是基于区域图书馆联盟，推广内容也大多是资源、服务共建共享等简单的联合阅读推广，更富生机的创新型区域联合阅读推广有待进一步加强。通过开展辐射范围更广、参与机构更多的区域联合阅读推广，能在更大程度上调动各推广主体的积极性，吸引更多读者参与活动，从而进一步促进全民阅读和文化创新。

（二）区域联合阅读推广的模式

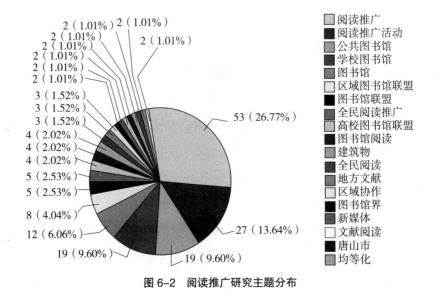

图 6-2　阅读推广研究主题分布

从目前公开发表的研究论文来看，关于区域联合阅读推广模式的研究并不多，更多的关注点还在于具体的活动内容以及活动的组织等方面，详见图6-2。本节希望通过分析跨行业、跨地域、跨类别三种不同类型区域联合阅读推广模式，提高联合阅读推广活动的社会影响力，从而更好地发挥出联合阅读推广的巨大生命力。

1. 跨行业区域联合阅读推广

目前，国内外的阅读推广主体都是以图书馆为主导，跨行业区域联合阅读推广是指图书馆与其他行业机构合作，充分发挥不同类型推广主体各自的资源优势和人才优势，联合开展阅读推广项目。这个合作机构可以是单个，也可以是多个。如杭州图书馆与杭州市纪委、市妇联等政府部门合作推出"清风讲坛""幸福人生"等系列阅读推广活动，就充分利用了图书馆的资源优势以及政府部门的行政推广优势，既保证了阅读推广活动内容的质量，也保证了参与人员的广泛性和积极性。

图书馆还可以与出版界、非营利机构、教育机构、医疗机构、大众传媒和其他企事业单位合作，针对不同推广对象开展阅读推广，并通过社会舆论引导，采取贴近读者的方式提高区域联合阅读推广成效。例如，辽宁省营口市少儿图书馆与营口市大石桥市黄土岭镇九年一贯制学校合作开展古典益智玩具推广、少儿图书校园行、传统文化知识竞猜、经典绘本插画展等区域联合阅读推广活动；深圳宝安图书馆与当地新蕾幼儿园坪洲园合作开展"阅读推广进校园"的活动，由图书馆分享绘本故事，介绍宝安图书馆的基本情况，开展图书馆的知识竞答，发放学生励读证；中国生态环保图书馆与广州国际低碳产品和技术展览会、广州环保厅等合作开展环保知识宣传活动。

2. 跨地区区域联合阅读推广

跨地区区域联合阅读推广是指两个或多个不同地区的图书馆进行区域联合阅读推广，实现资源共享、服务互补，提升阅读推广深度和广度，扩大阅读推广活动的影响力。不同地区的图书馆，读者类型较为相似，但又存在一定的差异，这种差异既使各方保留了可贵的探知欲，又不至于让各方无法沟通，从而达到互相学习、取长补短的目的。例如，上海财经大学图书馆与香港城市大学图书馆合作举办区域联合阅读推广活动——"悦读·行者的故事"，共享优势师资和地区优势，促进学生跨学科、跨文化、跨地域的学习和交流；湖北省民办高校合作举办区域联合阅读推广活动——"寻找阅读达人"阅读经典活动，针对同类型高校读者，开展经典阅读推广，既形成竞争，又互相合作，取得了单馆开展活动无法取得的成效。

3. 跨类型区域联合阅读推广

跨类型区域联合阅读推广是指不同类型的图书馆合作开展阅读推广活动。图书馆根据其服务性质不同，可分为公共图书馆和专业图书馆，公共图书馆根据级别和服务对象不同又可分为国家图书馆、省级图书馆、市级图书馆、县级图书馆、城市图书馆、社区图书馆、教会图书馆、青年图书馆、少儿图书馆、盲人图书馆等；专业图书馆是指学术研究型图书馆，服务对象是专业研究型读者，我们常说的高校图书馆就是专业图书馆，同时还包括根据学科专业设立的图书馆，如：音乐图书馆、美术图书馆、建筑图书馆、法律图书馆、金融图书馆、农学图书馆、医学图书馆等。跨类型区域联合阅读推广在于打破了单一类型图书馆参与读者局限性的瓶颈，可以吸引社会各阶层人士参加活动，同时创新活动形式，为阅读推广活动带来生机与活力。例如，河南省高校图工委与河南省图书馆学会、河南省科技情报学会联合，把高校图书馆的阅读推广活动与其他类型图书馆的阅读推广活动形成联动效应，每年举办阅读推广员培训，每年进行"全民阅读"先进单位表彰与交流等。广西师范大学图书馆在校内招募并组织"阅读姐姐"走入社区图书馆，联合公共图书馆开展丰富多彩的阅读推广活动。

综上所述，无论何种模式的区域联合阅读推广，其本质都是通过多元合作机构之间协作共享，打破单个图书馆开展阅读推广难以形成规模的困境，充分利用各自的特色资源和人才优势，强化合作，整合资源，取长补短，共建共享，从而扩大活动参与群体，提升活动的社会影响力[①]。

---

① 李若. 基于区域联盟的高校图书馆阅读推广服务研究 [J]. 图书馆学刊，2019, 41（2）: 112–115.

三、军校区域联合阅读推广概况

（一）军校区域联合阅读推广的现状

1. 全军院校正处于改革调整期

2017 年军队编制体制调整改革后，军校数量从原来的 70 多所，减少到了目前的 40 多所，办学格局也发生了巨大变化，很多军队院校因为合并出现了异地多校区的办学特点 ①。而军校人员特别是专业技术文职的调整改革，使得军校图书馆在工作人员数量、人才队伍结构等各个方面都发生了变化，因此军队院校，特别是军队院校图书馆的业务开展还处于逐渐适应新的学校办学特点以及新的学员培养目标阶段，这个过程还将持续一段时间。

2. 军校缺少专业的阅读推广人才

作为军校阅读推广活动的前沿阵地，军校图书馆的阅读推广专业人才严重匮乏。阅读推广需要策划人、主持人、领域专家、推文写手等各方面的专业人才，军校阅读推广主要依靠现有的图书馆员开展活动，馆员自身知识结构、专业水平、服务能力等方面的局限性，必然导致活动形式单一、水平较低等问题。近年来，由于军校改革，军校图书馆工作人员基本只出不进，新鲜血液补充较少，工作人员年龄结构老化，这必然导致阅读推广活动内容和形式难以满足年轻读者的需求。

3. 大部分军校对阅读推广重视程度不够

文献调研和实地调研的结果显示，相比地方高校，大部分军队院校在对阅读推广工作的重视程度上都与地方高校存在明显差距。尽管军校图书馆都长期开展了如"世界读书日""文献资源宣传活动周"等一些常规阅读推广工作，但真正提出以阅读推广为抓手来提升资源利用效益和读者参与阅读活动的热情，还是近两三年的事。

---

① 国防部网. 国防部公布调整改革后军队院校名称［EB/OL］.［2020–08–17］.http：//www.gov.cn/jzhzt/2017–06/29/content_4784053.htm.

4. 以图书馆为主体的区域联合阅读推广已具雏形

尽管大部分军校阅读推广工作还处在起步阶段，但依然有部分军校图书馆在区域联合阅读推广领域进行了很多有益的尝试，并取得了一定的成效。近两年来，国防科技大学图书馆在校内校外开展了多方位阅读推广合作，例如，积极参与企业开展的"超星 21 天读书打卡"区域联合阅读推广活动，与众多湖南省高校一起，共同推进和培养学生的阅读持续性和关注度，同时通过与学校文理学院、军事基础教育学院、研究生院等院系，联合开展"一校一书"阅读推广活动，提高活动在学校的影响力，激发学员的参与热情；国防科技大学各学院通过举办机器人文化节、航天科技文化节等各种形式多样、内容丰富的活动，将阅读兴趣培养与专业素养提升相融合，使阅读推广的领域得到了更大的扩充。

（二）军校开展区域联合阅读推广的前景预测

现代战争讲究海、陆、空、天联合作战，信息制胜，立体攻防。军校是为人民军队培养人才的重要基地，军人在令行禁止、多方合作协调、达成目标上具有先天优势。军校有能力继续推动以图书馆为主体的区域联合阅读推广，取优补劣，以带动全军形成浓厚的阅读文化氛围。

1. 助力"全民阅读"，实现全军院校阅读资源共享

"倡导全民阅读"已成为全社会的共识，阅读社会逐渐形成。阅读本身就是提高军人思想觉悟、加强军人素质修养的有效途径。区域联合阅读推广则是军队配合全民阅读的有效手段，与地方联合可以把握时代脉搏，促进军民融合；与兄弟单位联合可以取长补短，互通有无。特别是要注重打造具有军队院校特色的阅读推广品牌，使军队院校的阅读推广活动标准化、规范化、长期化，从而实现全军院校阅读资源共享。

2. 开拓合作途径，构建全军院校阅读推广网络

区域联合阅读推广活动通过各种形式及途径全方位合作，不断创新合作模式，开拓合作途径，实现对阅读信息的高效传播与分享。军队院校的调整

改革使得现有军队院校大部分存在异地多校区、培养层次多样化的特点,这无疑为开拓军队院校的联合阅读推广途径提供了有益的条件。异地多校区合作可形成跨地区区域联合阅读推广网络,而培养层次多样化可对全军院校的阅读推广起到辐射作用,从而形成全军院校跨系统的联合阅读推广网络。通过各方合作,获得所需的资源、服务、技术、平台共享,形成资源和服务等方面的互补,创造区域联合阅读推广活动的创新点,进而组成广泛的阅读网络,使阅读推广活动互为补充、互相促进,提升广大官兵的参与度,形成全军院校共享阅读资源的良好氛围。

3.均衡各方推广实力,优化阅读推广效果

军队院校由于其军兵种、专业性、培养层次及规模等各方面的不同,在阅读推广资源与实力上存在很大的差异性,但又有一个最大的共同点,那就是同属中国人民解放军。为此,通过区域联合阅读推广可以集中各单位优势资源,各单位按照一个总的活动方案执行,在主题、时间、形式等方面实行统一联动,根据服务偏重点和业务擅长范围,可以针对各类人群策划各类主题活动,使阅读推广活动产生很好的优化组合效应。区域联合阅读推广还可以搭建自主、探究、协作的阅读环境,激发广大官兵主动探索、主动发现,增加阅读的深度,提高阅读的效率,进而优化区域联合阅读推广的效果。

四、军校区域联合阅读推广的实施步骤

军校开展区域联合阅读推广机遇和挑战并存。由于参与联合的合作机构肩负着共同的使命,服务目标、服务对象和服务方式相似,联合开展活动的前提条件基本满足。但军校的特殊性必然会对军校区域联合阅读推广在保密要求、活动形式、活动开展的时间和地点等方面提出更高要求。目前,军校区域联合阅读推广活动还处于探索期,军校区域联合阅读推广应多方参考国内地方高校图书馆及公共图书馆的众多成功案例,积极调整策略,改进联合工作机制,从而在区域联合阅读推广领域取得更大的突破。

（一）成立军校区域联合阅读推广委员会

2005 年，中国图书馆学会成立"科普与阅读指导委员会"，并于 2006 年 4 月在东莞召开了成立大会①。2009 年，中国图书馆学会"科普与阅读指导委员会"进行了换届，并更名为"阅读推广委员会"。中国图书馆学会阅读推广委员会致力于加强图书馆学中关于阅读文化和阅读服务的研究，推进全国图书馆服务工作和阅读活动的开展。阅读推广委员会共设立了阅读文化研究专业委员会、推荐书目专业委员会、藏书与阅读推广专业委员会、图书馆与社会阅读专业委员会等 21 个专业委员会，它们引导着全国图书馆界广泛而深入地开展全民阅读活动。

借鉴中国图书馆学会阅读推广委员会的成功经验，有必要成立军校联合阅读推广委员会作为活动的组织机构，来引导合作成员馆科学地开展阅读推广活动。军校联合阅读推广委员会的职责包括：一是负责全军院校阅读推广工作的组织领导和统筹协调，建立相关部门参与阅读推广活动的协调推进机制，推进军校阅读推广工作的发展；二是开展大型的阅读推广活动，促进各单位自主联合；三是规范军校阅读推广工作流程，督促各单位阅读基础设施建设和资源配置；四是制定军校阅读推广的长期发展规划和阅读推广工作考核评价制度，保证全军院校阅读推广工作长期健康发展；五是指导各军队院校成立负责阅读推广的专门部门，引导全军院校共同参与全民阅读活动。军校联合阅读推广委员会在合理规范的组织机构保障下，必将像中国图书馆学会阅读推广委员会一样，成为全面影响军校区域联合阅读推广工作的重要机构。

（二）制定军校区域联合阅读推广相关制度

俗话说"无规矩不成方圆"，任何活动的长效开展都要有相应的规章制度作保障。尤其是军队院校在所在地区、所属军兵种、培养层次、行政隶属等方面各有不同，要实现阅读推广工作的区域联合，使阅读推广活动有序开展，制定科学合理的军校区域联合阅读推广制度十分必要。一是要明确各个军校

---

① 中国图书馆学会.第一届科普与阅读指导委员会成立大会隆重召开［EB/OL］.［2020-08-17］. http://www.lsc.org.cn/contents/1347/7348.html.

在区域联合阅读推广活动中的责任主体，一般情况下以本校图书馆为主，前面已经论述过，在此不再赘述。二是明确军校区域联合阅读推广委员会及相关单位的主要职责与任务，做到分工明确，责任清晰。三是对军校区域联合阅读推广人员作相应的素质要求并定期提供培训。四是对军校区域联合阅读推广活动开展的经费、场地、设备作出相应规定。五是明确其他有关区域联合阅读推广的服务及管理规定等。有制度可依，有规矩可循，可以使小、散、偏形成合力，无论有无经验都能迅速进入状态，使阅读推广活动有条不紊地开展起来。

（三）构建区域联合阅读推广评价体系

每个阅读推广活动的开展都有明确的目标，但活动开展后所产生的影响和结果即阅读推广效果则具有滞后性，不是一朝一夕就能显现出来的。因此，构建客观的区域联合阅读推广评价体系，对阅读推广活动的策划、实施、效果进行定量评价，对每次区域联合阅读推广活动进行总结，根据客观性、科学性、系统性、发展性的原则，采取专家评估、读者调研、统计分析相结合的方法，找出联合活动的亮点及活动过程中存在的不足之处，并形成评估报告，以达到优化、提高、创新区域联合阅读推广活动的目的，有效提升读者参与活动的满意度，为之后开展同类型活动提供理论和实践依据。

（四）合作开展区域联合阅读推广活动

各军校图书馆在军校区域联合阅读推广委员会的指导下，加强相互之间的合作，整合各机构力量，合作开展阅读推广活动，扩大阅读推广活动的受众范围，让更多的人能够参与到阅读推广活动中来，使阅读推广活动的开展取得最大的效果。在这种由各馆相互协同、相互渗透、合作推广的组织环境中，不仅汇聚了各馆的资源、服务，还在情感上相互支持，在共同创造、共同推广的基础上，形成区域联合阅读推广的良性循环。合作过程中，各方需要重视和打造阅读推广活动品牌，品牌效应的形成对区域联合阅读推广活动的可持续发展能起到很好的作用。

第二节　地方区域联合阅读推广案例及启示

一、地方行业学会区域联合阅读推广案例

近年来,各省市级行业学会积极响应全民阅读的号召,以图书馆学会为主体,作为活动发起者和主办方,联合省市各级图书馆及高校图书馆,开展了形式多样的区域联合阅读推广活动。比如,山东省图书馆学会在区域联合阅读推广活动上取得了显著成效,其举办的"全省读书朗诵大赛"极具代表性。

（一）山东省图书馆学会"全省读书朗诵大赛"的组织策划

图6-3　山东省图书馆学会第六届"全省读书朗诵大赛"[①]

山东省图书馆学会于2005年开始,每年利用4月23日"世界读书日"这一时间节点举办"全省读书朗诵大赛",自3月初至4月23日,持续一个半月,内容涵盖"书香齐鲁·全民阅读"系列活动,引导社会大众积极参与到"多读书、好读书、读好书"中,在全社会营造读书求知、终身阅读的浓厚氛围。

一个成功的区域联合阅读推广体系离不开合理有效联动的组织策划,组

---

① 山东省图书馆学会"全省读书朗诵大赛"［DB/OL］.［2019-11-09］. http://www.lsc.org.cn/contents/1203/1376.html.

织的严密性会影响区域联合阅读推广工作的成效，山东省"全省读书朗诵大赛"的区域联合阅读推广团队是上下联动组织，由山东省文化厅主办，山东省图书馆、山东省图书馆学会承办，17市图书馆协办，以山东省图书馆学会为桥梁纽带，通过山东省公共图书馆体系平台开展读书朗读大赛。大赛是以全民广泛参与为宗旨，以朗读为形式，以提高全民素质为目的的全民阅读活动。参与活动的图书馆界各类组织都带着共同的目的——"全省公共图书馆倡导全民阅读活动"。该活动体现出组织有序、策划严密、政府主导、各级联动的特性。

（二）山东省图书馆学会"全省读书朗诵大赛"的实施过程

该区域联合阅读推广活动在实施的过程中有很多突出的亮点，值得每个开展区域联合阅读推广活动的组织学习借鉴。一是策划严密，在大赛举办的前一年年底，山东省图书馆就召集相关部门参加联席会议，讨论大赛主题、活动分组、任务分配等事宜，形成可行性方案，并报文化厅批复。二是组织权威，在活动开展前由山东省文化厅给各市文化局下发《关于举办全省读书朗诵大赛的通知》等政府红头文件，山东省图书馆学会根据文件给省图书馆学会各成员单位下发活动细则。三是平台支撑，充分利用全省、市、县完整健全的体系平台，让社会广大读者都参与进来。四是体系完善，大赛的具体流程为：县区图书馆初赛——市图书馆选拔赛——省图书馆总决赛。大赛分为（3~9岁）儿童组、（10~15岁）少年组、亲子组、高校组、成人业余组五个不同年龄段组别，涵盖了老、中、青、少、幼各个年龄层。活动期间，山东省17市图书馆负责本地区成人业余组的比赛选拔，山东省图书馆随时了解各市图书馆的活动进展，协调17市图书馆应解决的事宜，并进行现场观摩指导。活动还邀请专业评委老师担任大赛评委，制定严格的评分标准，现场公布选手成绩，并进行点评，确保比赛的公平公正。五是应急到位，活动开展过程中，根据出现的问题随时召开协调会议进行分析讨论，提出解决方案，确保活动的顺利开展。

图6-4 山东省图书馆学会第十一届"全省读书朗诵大赛"儿童组

（三）山东省图书馆学会区域联合阅读推广活动小结

作为区域联合阅读推广的典范，总结该活动取得的成效，具有以下几方面的借鉴意义：

一是活动是由全省图书馆行业组织发起的，社会联动效果非常明显，是社会整体性的联合行动。

二是活动为全民阅读搭建了一个充分展示发挥的平台，进一步激发了大众读书的热情，受到社会各界的青睐，参与人数逐年增加，参与的读者大众来自社会各行各业。

三是活动运用品牌意识统领区域联合阅读推广活动，每年确定一个比赛活动主题，如2005年主题为"倡导全民阅读，建设书香社会"，2006年为"倡导全民阅读，构建和谐家庭"，2010年为"我喜爱的一本书"，2013年为"阅读经典，传承文明"，2016年为"阅读，从图书馆出发"，2017年为"阅读，在路上"，等等，给广大阅读爱好者提供了正确导向。

四是充分利用各大媒体进行全方位、多角度的宣传报道，包括新闻媒体、社会媒体和自媒体等。

五是组织者不断总结经验，查找不足，形成有效的模式和方案。比如，根据活动开展情况，为保证对参与人员的公平合理，不断对分组进行改进，由最初的儿童组、少年组和成人组，发展到儿童组、少年组、亲子组、专业组和成人业余组，进而发展到儿童组、少年组、亲子组、高校组和成人业余组。

图 6-5　山东省图书馆学会第十二届"全省读书朗诵大赛"读者感言

二、地方高校图书馆区域联合阅读推广案例

每个地方高校图书馆都有各自的特色，每个高校的阅读倾向、阅读群体都有所不同。为了打破单个主体阅读推广的壁垒，部分高校也在尝试区域联合阅读推广，例如，上海财经大学图书馆和香港城市大学图书馆尝试了以"悦读·行者的故事"为主题的系列区域联合阅读推广活动。

（一）"悦读·行者的故事"的组织策划

该活动由上海财经大学图书馆与香港城市大学图书馆合作开展，以旅游人文阅读与写作为核心，搭建跨地区、跨学科、跨专业的图书馆阅读活动平台，营造校园人文阅读氛围。2011年以来，两馆陆续开展主题馆藏推荐、主题征文等活动。区域联合阅读推广活动的共同目标及展望不仅体现在组织推广了图书馆的主题资源，提高了图书馆资源的可见度和利用率，还促进了多方广泛而密切的合作。二者合作的基础是关于阅读推广的共同主张，一是推广图书馆的通识经典文献，拓展图书馆服务的人文内涵；二是鼓励学生去参与阅读和写作，帮助提升大学生的人文艺术素养。2011年4月，两馆首次尝试联合开展"悦读·行者的故事"主题征文活动，面向大学生征集旅行文学作品，在两地校园推广旅行人文阅读与写作。2011年10月，两馆签订了《图书馆战略合作框架协议》，将阅读推广列为两馆合作的重要项目之一，并确立"悦读·行者的故事"为区域联合阅读推广活动品牌，以旅行人文阅读与写作为核心，在两馆长期开展课外阅读与写作活动。

初步交流阅读推广经验
2010年6月·上海

深入交流课外学生作品的推广理念和经验　　　两馆馆长商定阅读推广合作项目
2010年12月·香港　　　　　　　　　　　2011年5月·深圳

图6-6 "悦读·行者的故事"联合阅读推广活动

（二）"悦读·行者的故事"的实施过程

区域联合阅读推广合作期间，两馆以"悦读·行者的故事"为主题，面向两校学生，陆续开展主题馆藏推荐、合作征文活动、优秀作品出版及推广、写作分享会、写作工作坊及人文写作短期研修班、两地学生互访交流及文化采风等多种形式的活动。

1. 主题馆藏推荐及主题展

主题馆藏推荐主要是利用图书馆的馆藏资源，推荐不同主题的经典文献，依靠各种辅助关联手段，让学生接近并阅读经典文本。具体实施步骤如下：首先，邀请学科专家、学科馆员一同参与推荐书目。2011 年，举办了"行走中的思想家"田野调查主题书展。接着，在传统书目检索入口推荐的基础上，加入其他检索入口，比如作者简介、写作意图、作品版本等，帮助学生进一步了解主题与推荐图书之间的关联，拉近学生与经典学术读物的距离，激发并鼓励学生阅读经典学术著作的兴趣。其中，书展的全套资料也被整合至优秀作品文集和网络推广平台上，作为"馆藏资源推荐"的一部分，供读者开展延伸阅读。

图 6-7　主题馆藏推荐

此外，举办以读者推荐为主的"带一本书上路"旅行读物推荐、"在路上"旅行摄影作品主题展。通过多种方式鼓励读者参与投票评选、旅行读物推荐、反馈调查等活动，并将读者的反馈作为展览内容的一部分及时公布。

2. 主题征文

每年面向两校学生征集以"悦读·行者的故事"为主题的旅行人文习作，并邀请中文专业的指导老师开展评审工作，经过初审和复审环节，评选出优秀作品，获奖作品将收录于优秀作品选集，并作为特色馆藏在两馆永久保存。征文活动成为图书馆长期征集学生优秀课外作品的重要渠道之一，并与图书馆特色资源建设工作相衔接。

图 6-8　主题征文活动——优秀学生作品征集及评选

3. 优秀作品出版及推广

活动中学生的优秀作品都会收录在《"悦读·行者的故事"主题征文活动

优秀作品选集》中，让活动的精彩永久流传。

图书馆在取得作者的版权授权后，通过《作品附加信息表》收集了作者提供的相关照片和文字说明等与作品创作相关的资料，编辑作品文稿时，再加入评审评语，整合上述一系列内容，使读者在阅读作品时更好地理解作者的创作意图，并通过阅读点评文字，学习文学作品的审美及写作方法。

图书馆会预先设计 10 道与文集内容相关的阅读题目，通过有奖征答的形式，鼓励全校学生关注并阅读电子版文集。活动结束后，图书馆对积极参与活动的学生给予表彰，并赠送印刷版文集。

图 6-9 "悦读·行者的故事"主题征文活动优秀作品选集封面

4. 写作分享会暨颁奖典礼

在每年世界读书日当天，图书馆面向全校举办一年一度的写作分享会暨颁奖典礼活动，邀请上一年度参加"悦读·行者的故事"及其他"悦读"主题活动的获奖同学代表上台分享阅读与写作的感悟，并邀请校内相关职能部门负责人以及学生会、研究生会、学生社团等学生代表，作为嘉宾出席活动现场，对获奖学生进行颁奖和点评。

作为仪式性的活动，写作分享会暨颁奖典礼是图书馆年度阅读推广活动的高潮和亮点，用以表彰一年来积极参与图书馆阅读推广活动的学生，并鼓励学生彼此分享自己的阅读与写作体悟，在营造校园阅读氛围的同时，也有利于提升阅读推广活动在校园的知名度和影响力。

图 6-10　颁奖典礼暨写作分享会

5. 主题讲座及分享会

通过不定期举办主题讲座及分享会的方式，为学生创造面对面交流的机会，邀请社会名人、教师、学生担任主题讲座或专题分享会的主讲嘉宾，从不同角度对"在路上""旅行与阅读"等主题开展交流和分享，包括：旅行的个人经历和体验、关于旅行文艺作品的审美思考等。

现场分享的方式可以使学生更直接地与主讲者互动交流，并且无论是讲者，还是听众，都能在与他人分享个人的旅行体验、电影观赏感受的过程中收获旅行和阅读的乐趣，加深对于活动主题的认识与理解。

两馆于 2011 年、2012 年和 2014 年分别组织过以"在路上""悦读·行者的故事"为主题的系列分享会和主题讲座 15 场。

6. 人文写作短期培训班及两地学生文化交流项目

图书馆申请专项资助，为两校热爱人文阅读与写作的学生创造面对面交流的机会，延请两校有建树的老师开展人文阅读与写作短期研究课程，系统开展以教师为主导的写作工作坊、以同辈分享为主导的读书交流会,以及倡导知行合一理念的人文行走等在内的活动,为提升学生人文阅读与写作的兴趣和能力提供支持。

表6-1　2014年行走沪杭·文化寻迹——"悦读·行者的故事"沪港学生文化交流项目

形式	主题	主讲/主持	主要内容
写作工作坊教师为主导	Big Bang of Mind	刘新	解读人类文明进化史、强调分享、交流、积累和完善是人类社会发展的最基本机制
	上海人文地理的阅读与写作	管斌	解读海派文化的产生与发展,为学生们深入了解上海的人文风貌提供思路
	西湖访旧——在空间上尚友古人	马宇辉	解读西湖的人文历史、名人作品与人格,让学生们与古人进行跨时空的精神交流
	行走,在光影之间	刘金涛	解读"行走"所体现的时空特性与电影创作的主题表达、艺术表现及技术运用等方面的关联
阅读分享会同辈分享交流	行者的故事	刘新、刘金涛	学生分享自己喜爱的书籍和读书心得
	饶宗颐、季羡林等名家读书的故事	鄢秀	讲解语言文字学习方法,加强阅读原文对提高文字表达能力的作用,鼓励学生多读书、读原文
江南人文行走	上海博物馆、人民广场周边	葛仲然	了解了上海人文景点的特色,以及江南地区文明的起源和重要人文景点
	武康路	葛仲然	
	杭州西湖、文澜阁、西泠印社	旅行社	
	河姆渡人类遗址博物馆		

　　2014年5月25日至31日,由教育部2014年度香港与内地高校交流计划资金专项资助的"行走沪杭·文化寻迹——沪港学生文化交流活动"项目在上海进行。作为沪港阅读推广合作项目的一次深入尝试,来自香港城市大学的20名学生与16名财大学生在两校老师的指导下,开展了以江南人文行走为特色的旅行人文阅读与写作短期培训。在为期七天的项目交流中,图书馆共组织了四次写作工作坊,四次上海市内及杭州、宁波等地的人文行走,两次读

书交流会，以及一次总结汇报会等活动，两校为全程参与此次文化交流活动的学生颁发了课程结业证书。

可见，整个活动都是全方位融入状态，将联合活动定位在"通识博雅、知行合一"这一一致的理念中。

图6-11 写作工作坊及读书会、两地师生文化行走

（三）"悦读·行者的故事"的效果评价

两所高校图书馆的区域联合阅读推广通过借助合作和共享机制，相互分享和交流，提高了个体图书馆的影响力，最大化地实现各校读者的互动、沟通，扩大阅读效应项目，成为两馆征集学生课外文学作品、自建特色馆藏的重要渠道之一。两校共举办年度征文活动3届，收集作品181篇，收录优秀作品51篇；出版优秀作品选集2册，共计13万余字；举办电子书有奖征答推广活动1次，主题书展、展览4次；写作分享会暨颁奖典礼3届；主题报告2次；嘉宾漫谈1次；人文写作短期研修班暨两地学生互访交流项目1次。

"悦读·行者的故事"主题征文活动出版年度优秀学生作品选集2册，收录优秀作品36篇，并附加帮助理解作品的相关信息，共计13万余字，并列入两馆特色馆藏。

　　活动注重从不同角度收集用户的反馈信息，为改善活动品质提供参考，用户的积极反馈为图书馆持续开展阅读推广工作提供了动力源泉。上海财经大学图书馆对 2012 年"悦读·行者的故事"颁奖典礼暨写作分享会活动反馈进行了统计分析，如图 6-12 所示。

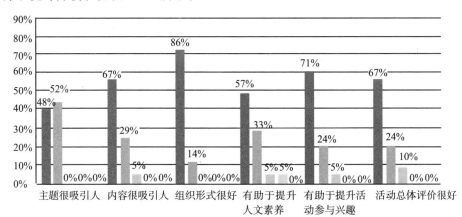

图 6-12　2012 年"悦读·行者的故事"颁奖典礼暨写作分享会活动反馈

　　活动方收到许多反馈，现摘录部分精彩反馈：2013 年获奖作者的反馈："参加此次比赛，让我好好地思考了一下旅行与阅读的关系。……以前从没有好好思考过旅行与阅读的微妙关系，然而这次在写这篇文章时却惊喜发现，我们在行走过程中所有的思考与感慨只不过是再一次印证曾阅读过的文学作品所带给我们心灵以及思想的奇妙召唤。感激每一次的行走，让我在漫长的旅途中与伟大的文学浪漫邂逅。"2012 年获奖作者的反馈："很开心看到图书馆踏踏实实地做了这么多好的活动和交流，凭吸引力和兴趣把大家集合在一起。祝愿图书馆的活动越办越好！"2011 年获奖作者的反馈："这次的比赛给了我一个很好的平台，让我将旅行中想要与人分享的东西表达出来，有时候若是没有这样一个平台，便觉得这种感觉只可意会不可言传，然而有了这样一个平台，便可以将这种感觉具象化、文字化，诉诸笔端的感觉对我来说尤其珍贵和美好。""在悦读的氛围下讲述我们的故事，行者的故事，这是比赛带来的机遇，甚至超越了比赛本身。"相关指导老师上海财经大学人文学院刘新老师的反馈："感谢征文的组织者出了'行者的故事'这样一个好题目，它在踏实的土地上留下了广阔的感受与想象的天空。感谢积极参与投稿的同学，通过对自己旅程的叙述，他们把自己的生命感悟表达出来并与他人分享。"香港城市大学图书馆中文、翻译及语言学系杨宏通老师的反馈："上海财经大学与香港城市大学两校图书馆合办'悦读·行者的故事'征文活动，吸引了许多同学参加，展现了沪港两地年轻人对阅读和旅行游历的思考面貌以及创作风华。参赛作品主题涵盖广泛，风格纷呈，记述的旅行'幅度'甚广，展现了同学们对世界和人生的敏锐观察与深刻思辨。"

三、地方公共图书馆区域联合阅读推广案例

2015 年，中共中央办公厅、国务院办公厅印发的《关于加快构建现代公共文化服务体系的意见》明确提出，加大对跨部门、跨行业、跨地域公共文化资源的整合力度。以行业联盟等形式，开展馆际合作，推进公共文化机构互联互通，开展文化服务"一卡通"、公共文化巡展、巡讲、巡演等服务，实现区域文化共建共享 ①。近年来，公共图书馆都在开展形式多样的阅读推广活动，跨区域共建共享联合阅读推广活动也陆续开展，效果也比较明显，在跨地域、跨类型区域联合阅读推广领域也极具代表性。比如，长沙市图书馆在阅读推广活动，尤其是区域联合阅读推广活动方面实践比较成功，"阅天下·邂逅图书馆之美"的阅天下游学活动吸引了广大读者参与。

（一）长沙市图书馆游学活动的组织策划

2018 年 4 月，以"读万卷书，行万里路"为背景，长沙市图书馆推出"阅天下·邂逅图书馆之美"的游学活动，开启阅读、旅行、学习和社会实践相结合的区域联合阅读推广新形式。读者到图书馆领取"游学护照"，通过在"游学护照"上盖章打卡、在"游学笔记"上记录所思所感、在新浪微博发布话题分享三种方式参与。

---

① 中共中央办公厅，国务院办公厅.关于加快构建现代公共文化服务体系的意见.［EB/OL］.
　［2020–08–10］.http://www.gov.cn/xinwen/2015–01/14/content_2804250.htm.

图 6-13 长沙市图书馆发放的游学护照和游学笔记

"阅天下·邂逅图书馆之美"阅天下游学活动由长沙市图书馆在 2018 年世界读书日发起，长沙市图书馆为活动发起方，中国图书馆学会阅读推广委员会为主办方，全国多家图书馆联合承办，活动得到全国 108 家图书馆的支持参与。活动已经打破区域、图书馆类型的限制，长沙市图书馆作为发起方策划组织该活动，将活动覆盖范围扩大到全国，成员馆包括公共图书馆、高校图书馆、少年儿童图书馆等类型。中国图书馆学会阅读推广委员会每年将对参与者的游学情况进行评比，评选出全国"游学达人""游学美文""游学图牛"及"图书馆宣传大使"等奖项。

（二）长沙市图书馆游学活动的实施过程

在准备阶段，长沙市图书馆成立活动组委会办公室，制定活动方案，包括活动官方微博注册，游学护照、读行笔记、游学印章设计制作，评比标准确定等；完成游学图书馆地图制作，统计湖南省内公共图书馆、高校图书馆、长沙图书馆总分馆中环境适宜的图书馆基本情况（地址、活动咨询电话）制作游学图书馆电子地图；统计国内外（国家、省市及著名高校）图书馆、阅读推广委员会委员推荐的图书馆等基本情况，升级游学图书馆电子地图。

在实施阶段，读者参与活动的形式分两种：一是线下参与，社会公众凭读者证（未成人年可由监护人代领取）到活动发起馆领取游学护照和读行笔记。二是线上参与，社会公众通过新浪微博，与"阅天下·邂逅图书馆之美"官方微博互动参与活动。活动包含游学护照巡签、游学笔记记录和游学最美图书馆摄影图片、过程分享。活动开始时，首先举行活动启动式，然后签发游学护照和笔记本，读者每到一个图书馆，签盖护照，记录游学笔记，分享游学中的最美图书馆照片，在微博上发布话题＃阅天下邂逅图书馆之美＃，同时在活动官方微博里记录当下的心情、读书心得，推荐喜欢的书目。

在评比阶段中，活动组委会办公室每周对游学图书馆摄影图片进行一次评比，优秀者参与年度评比。每季度对游学护照进行一次评比统分。每年1月，活动组委会办公室邀请专家和读者代表对参与者年度活动情况进行评比，根据上交的游学护照、读行笔记及微博记录对每位读者进行打分。根据获奖积分和评比情况，评选出若干"游学达人""优秀读行笔记""最美图书馆宣传大使"。汇总优秀读行笔记及最美图书馆照片，制作展览，汇编出版图书。活动采取多渠道媒体宣传的形式，探索社会资源参与活动的方式和可能，充分利用电视、报刊、网络自媒体等，对活动的进展情况进行宣传报道。此外，该活动的宣传方式还有一个最大的特点是将活动宣传嵌入活动本身，每位读者每到一个图书馆都在给活动做宣传，并在线上微博里发布行程、场景、感悟等内容，无形中吸引了更多的读者参与到活动中来。

图6-14　奖项设置1

图6-15　奖项设置2

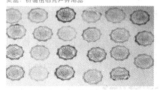

图6-16　奖项设置3

（三）长沙市图书馆游学活动的活动效果

中国图书馆学会阅读推广委员会主任、东莞图书馆馆长李东来认为："图书馆是人类精神成长的栖居地。每个地方的图书馆样貌，都会折射出那个地方的精神状态和追求。图书馆里的阅读身影就是城市的美丽风景，我们希望有更多的人走进图书馆。"游学活动正可谓"古有孔子率众弟子周游列国，今有全国图书馆携广大读者阅览天下"。活动开展以来，产生了积极的效果。

1.规模宏大，影响深远

首批加入"游学地图"的图书馆有 60 余所，截至 2019 年 4 月 23 日，全国参加此活动的成员馆共有 108 家。特别是 2018 年 9 月加入活动的广东东软学院图书馆和西安工程大学图书馆通过宣传已经吸引大学城附近许多院校读者热情参与，大幅提升了高校图书馆的进馆率。长沙市图书馆一年共发放游学护照和笔记本近 3 万册，线上微博话题阅读量达 70 万。长沙市图书馆还提供适合小读者的游学体验，将"游学"推广到更多家庭中，让家长认识到阅读对孩子健康成长和家庭和谐的重要意义。2018 年 6 月 1 日，长沙市图书馆联合湖南省妇幼保健院、湖南少年儿童出版社，启动"书香长沙·天使阅读公益行"活动，为 300 名新生儿赠送阅读大礼包和游学护照，让游学从 0 岁开始。

2.同中求异，各具特色

在活动前期，长沙市图书馆设计统一样式的游学印章、游学护照、宣传物料等，各地图书馆则在此基础上加入本馆特色元素进行设计，让整个游学活动和而不同，具有特色和标志性。针对打卡人数众多的情况，湖南省少年儿童图书馆复制了 4 枚印章用于小读者的游学打卡。深圳市宝安区图书馆在 9 家基层馆、社

图 6-17　深圳市宝安区图书馆为读者设计的"珠三角"打卡分布地图

区阅读中心专门设计了概念印章，还为读者设计了"珠三角"打卡分布地图。活动过程中，各地图书馆结合自身特色，因地制宜开展系列活动。

3. 打破时间和空间限制

活动通过新浪微博实现时间和空间的跨越。打开手机，拍几张照片，写几句文字，上传一条微博，很简单的几步操作，就可以让读者随时随地参与进来。尤其在暑假期间，参与活动的读者遍布全国各地，甚至有的在国外，澳大利亚、新西兰、日本、泰国、马来西亚等地打卡。长沙市图书馆的小青苗谢诗语在游学笔记中写到："在新西兰的北帕默斯顿图书馆，这里的书不止一种语言……在离开图书馆后，我明白了一个道理，每个图书馆都拥有自己的特色，只是你没有发现！"这样的形式让其他读者可以足不出户就能感受国外图书馆的阅读氛围。

4. 读者反响积极

读者郑语龄的妈妈在国家图书馆打卡时说到："'阅天下·邂逅图书馆之美'活动，是诗和远方的牵手，不仅让我们领略到了天下图书馆之美，最重要是真切体会了读书之美，而无疑，读书的人，是最美的。"读者王佳琪在南昌市图书馆打卡时说到："我去过很多城市的图书馆，南昌市图书馆真是与众不同，这次游学之旅真有意义。"读者喋血尘埃在广州白云区图书馆打卡时说到："图书馆有太多丰富多彩的活动，与图书馆结缘，从此爱上图书馆，畅游书海，愿更多的小伙伴和我一样体会到其中的无穷乐趣。"……

这是整个图书馆界的通力合作，不仅实现了空间互联、资源互通，也丰富了游学的内容和形式。通过推荐一本图书、撰写一篇读书心得、加入一个读书会、参加一次文化活动，将知识与具体的事物、场景相结合，在体验式阅读的过程中完成区域联合阅读推广。该项联合阅读推广活动注重活动质量，通过打造区域活动品牌，让更多的读者参与到阅读推广活动中，活动效果和社会效益均非常显著。

图 6-18　读者反响 1　　　　　　　　图 6-19　读者反响 2

四、案例总结与启示

本节介绍了不同类型图书馆开展区域联合阅读推广活动的三个典型案例，它们各具特色，也兼具共同点，对其进行分析总结可为军校区域联合阅读推广活动的开展起到参考借鉴作用。

（一）发挥图书馆的主导引领作用

从以上三个案例可以看出，图书馆在阅读推广活动中始终处于核心主体的位置，即使与众多其他相关机构联合协作也无法撼动其主导地位。

1975 年国际图联在法国里昂召开的图书馆职能科学讨论会上，一致认为图书馆的职能主要有四种：保存人类文化遗产；开展社会教育；传递科学情报；开发智力资源①。这与提倡阅读社会的最终目的十分契合，图书馆与阅读天然地密不可分。而大学生们对图书馆与阅读密切关系的认同也形成了一种"文化自觉"，由此可见，阅读推广也是图书馆重要职能之一。军队院校图书馆应该以阅读推广为己任，发挥图书馆的文化引领作用，为建设书香校园、书香军校发挥积极的作用。

---

① 王宁，吕新红，哈森.图书馆管理与阅读服务［M］.北京：光明日报出版社，2017.

（二）注重发挥行业学会或组织的凝聚作用

从以上案例可以看到，所有阅读推广活动都有中国图书馆学会的参与，并且学会在其中发挥了凝聚与指导作用。中国图书馆学会是由全国图书馆及相关行业或机构科技工作者自愿结合、依法登记成立的全国性、公益性、学术性、非营利性的社会组织，它不属于政府的管理机构系列，而是政府与行业的桥梁和纽带，它既代表本行业的共同利益，又制定并执行行业规约和各类标准，协调本行业各成员之间的行为，指导全国图书馆及相关行业工作。

图书馆由于服务对象和行政隶属不同，在合作时存在一定的行政壁垒和限制，而有了中国图书馆学会的牵头和引导，可以使国内各成员馆最大可能地求同存异，精诚合作。目前，国内有代表性的图书馆及相关行业学会主要有中国图书馆学会、教育部高等学校图书情报工作指导委员会、中国科技情报学会等。军队与地方有天然的行政壁垒，除了组建军队院校系统的图书馆联合组织，还应积极加入地方行业学会，参与其组织的各项阅读推广活动，学习有益经验，以促进军队院校阅读推广活动的有效开展。

（三）积极争取相关部门配合与支持

任何一项阅读推广活动的成功开展都离不开相关单位的配合与支持。山东省的"全省读书朗诵大赛"是由山东省文化厅指导主办，山东省图书馆、山东省图书馆学会承办，17市图书馆协办；"悦读·行者的故事"主题征文的一系列活动需要上海和香港两地的两所大学的图书馆、出版社、相关院系、学生管理机构的通力配合；"阅天下·邂逅图书馆之美"是由长沙市图书馆发起，中国图书馆学会阅读推广委员会为主办方，全国多家图书馆联合承办，并得到了全国108家图书馆的支持参与。"众人拾柴火焰高"，合多家之力，集众家所长，是阅读推广走向成功与成熟的保证，也是区域联合阅读推广的基本特征。军校的联合阅读推广也要联合所能联合的力量，如出版发行单位、新闻宣传部门、文化主管部门、学员管理部门等，才能尽可能地将阅读推广活动做得深入人心、效果显著。

（四）建设阅读调查数据库

科学的阅读调研数据可以为阅读推广的政策制定、方案策划、活动开展提供有力的数据支持，一个成功的阅读推广方案在前期准备时要对活动开展范围、针对阅读人群类型、推广对象的阅读习惯与阅读需求等进行充分的调研，活动过后一段时期再对阅读推广对象进行新一轮的阅读调查，以评价活动效果并拟定下一轮的阅读推广计划。因此，建设完整的、系统的阅读调查数据库已势在必行。

目前，我国影响较大的阅读调查是中国新闻出版研究院一年一度发布的《全国国民阅读调查报告》，从 1999 年初次调查至今已走过廿余年历程，渐趋成熟。这是针对整体国民的阅读调查，对于细分人群还缺乏专门的调查研究，虽然也有许多因为各种需要而进行的阅读调查统计，但由于缺乏系统性、规模性和连续性也就谈不上大的影响了。而目前已有的各种阅读调查对军队和军事院校这部分是有所缺失的，这固然与军队特殊性质有关，也与军队和军事院校自身对阅读推广工作不够重视密切相关。军校图书馆要肩负起军队阅读推广的重任，军校是军队知识密集型单位，读者成分相对单一，以军校为基础建设相关阅读调查数据库并逐渐扩展到全军，从而更好地开展阅读推广工作，对军校图书馆来说还任重而道远。

第三节　军校区域联合阅读推广前景构想

一、军校区域联合阅读推广的意义

（一）抓住军改机遇，积极应对挑战

目前，多所军校的"一校异地多校区"跨地区发展新模式给军校开展区域联合阅读推广活动带来了新的挑战和机遇，如国防科技大学 2017 年改革调整后，校区分布在长沙、武汉、南京、合肥、西安五个城市；国防大学 2017

年改革调整后，校区亦分布在北京、石家庄、南京、西安等多地。异地院校合并对教学资源合理分配提出了挑战，不同风格的校园文化彼此磨合，也是一个长期的过程。

对于阅读推广工作而言，这种空间距离带来的管理与沟通上的不便既是挑战也是机遇。这些异地校区要开展联合阅读推广活动以前需要校与校的沟通联合，互相之间没有管辖约束力。现在是学校内部各部门的协调合作，由学校统一协调部署。在统一行政隶属关系的前提下开展多地联合阅读推广活动，可以最大限度地实现活动策划的针对性、内容传达的快速化、活动开展的统一性。同时各有特色的校区文化可以通过阅读推广活动互相渗透影响，博采众长，共同进步。

（二）发挥信息资源优势，实现优质资源共享

军队院校图书馆的信息资源相对丰富，虽然与部分地方综合性大学比较还有一定的差距，但与军队系统的其他单位相比已是极大丰富了。而军队院校也根据其培养性质、培养规模的不同，对其图书馆的投入、资源配置等方面各有侧重，从而造成资源配置的不平衡性。联合阅读推广为各院校实现资源共享、优化资源配置提供了有效途径。

以国防科技大学图书馆为例，作为全军最大的技术型综合院校图书馆，馆舍建筑总面积约 47000 平方米，印刷型文献约 370 万册（件），年订购印刷型中文报刊 3655 种 / 份，印刷型外文期刊 351 种 / 份，建成了包括 97 个大型综合数据库、167 个专题数据库或子库的数字图书馆，实现了 SCI、EI、CPCI-S（原 ISTP）三大系统及其他各类外文文献数据库的国际同步检索。如此丰富的资源配置与地方重点综合性大学相比也毫不逊色，但每年学校的在校生却只有一万左右，资源利用率远未饱和。若通过军校联合阅读推广活动，将这些资源推广至全军院校科研院所和部队，就能使其得到最广泛最充分的利用。

（三）促进军地联合，实现融合发展

军校区域联合阅读推广除了军队内部各院校的联合，与地方院校的合作

推广也是重要组成部分。首先，地方院校在阅读推广工作上起步早，成效显著，在区域联合阅读推广上也有很多成功案例，这些成果经验值得军队院校学习借鉴。其次，军队院校在决策权威性、行动执行力、读者配合度等方面较地方院校具有明显优势。再次，对于普通技术型院校来说，无论军地，大部分的专业设置具有共同性，因此在沟通协调上并不存在壁垒，而不同的管理属性反而促使双方互相了解、互相学习。如国防科技综合性院校与工信部直属七校（北京航空航天大学、北京理工大学、哈尔滨工业大学、西北工业大学、哈尔滨工程大学、南京航空航天大学、南京理工大学）图书馆每年举办一次学术年会开展学术交流，前者由少到多逐年增加，现已发展为"7+7"规模。2019年"7+7"第十八届学术年会以"融合发展，智慧服务"为主题在海军工程大学召开，军地14所高校共同探讨智慧图书馆的建设与发展前景。这是一个很好的阅读推广联合平台，14所高校学科都以理工为主，又兼顾军地两面，在专业设置、读者类型与需求、资源配置等方面具有许多共同点和相似处，在此基础上开展国防科技高校之间的联合阅读推广是水到渠成之事。

二、军校区域联合阅读推广的基础

（一）组织基础

军校区域联合阅读推广工作的开展，除了与地方行业学会进行协作，还需要有自己的相关组织机构来指导，但一个新的机构的成立从筹备到正常运转需要一段较长时间。因此，依托军队现有组织机构开展联合阅读推广工作是目前的明智之选。

1. 军队院校图书情报协作联席会

军队院校图书情报协作联席会成立于1987年，是原军委总部机关八个专业协作联席会之一，挂靠在国防大学图书馆。联席会下属十个地区协作组，下设一个专家委员会九个专业组，主要任务是促进全军院校图书馆协作交流，为军队院校信息资源建设荐言献策。军队院校图书情报协作联席会成立30年来，在军队院校数字图书馆建设、军队院校图书馆法规制度建设、军队院校图书馆业务管理系统建设、军队院校图书馆专业队伍建设，以及促进军队院校图书出版学术交流等方面都做出了卓有成效的贡献。

军队院校图书情报协作联席会成员是各军队院校图书馆，而联合阅读推广的主体单位也是各军校图书馆，借助军队院校图书情报协作联席会的交流平台可以组织多地区、多层次的军校联合阅读推广活动，推动军队院校阅读推广工作走向深入。

2.CALIS 军队院校文献信息服务中心

CALIS 是中国高等教育文献保障系统（China Academic Library & Information System）的英文缩写简称，是经国务院批准的我国高等教育"211 工程"总体规划中三个公共服务体系之一。CALIS 军队院校文献信息服务中心（以下简称"CALIS 军校中心"）经报总部机关和 CALIS 管理中心批准，于 2013 年 5 月正式授权，由国防科技大学图书馆承建，接受总部机关和 CALIS 管理中心及所在学校的领导。主要任务是推进军队院校科技文献资源的共建、共享，深化文献资源的有效利用，提升军队院校教学科研的科技文献保障水平。截至 2019 年 12 月，CALIS 军校中心拥有成员馆 40 余家。

CALIS 军校中心本就是军校科技文献信息交流中心，阅读推广工作若以该中心为依托，通过主动推送的方式与各成员馆相联合，将会使军队院校的阅读推广工作取得事半功倍的效果。

（二）人才基础

军队院校是军队高学历、高素质人才汇集的地方，军校图书馆人才基础也较为扎实，馆员队伍均为本科以上学历，研究生以上学历人员逐年增加，馆员专业学科门类丰富，形成了高、中、初级职称的金字塔形人才梯队，人才队伍正在向专业化、高学历、高职称方向发展。近年来，军队文职人员队伍的发展壮大更是为军队院校图书馆补充了新鲜血液，文职人员虽然不穿军装，却同样具备了军人"召之即来，来之能战，战之必胜"的优良品质，这也是军队院校最宝贵的人才基础。目前，军队院校虽处于调整改革时期，但长期以来的多方面有效的人才队伍建设使得改革期图书馆馆员队伍较为稳定，保证了各项工作有序开展。

在此基础上，军校图书馆应该有重点地对馆员进行阅读推广相关内容的培训，积极参与中国图书馆学会阅读推广人培育计划，从而推动军校阅读推广工作进一步深入开展。

（三）物质基础

开展区域联合阅读推广的物质基础主要包含两个方面的内容：信息资源基础和空间资源基础。

结构合理、特色鲜明、种类丰富、获取渠道多样的信息资源是进行阅读推广的前提条件，也是每个图书馆的建设发展目标。目前大多数军校图书馆都存在信息资源内容老旧、种类单一、结构不够合理、数量不足等问题。联合阅读推广的主要目的之一就是资源共享，既可避免重复建设造成的资源浪费，也能提升信息资源的利用率，并通过交流发现自身不足进而不断改进提高。

另外，阅读推广活动的开展要有相应的空间保障。这与传统意义上的图书馆提供阅览空间的概念有一定的区别，除了物理空间，也包含虚拟空间。图书馆物理空间的设计越来越人性化、仿生化，传统功能日趋融合，文化功能日渐多样化；虚拟空间的开辟是数字终端极大发展的必然产物，也让文化交流跨越时间、空间的限制，变得轻松而随意。许多军校图书馆的馆舍空间与现代意义的图书馆建筑还有着不小差距，但可以根据现有条件，通过空间改造，拓展多样化的空间功能，与阅读推广相配合，促进军校校园文化的建设与发展。而虚拟空间的建设也是大多数军校图书馆的重要工作之一，网络已经成为现代社会必不可少的一部分，文化的争夺不应放弃任何一块阵地，军校应该在做好安全保密措施的基础上积极开展网络终端的文化建设与阅读推广，为国防教育和军队文化建设做出应有的贡献。

三、军校区域联合阅读推广构想

（一）军校参与地方图书馆学会的区域联合阅读推广

中国图书馆学会虽然是民间社团组织，但因为组建时间长，下属各级委员会门类齐全，行业影响力大，是国内阅读推广开展以来的引领者和指导者，其下属各分会及成员馆在阅读推广方面积累了相当丰富的经验。军校图书馆也接受中国图书馆学会的业务指导，因此，积极参与中国图书馆学会和其下属的阅读推广委员会以及各省市图书馆学会开展的各项区域联合阅读推广活动，有利于军校图书馆学习先进经验，加速阅读推广实践。

1. 积极参与地方图书馆学会区域联合阅读推广策划

活动的策划是活动开展的起点和关键环节，作为在区域联合阅读推广中刚刚起步的军校，应加入到地方各级图书馆学会区域联合阅读推广活动的策划环节中，加入到地方各级图书馆学会区域联合阅读推广活动的推广团队中。进行联合阅读推广的合作者一般也是活动的策划者，在进行活动策划时会充分考虑本地区或本馆读者的受教育程度、阅读需求和阅读习惯等因素，使活动的开展具有较强的针对性，以提高读者的参与度。因此，军校图书馆如果作为联合阅读推广的一份子，参与到各项推广活动策划中，就能够考虑到军队院校及其读者的特殊性，针对军队院校读者的特点和阅读习惯，根据军队院校读者的阅读需求，策划同时适合地方和军队院校的阅读推广活动，完善活动策划内容，加强军队院校与地方的文化交流，增进军民融合，使军队院校与地方在文化培育上同进步共发展，为区域联合阅读推广增添新的活力。

2. 积极参与地方图书馆学会举办的阅读推广活动

参与联合阅读推广活动策划的机会可能不常有，毕竟一个活动的开展需要长时间的酝酿，但不同推广主体和不同推广主题的阅读推广活动却不鲜见。军校可以挑选符合本校读者需求与特点的阅读推广活动引入校园，积极配合活动的开展，既能省略较艰难的活动前期的准备策划工作，又推进了军校阅读推广工作，这也是区域联合阅读推广的一种联合形式。例如，国防科技大学图书馆积极响应湖南省高校图工委的号召，参加湖南省普通高校"一校一书"阅读推广活动就是这种区域联合阅读推广的典型案例。

国防科技大学自 2014 年开始参与湖南省普通高校"一校一书"阅读推广活动，该活动由湖南省教育厅高等教育处和中国图书馆学会阅读推广委员会指导、湖南省高等学校图书情报工作委员会组织，活动共分为四个阶段：好书推荐与精读图书产生阶段、精读与互动阶段、读书心得网上评选阶段和统计与表彰阶段。国防科技大学图书馆每年都会通过教授推荐等方式指定若干本经典图书，联合学校机关、各院系，以精读图书并撰写读书心得的形式开展读书活动。2018 年，国防科技大学图书馆联合文理学院、政治工作处、校报等单位，通过文理学院教授的推荐，选定《海权论》等六本精读图书，启动国防科技大学 2018 年"一校一书——经典、精读、经世"读书心得征文活动。图书馆组织专家对提交的征文进行认真评选，在本校举办了读书分享会，并选取优秀征文参加全省的读书分享会。该活动受到校内外读者一致好评，让军校学员有机会"走出"军校，让地方院校有机会了解军校，让全民阅读走入军营，使文化自信渗透军魂。

（二）军队院校自主开展区域联合阅读推广

1. 单个院校的校内联合阅读推广

联合阅读推广的开展要以各单位的常态化阅读推广为基础，而军校内的阅读推广虽然是以图书馆为推广主体，但与其他相关部门配合也密不可分，如：上级部门的支持、院系机关的合作、学员队的配合……因此，成功的阅读推广是校内各相关部门亲密合作、共同努力的结果。如空军航空大学连续举办了多年的"读书节"活动就是由图书馆承办，联合了学校教务处、教保处、政治部宣传处、校务部卫生处、学员管理总队、飞行基础训练基地、飞行训练基地等多家单位，共同组织，学校首长鼎力支持并亲自出席"读书节"的开幕式及闭幕式，从而使得"读书节"成为空军航空大学阅读推广的一张靓丽名片。

2. 多个院校的校际联合阅读推广

军校根据自身的资源建设情况、读者需求情况和军队思想文化建设现实需要，可以两家或多家联合进行阅读推广合作，这种合作又分为跨地区联合和跨系统联合两种。

（1）军校跨地区区域联合阅读推广。军校由于所处地域、所属系统、教学任务各不相同，互相之间存在组织管理、信息资源配置、阅读水平等的差异，跨地区区域联合阅读推广可以较好地解决军队院校阅读资源及地区发展不均衡的问题，促进军校校际之间的交流与合作。

跨地区区域联合阅读推广对于活动的组织实施有较高要求，因为多种差异的存在，策划时要挖掘各方的共同点，发挥各方特色优势，以达到既有共同语言又能互学所长的目的。另外，军队跨地区区域联合阅读推广是在不同地区开展活动，需要一个合理的管理形式来掌控活动的过程，可以采取集中管理和分散控制相结合的方式。所谓集中管理就是跨地区联合阅读推广要有一个统一的组织机构对整个活动的策划、组织、实施、评估全程进行指导监控，确保活动主题、内容、目标的统一性。分散控制则是指在大方向不偏离的前提下，各不同地区的参与单位充分结合各自的地理、人文等特色，在活动细节上充分发挥自身创造力，体现各自特点，使跨地区区域联合阅读推广既主题统一又地方特色鲜明。

（2）军校跨系统区域联合阅读推广。军校是军队所属的以培养军事人才为主要任务的学历教育院校和非学历教育院校的统称，包括综合型院校、指挥院校、工程技术院校、军事医学院校、士官学校等。2017 年，军队院校调整改革后，军队院校共计 40 余所，基本形成了以联合作战院校为核心、以兵种专业院校为基础、以军民融合培养为补充的院校布局，其中包括军委直属院校、各军兵种院校、武警部队院校等。由此可见，军校在隶属关系、军兵种、职能性质上各有不同，军校跨系统区域联合阅读推广有着广阔的合作平台，通过开展跨系统区域联合阅读推广活动，可以形成全军院校共同打造"书香校园"的合力，从而达到提升官兵阅读兴趣的目的。

从军队院校的组成来看，各军兵种院校类型多样，对阅读的需求也不尽相同，跨军兵种院校的联合阅读推广要针对各军兵种院校读者的阅读需求制订推广计划，包括阅读内容的融合、阅读方法的贯通、阅读不同军兵种文献的兴趣等方面，将短期特色活动和长期品牌建设相结合，促进各军兵种院校之间的了解、交流与沟通，以打造岗位专才和军事通才为目标，配合军队院校思想政治教育，将军队院校阅读推广工作长期深入推进。

3. 统一部门指导下的区域联合阅读推广

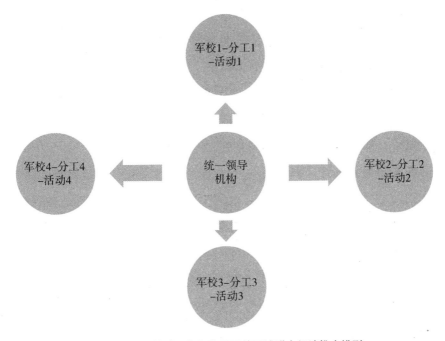

图 6-20   军校统一部门指导下的区域联合阅读推广模型

这里的统一部门是为了区别于上一点的自由联合阅读推广组建的临时联合机构，前面章节也论述了开展联合阅读推广中组织前提的重要性，这里就不赘述。以权威组织机构牵头，构建一个跨地域、跨系统的军队院校区域联合阅读推广协调机构，明确联合方式、成员结构、管理体制和具体分工等，可以使军校联合阅读推广目标明确，步调一致。

4.基于网络和新媒体工具的军校区域联合阅读推广

本书此前介绍的所有阅读推广案例都离不开新媒体的推广方式，新媒体本身的便捷性、海量性、快速性等特点和优势对区域联合阅读推广具有重要的推动作用。亚马逊中国携手新华网发起的"2019（第十六次）全民阅读大调查"调查报告指出，随着数字阅读的持续普及，以阅读电子书为主的受众越来越多。23%的受访者表示过去一年主要阅读电子书，比2018年占比增加了4%。调查还显示，电子阅读对阅读总量起到了很好的拉动作用，有71%的受访者表示在开始阅读电子书后其阅读总量有所增加。另外，调查还显示，超过三成受访者希望通过阅读"远离手机、游戏、电视等的打扰,给自己带来片刻的宁静"；近九成受访者主要基于个人内在需求购书，媒体或他人推荐、社会热点等也是促使受访者购书的因素，而针对"他人推荐"的细化调查显示，朋友、同事、作家或名人的推荐力远大于微博或微信中的KOL（Key Opinion Leadery，关键意见领袖）等，从而影响受访者购书选择[①]。

可见，利用新媒体工具阅读电子书逐渐成为大众的阅读趋势，新媒体工具不仅改变了公众的阅读方式，也成为阅读推广的新型载体。军校应该充分发挥自身信息技术优势，开发互联网阅读推广功能，利用微信等新媒体来开展阅读打卡、阅读知识竞赛等阅读推广活动。如国防科技大学图书馆就通过自己的微信公众号开辟了多个与读者互动的栏目，定期或不定期进行馆藏文献推荐、传统文化宣传、网络问卷调查等，在阅读推广网络宣传上取得了不俗的成绩。其他军校可以在此基础上，根据自身实际情况，充分利用网络突破时间、空间限制的特点，通过参与、主导、联合开展阅读推广活动，逐步构建军校网络联合阅读推广平台，更好地为军队院校阅读推广工作服务。

---

① 亚马逊中国发布"2019全民阅读报告"解读中国读者阅读行为趋势［EB/OL］.［2020-08-10］. http://www.sohu.com/a/309804752-114838.

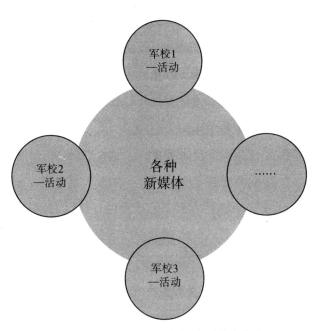

图 6-21　军校网络区域联合阅读推广模型

　　军校因其读者群体、管理机构等方面的独特性，在开展区域联合阅读推广活动时，应该以地方行业学会联合阅读推广活动为指导和参照，以嵌入式和自组式为活动方式，以为军校读者创造良好阅读环境为共同目标，以"新媒体"工具为主要技术手段和技术平台，通过在军队院校图书情报协作联席会下设立军校区域联合阅读推广协调小组，共同构建联合创新的激励机制和评价机制，协调建设军校区域联合阅读推广活动平台，从目标、理念、制度、平台等各方面，多角度、多维度为军校开展区域联合阅读推广活动提供保障。

展望

一、阅读推广理论研究进展

从 1997 年九部门联合发文实施"知识工程","全民阅读"正式提上国家文化政策层面，到 2018 年初《公共图书馆法》颁布实施，阅读推广作为"全民阅读"重要举措和图书馆服务的核心工作之一，被列入《公共图书馆法》，阅读推广工作的重要性日益显现，阅读推广理论研究也逐渐成为图书馆界的研究热点之一。

阅读推广理论研究可分为基础理论和应用理论两大部分[①]。基础理论意指在一个学科或领域理论体系中起基础作用，并具有稳定性、根本性、普遍性特点的理论原理。阅读推广基础理论是从"形而上"的角度进行理论论证，主要回答图书馆阅读推广是什么、为什么、应该怎么做、为什么要这样做等解决阅读推广存在和发展的根本问题[②]。目前阅读推广基础理论研究范畴及其包含问题都不太明确[③]，如社会阅读推广体系之构成及其相互关系、阅读推广概念范畴界定、阅读推广的学科定位与理论模型等很多基础理论问题亟待解决。阅读推广应用性理论包括阅读推广活动的策划、组织、宣传、绩效测评理论，阅读推广的环境设计与评估、馆员培训与要求、用户需求与心理行为等相关理论，其主要功

① 陈幼华. 阅读推广基础理论研究进展和展望 [J]，图书情报研究，2018（4）16–21+42.
② 吴晞. 图书馆阅读推广的若干热点问题 [J]. 图书馆，2015（12）31–33.
③ 范并思. 阅读推广与图书馆学：基础理论问题分析 [J]. 中国图书馆学报，2014（5）4–13.

效是指导阅读推广的具体操作，具有典型性、可重复性、可持续性等指导意义。

在全民阅读的大环境下，阅读推广理论研究经历了井喷式的发展，但其中实践性研究、案例研究占据了很大比重，基础理论研究还相当薄弱。图书馆作为推进全民阅读的主要组织机构，如何团结和发挥政府机构、出版社、书店、数字平台商、公益机构、志愿者团队等多方社会力量的作用，采用体系化合作共进等模式开展阅读推广；如何完善和明确阅读推广概念的体系框架和要素特征；如何构建阅读推广的学科定位和理论模型，正是下一步图书馆阅读推广理论研究重点内容之一。阅读推广的长期发展迫切需要具有指导意义的经典理论给予高屋建瓴式的支持，大批权威的更具严谨性的阅读推广理论研究成果的推出，将是阅读推广研究进入新的发展阶段的重要标志。

二、阅读推广研究热点聚焦

（一）数字阅读和传统阅读相结合的阅读推广研究

1. 数字阅读方兴未艾

随着互联网技术的发展和数字移动终端的普及，人们的阅读方式也在逐渐发生变化。2014年第11次全民阅读调查显示数字阅读首次突破半数[①]，超越传统的纸质媒体阅读，由此数字阅读成为主流阅读模式已初现端倪，此后每年一次的全民阅读调查显示数字阅读的比重都逐年上升。数字阅读以其多元化的阅读形态、多样化的阅读模式、便捷的获取渠道以及可交互的阅读内容等，迅速吸引着读者，逐渐成为当代主流的阅读方式。新媒体时代，数字阅读更焕发着前所未有的生机。微信、微博等新媒体形式图文并茂，较之纸质图书来得更加丰富、立体，互动性和参与性更强，更容易受读者青睐。

2. 纸质传统阅读方式不可替代

推动数字化阅读的过程中，我们应该看到，数字化阅读方式有着碎片化和浅阅读的特点，读者缺少沉淀回味的思考过程。在一定程度上，数字阅读

---

① 拜庆平. 数字化阅读方式助推全民阅读 [J]. 科技与出版，2018（8）6–10.

还不能完全取代传统的纸质阅读。"快餐式"的数字阅读不可少，"中餐式"的传统阅读也不能丢，如一些经典名著、优秀文章就需要我们坐下来细细品味。纸质书除了形式上更具真实感之外，其天然具有的文化重量也使读者更能体会到阅读的趣味。因而，有人说过："纸质书比电子书更有味道。"此味道，既是书之味，更是文化之味。

3. 加强数字阅读与纸质阅读相结合的阅读推广研究

鉴于数字阅读与传统阅读各自的优势和劣势都异常明显，两者必将长期共存，短期内不可能相互取代。因此，高校图书馆阅读推广工作不能顾此失彼，要高度重视两者相结合的阅读推广研究和实践，平衡数字阅读与传统阅读，既充分利用时代和技术的发展所带来的便利，同时避免出现阅读娱乐化和碎片化的倾向①，力求让"深"与"浅"的阅读共生互荣，相互促进。推动读者按照个性化需求，选择合适的阅读方式，扬长避短，享受阅读的乐趣，才是倡导全民阅读的关键所在。

（二）深化阅读推广长效机制研究

高校阅读推广长效机制是指能够促使阅读推广活动长期有效开展的各种形式或载体，主要包括相应的组织建设和制度建设，以高效务实的组织和制度保障阅读推广的广泛性、经常性和实效性。

1. 高度重视阅读推广团队的选择和培养

对于高校图书馆阅读推广活动而言，人才是核心，构建高素质、稳定性强的队伍能够促进高校阅读推广活动顺利实施，获得事半功倍的效果。因此要严格把控人员选聘，从阅读推广人的选择开始就把好源头关，推选的人才不仅要吃苦耐劳、勇于奉献，还应具有较强的沟通协调能力，真正热爱阅读，对阅读推广工作充满激情。在此基础上，还应加强阅读推广人的培训与管理，积极鼓励他们学习深造，不断提高活动组织策划、新闻写作报道、与读者高

---

① 孙婷，吕娜，于红宇，陈树宁. 数字时代图书馆阅读推广的发展研究［J］. 内蒙古科技与经济，2018（12）124-125+127.

效沟通交流等各方面的能力。

2.积极鼓励学校各级部门参与阅读推广

培养学生良好的终身阅读习惯是高校教育的重要内容，因此阅读推广应该是一项全校参与的工作，高校应设立独立的阅读推广委员会，为今后各部门的协调夯实基础。图书馆也要善于联合学校其他部门，举多部门的力量共同开展阅读推广活动，项目共享、职责共担。军校图书馆可以在政治工作处的指导下，以自身师资储备、文献资源、学生社团资源、活动项目资源等为依托，联合学校各级部门开展活动，在物质上给予充分支持，在人才队伍上予以培养，在活动中沟通交流促进协作，不断扩大阅读推广活动在学校和读者中的影响力。

3.规范阅读推广活动的监督及评价制度

高校阅读推广实践已经进行了很多年，通过开展名家讲座、精品图书展览、图书推介、经典视频展播、编报科技文献快讯等形式多样的阅读推广活动，积累了丰富的经验，阅读推广也已经成为图书馆的重要工作之一。但如何考核评估阅读推广活动的成效，目前还没有形成统一的评价标准；如何通过对活动策划、活动实施、宣传报道等各个流程进行规范，提高阅读推广的可持续发展，目前仍是阅读推广领域的一项重要课题。通过规范阅读推广工作的监督和评价机制，一是可以在前期很好地保证活动基本品质和资源的合理分配，二是通过对活动实施期间各项数据的收集和分析，可实现活动的全方位评估，从而总结经验，不断完善和改进阅读推广活动。三是可以通过绩效评估，规范各类活动的组织与落实，避免阅读推广流于形式，也便于考核馆员的工作业绩，形成有效的激励机制[①]。

（三）阅读推广品牌战略研究

在全媒体、多元化的信息时代，单个的非系统化的阅读推广活动无法形成规模效应，从而产生长远的具有独特标记与信息识别的文化内涵。因此，近

---

① 《图书情报工作》杂志社.阅读推广的进展与创新［M］.北京.海洋出版社，2018.

年来高校图书馆阅读推广品牌建设已经成为国内学者的研究热点之一。

1. 阅读推广品牌的创建和维护研究

创建具有独特性、个性化、系列化等特性的高校阅读推广活动品牌，非一朝一夕可以完成。从品牌的创建之初，就应该以满足读者对活动的功能和情感需求为导向，找到合理的品牌定位，在读者心中建立良好的品牌形象。在活动的组织实施与宣传过程中，应在保持品牌一致性的前提下，多渠道寻求思路，创新形式，提高读者的参与热情。通过阅读推广品牌的深入研究，实现维持品牌名称、标识、定位等方面的相对稳定以凝练出品牌的核心要素和价值的同时，能够不断根据时代的变化和技术的推陈出新，适时变换与创新阅读推广的主题、形式、宣传等，从而提升品牌的活力和吸引力，避免出现阅读推广品牌老化的危机。

2. 阅读推广品牌的文化内涵与核心价值研究

创建阅读推广品牌的目的在于提升活动的文化内涵，促进活动认知度和影响力，建立读者对阅读品牌的信赖感、归属感与忠诚度。品牌一旦形成，将会是一种无形资产，具有强大的竞争力与目标拓展空间。阅读推广品牌的文化内涵研究，有助于形成统一的品牌标记、活动形式、推广方式等，进一步提升读者对活动的认同度，从而提升阅读推广活动的品质和社会影响力。通过阅读推广品牌核心价值研究，避免阅读推广工作流于形式和功利，使图书馆的阅读推广融入学校乃至全国的核心价值体系，从而真正发挥图书馆在培养读者修身立德的良好品格中的重要作用。因此，如何通过阅读推广品牌的文化内涵与核心价值研究，逐步扩大阅读推广活动对读者的影响力，提升大学生文化信息素养，培养大学生良好的道德修养，是阅读推广品牌战略研究的重要内容之一。

三、军校特色阅读推广发展趋势研究

军校学员相对地方大学生来说，有着很多显著的区别，如他们集体活动时间较多，可自由支配的时间相对较少。因此，军校图书馆在开展阅读推广研究过程中，应高度重视军校特色阅读推广的研究，从而提高工作成效。

1. 紧密围绕高素质新型军事人才培养和学校"双一流"学科建设的军校特色阅读推广研究

军校图书馆应积极开展与军队性质相适应的阅读推广研究，紧紧围绕文化强军这一主题，牢牢抓住培养高素质新型军事人才这个中心任务，将读书与成才、读书与强军紧密结合。将培育读者家国情怀、立德树人作为阅读推广研究重点[①]。军校图书馆是学校的文献信息中心与学习交流中心，因此，图书馆的阅读推广不仅仅要推广资源，更应该推广图书馆以人为本的服务和功能多样、设备齐全的阅读空间。阅读推广的研究内容除了关注如何提高资源使用效益之外，还应将图书馆的资源、空间、服务融为一体。

2015年11月，国务院发布了《统筹推进世界一流大学和一流学科建设总体方案》，明确提出"以中国特色、世界一流为统领，以支持创新驱动发展战略、服务经济社会为导向"的一流大学和一流学科"双一流"建设目标。"双一流"建设同样对军校图书馆的建设内容和服务模式等都提出了更高要求，军校图书馆的阅读推广工作也应紧贴学校"双一流"建设目标，从人才培养、学科建设与发展状况等多角度研究探讨军校阅读推广的重难点和发展趋势[②]。

2. 积极开展贴合学员需求、符合军校管理要求的军校特色阅读推广模式研究

从前期调查结果来看，军校校园阅读文化具有阅读主体性别倾向明显、阅读内容实用性和娱乐性并存、阅读时间相对集中、阅读形式相对单一等特点。因此，军校图书馆应针对军校学员生活作息规律、经常性集体活动、手机使用时间固定等特殊性，积极开展贴合学员需求的阅读推广模式研究，甚至针对不同年级学员，阅读推广活动开展方式都应该有所区别，以既能推动学员投入阅读活动，又不影响学员队集体管理为目标，这样才能获得学员层、管理层等各层级的支持，从而充分发挥学校相关部门在宣传策划、学生组织和资源汇集等各方面的优势，形成合力，取得最佳的阅读推广活动成效。这就

---

① 司莉，曾粤亮. 需求驱动的大学图书馆发展趋势研究［J］. 大学图书馆学报，2018（3）30–42.

② 肖珑. 支持"双一流"建设的高校图书馆服务创新趋势研究［J］. 大学图书馆学报，2018，36（5）：44–52.

要求活动设计者必须有极强的政治敏锐性和前瞻性，不仅要站在图书馆的角度，更要站在教学的角度、管理的角度、大学文化发展脉络的角度，通过构建贴合学员需求、符合军校管理要求的军校特色阅读推广模式，将校园阅读推广活动打造成弘扬强军文化的宣传窗口。

3. 积极开展阅读推广在军校校园文化建设中的作用研究

军校图书馆作为学校的知识中心、文化中心、交流中心，在校园文化建设中的地位和作用举足轻重。军队院校作为我军战斗序列的一个重要组成部分，姓"军"为"战"是其区别于地方院校的根本特质。因此，军校校园文化建设必须突出"军味"和"兵味"。军校图书馆在积极引导学生培养良好的阅读习惯，营造健康向上的校园阅读氛围的同时，更应该在培养学员战斗精神、注重军人作风养成等方面发挥积极作用。如何以社会主义核心价值观和习近平强军兴军思想为指导，扎根军校校园文化建设，为培养新时代"四有"革命军人提供形式多样、内容丰富、新颖生动的阅读活动支持是军校阅读推广工作绕不开的研究课题。

4. 军校阅读推广同样应把握社会背景和时代发展的脉络

军校除了具有军队属性之外，同时也是我国高等教育的重要组成部分，具有高等教育的所有特点。因此，军校阅读推广并不能完全从社会和时代的发展中剥离，必须紧跟时代发展的步伐，才能使军校阅读推广更具生命力，更符合当代大学生的阅读需求。随着移动互联网的发展，文献载体、阅读方式、交流模式、信息传播渠道等都发生了巨大变化。如何充分利用移动互联网技术、物联网技术、大数据技术、云计算、人工智能等新技术的特长和优势，分析军校学员的阅读兴趣和阅读行为等的变化，结合社会热点，运用年轻人喜闻乐见的形式，引导读者充分利用新媒体进行阅读社交，为读者提供更为便捷、优质、个性化的阅读体验，同样也应该是军校阅读推广工作需要重点考虑的问题之一。

参考文献

专业著作

［1］阿尔维托·曼古埃尔. 阅读史［M］. 吴昌杰，译. 北京：商务印书馆，2002：6–7.

［2］习近平. 决胜全面建成小康社会 夺取新时代中国特色社会主义伟大胜利———在中国共产党第十九次全国代表大会上的报告［M］. 北京：人民出版社，2017：40–41.

［3］习近平. 习近平谈治国理政［M］. 北京：外文出版社，2014：64.

［4］邱冠华. 图书馆讲坛工作［M］. 北京：朝华出版社，2017：6.

［5］阮莉萍，朱春艳. 阅读推广理论与实践［M］. 武汉：武汉大学出版社，2018.

［6］刘时容. 且为繁华寄书香：高校图书馆阅读推广理论与实务［M］. 北京：新华出版社，2018：61.

［7］李建明. 高校图书馆阅读推广与服务机制构建［M］. 北京：航空工业出版社，2019.

［8］张春红. 新技术、图书馆空间与服务［M］. 北京：海洋出版社，2014：55.

［9］赵俊玲，郭腊梅，杨绍志. 阅读推广：理念·方法·案例［M］. 北京：国家图书馆出版社，2013：27–32.

［10］王波，等. 中外图书馆阅读推广活动研究［M］. 北京：海洋出版社，2017.

［11］斯蒂芬·P. 罗宾斯，蒂莫西·A. 贾奇. 组织行为学［M］. 北京：中国人民大学出版社，2005.

［12］傅永刚．组织行为学［M］．北京：清华大学出版社，2010．

［13］郁阳刚．组织行为学（理论．实务．案例）（第2版）［M］．北京：清华大学出版社，2014：207–209．

［14］陈姗姗，吴华宇．大学生职业生涯规划与就业指导［M］．重庆：重庆大学出版社，2014．

［15］孙丽姗．组织行为学［M］．北京：化学工业出版社，2014：170．

［16］李艳．用设计，做品牌［M］．北京：化学工业出版社，2013：2–7+22–23+43，89．

专业论文

［1］王余光，汪琴．关于阅读文化研究的几个问题［J］．图书情报知识，2004（5）3–7．

［2］翟东航，张娜，曹安阳．文化强军视野下军校服务性阅读推广研究［J］．山东图书馆学刊，2016（1）72–75．

［3］谯进华，深圳阅读推广人的实践及发展［J］．特区实践及理论，2013（2）66–68．

［4］于丽丽．高校图书馆校园阅读推广人能力素养及培养机制研究［J］．图书馆学刊，2017（12）45–48．

［5］黄鑫．图书馆空间服务探讨［J］．网友世界·云教育，2013（20）34．

［6］姚丽．注重影视欣赏 优化阅读教学［J］．语文教学之友，2013（3）25．

［7］刘颖，董红霞．图书漂流再思考［J］．图书馆学刊．2012（3）76–78．

［8］赵周贤，刘光明．深入学习理解习主席改革强军战略思想［J］．军队政工理论研究，2016，17（1）：5–9．

［9］崔静．军校图书馆是开展信息素质教育的主阵地［C］．图书情报工

作杂志社.图书情报工作研究会第 23 次图书馆学情报学学术研讨会论文集，2010（11）.

[10] 胡胜男，敬卿，邱雪兰.高校图书馆阅读推广模式与理论探讨［J］.高校图书馆工作，2016（1）20–24.

[11] 郑小容.阅读推广队伍及人员构成探析［J］.新西部（中旬刊），2017（7）.

[12] 刘喜球，王尧.上世纪 80 年代我国图书馆自动化系统发展思想演变分析［J］.新世纪图书馆，2016（5）70–72+96.

[13] 王余光.图书馆阅读推广研究的新进展［J］.高校图书馆工作，2015（2）3–6.

[14] 王波.阅读推广、图书馆阅读推广的定义——兼论如何认识和学习图书馆时尚阅读推广案例［J］.图书馆论坛，2015（10）1–7.

[15] 范并思.阅读推广与图书馆学：基础理论问题分析［J］.中国图书馆学报，2014（5）4–13.

[16] 谢蓉，刘炜，赵珊珊.试论图书馆阅读推广理论的构建［J］.中国图书馆学报，2015（5）87–98.

[17] 万行明.阅读推广——助推图书馆腾飞的另一支翅膀［J］.当代图书馆，2011（1）7–11.

[18] 王妍.真人图书馆在公共图书馆的应用思考［J］.图书馆建设，2015（8）23–26.

[19] 张怀涛.“阅读”概念的词源含义、学术定义及其阐释［J］.图书情报研究，2013（4）32–35.

[20] 王辛培.阅读推广活动机制创新研究［J］.图书馆界，2013（1）80–82.

[21] 韩丽.高校图书馆阅读推广平台的功能设计与实现［J］.中华医学图书情报杂志，2018，27（3）74–80.

[22] 王雪婷.我国中小企业品牌建设存在的问题及对策［J］.现代企业文化，2018（2）195–196.

［23］翟东航，曹安阳，张继军，张娜．知识传播视角下的军校阅读推广研究［J］．新世纪图书馆．2016（5）33–37.

［24］周军．电子商务环境下中小企业品牌建设对策研究［J］．现代商业．2012（17）53–54.

［25］蒙媛.EBL 视角的阅读推广效果评估研究——以美国实践为例［J］．山东图书馆学刊，2018（4）86–89.

［26］朱园园，胡翠红，唐婷，王舒可．基于动态模糊综合评价的高校图书馆阅读推广效果评价研究［J］．图书馆研究与工作，2018（8）50–54.

［27］杨莉．基于 AHP 法的阅读推广效果评价指标初探［J］．图书情报导刊，2016（9）58–60+148.

［28］徐雪明．手机图书馆在阅读推广中的效果评价分析［J］．江苏科技信息，2015（24）14–16.

［29］秦疏影．高校图书馆精细化阅读推广模式研究与效果评价——以北京农学院图书馆阅读推广活动为例［J］．图书情报工作，2015，59（16）45–49+89.

［30］陈有志，赵研科．协同背景下的阅读推广体系实证研究——以湖南省高校"一校一书"活动为例［J］．高校图书馆工作，2014（2）6–9.

［31］范并思．图书馆学与阅读研究［J］．图书与情报，2010（2）1–4.

［32］王琦，陈文勇．我国科研型图书馆阅读推广服务研究［J］．出版广角，2018（9）80–82.

［33］李若．基于区域联盟的高校图书馆阅读推广服务研究［J］．图书馆学刊，2019，41（2）：112–115.

［34］朱伟伟．高校阅读文化活动品牌建设研究——以南京大学图书馆读书节活动为例［J］．高校图书馆工作，2016（1）25–29.

［35］刘兹恒，涂志芳．图书馆"创客空间"热中的冷思考［J］．图书馆建设，2017（2）43–46.

［36］刘颖，董红霞．图书漂流再思考［J］．图书馆学刊，2012（3）76–78.

［37］初景利，易飞，杜杏叶，王传清，王善军，刘远颖，徐健．持续推动图书情报理论创新与实践探索——《图书情报工作》2014年发文评述［J］．图书情报工作，2015，59（1）5-16.

［38］汪希．高校图书馆的环境建设［J］．改革与开放，2010（22）177-178.

［39］智晓静．论"图书馆学五定律"的发展历程．山东图书馆学刊［J］．2018（2）10-15.

［40］Alireza Noruzi．Application of Ranganathan's Laws to the Web［EB/OL］.［2016-08-03］. http：//www.webology.org/2004/v1n2/a8.html.

其他

［1］文化的意思［DB/OL］.［2019-11-09］.http：//www.hydcd.com/cd/htm_a/34019.htm.

［2］中共中央办公厅，国务院办公厅．关于加快构建现代公共文化服务体系的意见［DB/OL］.［2020-08-10］. http：//www.gov.cn/xinwen/2015-01/14/content_2804250.htm.

［3］CNNIC发布第43次《中国互联网络发展状况统计报告》［EB/OL］.［2019-11-5］. http：//www.cac.gov.cn/2019-02/28/c_1124175686.htm.

［4］2016年大学生阅读现状调查报告［DB/OL］.［2019-11-5］.http：//www.51diaocha.com/report/5341.htm.

［5］刚刚，第16次全国国民阅读调查发布，去年人均纸书阅读量4.67本［DB/OL］.［2019-11-5］. https：//www.shobserver.com/news/detail?id=145229.

［6］刘姷．习近平的阅读观［EB/OL］.［2020-08-10］.http：//theory.workercn.cn/2541201608/30/160830135626843.shtml.

［7］习近平．习近平总书记系列重要讲话读本［EB/OL］.［2020-08-10］. http：//www.wenming.cn/specials/zxdj/xjp/xjpjh/201407/t20140717_2066191_2.shtml.

［8］2017 年全国新闻出版业基本情况［EB/OL］.［2020–08–10］. http：//www.xinhuanet.com/zgjx/2018–08/06/c_137370768.htm.

［9］习近平. 领导干部要爱读书读好书善读书［EB/OL］.［2020–08–10］. http：//theory.people.com.cn/n/2013/0428/c40531–21322026–3.html.

［10］湖南省教育厅. 关于 2018 年全省普通高校"一校一书"阅读推广活动的通知［EB/OL］.［2020–08–17］. http：//jyt.hunan.gov.cn/sjyt/xxgk/tzgg/201804/t20180420_4997502.html.

［11］中国图书馆学会. 中国图书馆学会召开第六届青年学术论坛和阅读推广人培育行动记者会［EB/OL］.［2015–05–06］. http：//www.lsc.org.cn/contents/1177/951.html.

［12］军路君. 军人放开智能手机使用,发展过程及禁令红线须知道!［EB/OL］.［2019–02–06］.http：//baijiahao.baidu.com/s?id=1599494084323352489&wfr=spider&for=pc.

［13］王士彬,洪文军. 一条微博何以载入史册［EB/OL］.［2019–02–06］. http：//www.chinamil.com.cn/jsjz/2016–08/31/content_7234779.htm.

［14］杨竞. 流动图书馆让书香散播得更远［DB/OL］.［2019–05–06］. http：//wap.cnki.net/touch/web/Newspaper/Article/LNRB201602180070.html.

［15］余思昆. 评估与评价的区别［DB/OL］.［2019–11–09］. http：//www.docin.com/p–524439165.html?qq–pf–to=pcqq.c2c.

［16］孙少华. 学习贯彻习近平强军思想要在深入上下功夫［EB/OL］.［2020–08–10］.http：//www.qstheory.cn/dukan/qs/2018–02/28/c_1122454155.htm.

［17］周皖柱. 努力担负起发展新时代强军文化使命［EB/OL］.［2020–08–10］. http：//www.81.cn/jfjbmap/content/2017–12/18/content_194790.htm.

［18］李婧璇,袁舒婕. 全民阅读"六入"政府工作报告［N］. 中国新闻出版广电报,2019–03–15.

［19］金赫.2018 第二届全国兵棋推演大赛新闻发布会召开［EB/OL］.［2015–05–06］.https：//baijiahao.baidu.com/s?id=1590259735004474455&wfr=spider&for=pc.

［20］朝晖.腾讯公布微信典型用户的一天：晚上 10 点到高潮［EB/OL］.
［2019-11-09］.http：//news.mydrivers.com/1/452/452980.htm.

［21］范并思.建设全面有效的阅读推广人制度［EB/OL］.［2019-05-06］.
http：//www.sohu.com/a/135435539_162758

［22］中国图书馆学会阅读推广委员会.中国图书馆学会阅读推广委员会年
度报告（2017）［R］.东莞：中国图书馆学会阅读推广委员会，2017：87-95.

［23］刘上靖.国防部公布调整改革后军队院校名称［EB/OL］.［2019-
11-09］.http：//www.mod.gov.cn/topnews/2017-06/29/content_4783973.htm.

［24］山东省图书馆学会成功举办 2011 全省读书朗诵大赛［EB/OL］.
［2019-11-09］.http：//www.lsc.org.cn/contents/1203/1376.html.

［25］亚马逊中国发布"2019 全民阅读报告"解读中国读者阅读行为趋
势［EB/OL］.［2019-11-09］.http：//news.163.com/19/0422/18/EDCTKTLG0
00189DG.html.

后记

自 2018 年 6 月正式接受编写任务以来，《军校阅读推广平台体系建设》组织撰写至今已有约一年半时间，经过广泛调研、起草大纲、分章节撰写、反复修改与打磨以及专家审稿等诸多环节，到目前为止，全书共计 20 余万字终于完稿，即将交付出版社，算是交出了一份基本满意的答卷。

在此，要对所有支持、帮助过本书编写工作的各位领导、同事们以及兄弟单位的领导和业界专家们表示衷心的感谢！在本书调研及撰写过程中，先后得到了"军事职业教育阅读指导丛书"编委会顾问王余光教授、丛书总主编周建彩馆长和朝华出版社汪涛社长、张汉东主任等老师的悉心指导和帮助；得到了军事科学院、国防科技大学、空军航空大学等单位图书馆领导和老师们的大力支持；同时也得到了全国各地图书馆界兄弟单位和业内专家们的支持、指导和帮助；中南大学李后卿教授和湖南大学刘平研究馆员在百忙中抽空审稿并提出了非常中肯的修改意见，在此一并表示衷心感谢！在本书编写过程中，还参考和引用了大量业内同行、专家和作者的研究成果及论文、图片等文献资料，也借此机会表示由衷的谢意！

本书属于"军事职业教育阅读指导丛书"其中的一个分册，由国防科技大学图书馆承担编写任务，谢永强、敬卿担任主编，施燕斌、贺彦平、王群、周雅琦担任副主编，编委会成员为：乔姗姗、余奕、廖佳。其中第一讲由王群、敬卿执笔，第二、第四讲由周雅琦执笔，第三讲由贺彦平、余奕执笔，第五讲由廖佳执笔，第六讲由乔姗姗执笔，展望部分由施燕斌、谢永强执笔，全书最后由谢永强、敬卿、王群、周雅琦负责修改和统稿。本书虽经编者反复修改和审读，但由于成书时间较为仓促，加上编者能力水平有限，书中难免有疏漏甚至错误之处，恳请各位业内专家、同行和广大读者批评指正。

本书编委会

2019 年 12 月 30 日于长沙